Eduardo Monsanto

1981

O ANO RUBRO-NEGRO

4ª impressão

PANDA BOOKS

Diretor editorial
Marcelo Duarte

Diretora comercial
Patth Pachas

Diretora de projetos especiais
Tatiana Fulas

Coordenadora editorial
Vanessa Sayuri Sawada

Assistentes editoriais
Olívia Tavares
Camila Martins

Projeto gráfico e diagramação
Alex Yamaki

Ilustrações dos gols
Lycio Vellozo Ribas

Preparação de texto
Beatriz de Freitas Moreira

Revisão
Alexandra Fonseca
Ana Maria Barbosa

Impressão
Loyola

CIP – BRASIL. CATALOGAÇÃO NA FONTE
SINDICATO NACIONAL DOS EDITORES DE LIVROS, RJ

Monsanto, Eduardo
1981: o ano rubro-negro/ Eduardo Monsanto. – São Paulo: Panda Books, 2011. 332 pp.

Inclui bibliografia
ISBN: 978-85-7888-161-0

1. Clube de Regatas do Flamengo – História. 2. Futebol – Rio de Janeiro (RJ) – História. 3. Copa Intercontinental (Futebol). I. Título. II. Título: Mil novecentos e oitenta e um. III. Título: O ano rubro-negro.

11-6061 CDD: 796.3340981531
CDU: 796.332(815.31)

2021

Um selo da Editora Original Ltda.
Rua Henrique Schaumann, 286, cj. 41
05413-010 – São Paulo – SP
Tel./Fax: (11) 3088-8444
edoriginal@pandabooks.com.br
www.pandabooks.com.br
Visite nosso Facebook, Instagram e Twitter.

Para a minha Olívia. Seu talento para a
vida me inspira todos os dias. Te amo.

SUMÁRIO

★★★★★★★★★

© Almir Veiga/ CPDoc JB

MÁQUINA DO TEMPO

A casa ampla na Barra da Tijuca abriga na garagem alguns modelos importados. Um velho automóvel japonês destoa dos outros carros estacionados. O Toyota Celica prateado, ano 1982, é o menos valioso da frota, mas é de longe o de maior valor sentimental para o dono. Não se trata de um colecionador de antiguidades, mas de um artista do futebol. O principal ídolo da história do Flamengo caminha em direção ao veículo de linhas arrojadas, que fazem lembrar o DeLorean que viajava pelo tempo no filme *De volta para o futuro.*

ZICO

Esse carro é meio uma maquininha do tempo. Eu ainda acho que ele é um carro com o *design* bonito. É tipo Maverick, aquela coisa. Por fora, está bem cuidado. Por dentro, o estofamento é que dá certo trabalho.

O Toyota Celica é um troféu sobre rodas, o prêmio dado a Zico por ser o melhor em campo na final do Mundial Interclubes de 1981. Jogando um futebol de sonhos, o Flamengo abriu 3 X 0 sobre o Liverpool, campeão europeu, ainda no primeiro tempo. Zico criou as jogadas dos três gols, um de Adílio e dois de Nunes (que também ganhou um carro, um Toyota Carina). O time carioca era apenas a segunda equipe brasileira a conquistar o título mundial, 18 anos após o bicampeonato do Santos de Pelé e companhia.

Mais complicado do que derrotar os ingleses foi trazer os automóveis para o Brasil. A legislação brasileira não permitia a importação de automóveis. Zico foi até Brasília em busca da ajuda de Carlos Langoni, que, além de presidir o Banco Central na época, era um fanático rubro-negro. Langoni procurou o ministro da Fazenda, Francisco Dornelles, e pleiteou a liberação dos prêmios de Zico e Nunes. Dornelles sugeriu que Márcio Braga, ex-presidente do Flamengo e deputado federal, apresentasse um projeto de lei permitindo que brasileiros premiados no exterior pudessem trazer o que ganhassem para o país.

ZICO

Essa novela durou um ano. O carro teve que vir para o Brasil sob admissão temporária. O Dornelles falou que se, por acaso, a lei não fosse aprovada, eu teria que levar o carro para o Paraguai, sair, para depois entrar de novo com outra admissão. Mas, durante esse período, saiu a lei, correu tudo bem. Quando ela saiu, foi um tal de gente armando para se beneficiar, nego dizendo que ganhou coisa na Arábia (risos). Aquela coisa, né?

© Almir Veiga/ CPDoc JB

Zico recebe um Toyota Celica por ter sido o melhor em campo nos 3 X 0 do Flamengo sobre o Liverpool, em Tóquio.

Assim que os carros chegaram, Zico e Nunes pagaram o valor correspondente em dólares a cada um dos companheiros. Nunes ficou com o Toyota Carina durante dez anos, e depois se desfez do automóvel. Zico não conseguiu ter o mesmo desapego.

Foram muitos passeios a bordo do Toyota Celica nos anos 1980. O odômetro marca 78.268 quilômetros, rodagem pequena pelos quase trinta anos de uso. A falta de peças no Brasil fez com que o Galinho fosse aos Estados Unidos em busca de lanternas e outros componentes do Celica, bastante popular entre os americanos. O modelo parou de ser fabricado, e agora qualquer reposição tem de ser feita com peças adaptadas. O carro futurista do início dos anos 1980 está próximo de se tornar uma peça de museu.

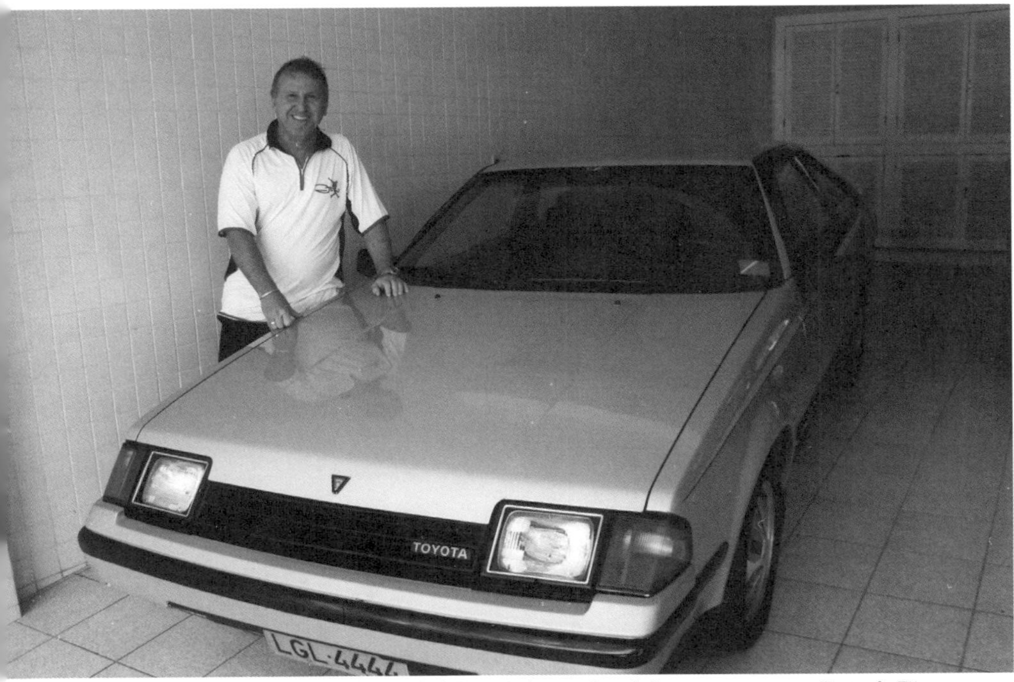

© Eduardo Monsanto

Trinta anos depois do título mundial, Zico ainda guarda o Celica em sua casa na Barra da Tijuca.

ZICO

"A direção dele é duríssima. A gente se acostuma com direção hidráulica, aí sofre (risos). Já pensei em tirar os pneus dele, colocar num cavalete e deixá-lo pendurado. Talvez botar em exposição, como um troféu.

Por enquanto, desmontar o Celica é só uma ideia. O tempo que passou para o automóvel japonês também passou para Zico. O jovem que virou ídolo por seus gols, pela combinação de rara qualidade técnica e caráter exemplar, chegou aos 58 anos de idade. O avô orgulhoso de Felipe, Antônio e Gabriel viveu histórias ricas dentro e fora de campo, e a experiência acumulada continua a serviço do futebol. Zico traz na mão um chaveiro de couro preto e metal dourado. Ele abre a porta do carro, se senta no banco do motorista e coloca a chave na ignição. O sono do velho motor 2.0 é interrompido quando Zico gira a chave. A resposta é imediata, num ronco grave e potente que ilumina seu rosto com um sorriso. O tempo não existe. Os dois estão de volta a 1981, o ano rubro-negro.

O NASCIMENTO DE UM TIME INESQUECÍVEL

★★★★★★★★★★★★★★★★★★★★★★★★★★★★★★★★

Times que entram para a história do futebol se eternizam por diferentes motivos. Às vezes, por um craque inesquecível ou por uma geração recheada de jogadores talentosos. Os protagonistas desses momentos épicos também podem estar do lado de fora do campo. Seja pela inteligência do técnico, a astúcia de um grupo de dirigentes, ou pela abnegação de torcedores apaixonados, capazes de qualquer coisa pelo time do coração. E quando um clube consegue reunir todos esses elementos em uma mesma época?

O maior Flamengo de todos os tempos poderia ser representado por uma estrela de cinco pontas, a mesma que brilha sobre o escudo para lembrar a maior de suas conquistas, o Mundial de 1981. Na primeira ponta, brilha a genialidade de Zico. Na segunda, reluz a safra que floresceu na Gávea, permitindo que oito dos 11 titulares a conquistar o planeta fossem prata da casa. A terceira ponta dessa estrela é Cláudio Coutinho, treinador que encontrou o padrão tático de um time vencedor. A Frente Ampla do Flamengo, que assumiu a política do clube e profissionalizou o futebol, seria a quarta ponta. E a torcida, que cruzou fronteiras para ser a alma desse time, completa o símbolo que lembra uma longínqua tarde de sonho em Tóquio.

* * *

Muitos dos craques que seriam campeões do mundo já estavam nas divisões de base do Flamengo em 1976. Alguns já tinham participado da conquista do título carioca de 1974, como Zico, Rondinelli, Cantarele e Júnior, este ainda como lateral direito. Além da experiência, que aos poucos o grupo de atletas revelados na Gávea ia adquirindo, faltava uma peça fundamental para que aquela geração rica em talento se transformasse em um grupo competitivo: o treinador certo.

O time principal do Flamengo era dirigido pelo gaúcho Carlos Froner. Ex-telegrafista do Exército, no qual chegou ao posto de capitão, era um técnico disciplinador. A relação com a imprensa, à qual sempre destinava respostas evasivas, era tumultuada. Apontado até hoje por Luiz Felipe Scolari como sua maior referência na profissão, o Capitão Froner viveu um bom momento no começo de 1976, quando emplacou quase cinco meses de invencibilidade.

ZICO

"O Froner era um cara espetacular. Era um cara muito paizão. Eu tive nos meus pés a oportunidade de ganhar para ele um título, a Taça Guanabara. O pênalti que eu perdi para o Vasco. Se eu faço, o Flamengo era campeão na Taça Guanabara. Perdi, depois o Vasco foi e fez. Aí o Geraldo perdeu também, e nós perdemos a Taça Guanabara.

A Taça Guanabara daquele ano, decidida contra o Vasco, escapou nos pênaltis. O mestre de Felipão tinha os dias contados e, em setembro de 1976, deixava a Gávea sem conquistar nenhum título pelo clube. Assim, o Flamengo, então presidido por Hélio Maurício, queria um nome de peso para substituir Carlos Froner. O primeiro da lista era Zagallo, que já tinha treinado o time entre 1972 e 1973. O técnico campeão mundial em 1970 estava trabalhando no Kuwait e não conseguiu se livrar do contrato. A segunda opção rubro-negra era Oswaldo Brandão, que naquele momento dirigia a Seleção Brasileira. Hélio Maurício procurou o então presidente da Confederação Brasileira de Desportos (a CBF da época), Heleno Nunes, e tentou a liberação de Brandão. Nunes não abriu mão de contar com o técnico em tempo integral, e assim, o plano B também foi por água abaixo.

E qual seria o plano C? Na mesma reunião em que negou ceder Oswaldo Brandão ao Flamengo, Heleno Nunes trouxe uma proposta para não ficar mal com Hélio Maurício. O principal mandatário do futebol brasileiro sugeriu fazer um "empréstimo" aos rubro-negros, liberando o técnico das categorias de base da Seleção Brasileira. O nome dele? Cláudio Pecego de Moraes Coutinho.

EDUARDO MOTA

Diretor de futebol do Flamengo em 1976

"O Coutinho era um cara espetacular: ele impressionava. Chegava ao aeroporto, iam entrevistar, ele perguntava em qual língua queria que falasse. Ele falava cinco idiomas. Um sujeito muito estudioso, muito educado. Era uma aposta no escuro, não é?

No grupo do Flamengo, pelo menos um jogador já conhecia bem o candidato. O lateral Júnior tinha feito parte da Seleção Olímpica que disputou os Jogos de Montreal meses antes, sob o comando de Coutinho. Na época, jogadores profissionais não podiam participar das Olimpíadas, independentemente da idade que tivessem. Enquanto a Seleção só podia recorrer a jovens, os países comunistas levaram praticamente os mesmos times que mandavam à Copa do Mundo. Esse foi o caso da Polônia, que tinha Lato, artilheiro da Copa de 1974, e eliminou o Brasil nas semifinais por 2 X 0. Júnior foi procurado por dirigentes do Flamengo para dar sua opinião sobre Coutinho.

JÚNIOR

"O Ivã Drummond, que era vice-presidente, me perguntou como tinha sido o trabalho com ele. Porque o Coutinho tinha sido atleta do clube; o pessoal todo conhecia. Eu falei: "Ele trouxe algumas inovações, eu acho que é uma pessoa que pode. Não tem a experiência que têm outros treinadores, mas se vocês quiserem uma coisa a médio, a longo prazo...".

Eis o plano C. O novo técnico rubro-negro tinha apenas 37 anos. Mais que aceitar o convite para treinar o clube de maior torcida do Brasil, Cláudio Coutinho estava assumindo o seu time de coração. E a história dele na Gávea não estava começando, já que tinha sido tricampeão carioca de vôlei pelo Flamengo (1959, 1960 e 1961). Em 1965 ele se formou em educação física, tendo trabalhado por seis anos como instrutor de futebol e vôlei da Escola de Educação Física do Exército. O ótimo currículo levou Coutinho à Nasa, onde aprendeu o método de preparação aeróbica do coronel Kenneth Cooper, utilizado pelos astronautas americanos, e posteriormente também implantado na Seleção Brasileira de 1970.

Ao voltar de Montreal, Coutinho concluía seu primeiro trabalho como treinador, um desafio de última hora. O cargo era de Zizinho, ídolo rubro-negro que pediu demissão às vésperas das Olimpíadas por não chegar a um acordo financeiro com a CBD. Se a vida de técnico ainda começava, o currículo de Coutinho já trazia passagens pela comissão técnica da Seleção Brasileira nos Mundiais de 1970 (supervisor) e 1974 (preparador físico), além da experiência de comandar as categorias de base da CBD entre 1975 e 1976. Como supervisor, também tinha tido passagens por Vasco (1971), Botafogo (1973) e Olympique, da França (1975). Bagagem suficiente como profissional de futebol para que Hélio Maurício bancasse a aposta.

* * *

Na chegada ao Flamengo, Cláudio Coutinho encontrou alguns jogadores prata da casa de alto nível. Além de Zico e Júnior, despontava Adílio, menino nascido em uma comunidade vizinha à sede do Flamengo.

ADÍLIO

“Eu morava na Cruzada de São Sebastião. Conheci o Júlio César, que morava na comunidade da Praia do Pinto e ficamos amigos. Ele me chamou para jogar futebol de salão no Flamengo. E aí ele colocou aquela dificuldade, que era pular o muro. Quando eu pulei o muro para dentro do clube, tinha um vigia que se chamava Edmundo. Ele correu atrás de mim para me pegar! Dei olé nele, não era sócio... O Júlio me convidou, me apresentou o treinador e eu fui treinar. Na minha estreia no salão contra o Fluminense, peguei uma bola na nossa área, saí driblando todo mundo, driblei o goleiro e fiz o gol. Todo mundo correu para dentro da quadra. “Caramba, que golaço!” Aí esse vigia, o Edmundo, me abraçou também. Eu disse: “Eu sou aquele garoto que você queria botar para fora!”. “Ah, é você? Pode ficar, que agora está tudo certinho! Pode ficar dentro do clube.” Foi quando eu comecei minha carreira aqui no Flamengo.

A base do Flamengo continuava a produzir talentos, mas o time principal ainda era carente em algumas posições. Os poucos craques conviviam com peças que não estavam no mesmo nível, casos de Merica, Júnior Brasília, Dendê e Marciano. Para piorar, o novo treinador encontrou um grupo impactado pela morte de um de seus mais promissores jogadores: Geraldo. O meia, de apenas vinte anos, vinha sendo convocado por Oswaldo Brandão para a Seleção Brasileira e vivia o auge da carreira. Em uma cirurgia para a retirada das amígdalas, Geraldo sofreu um choque anafilático e faleceu. Seu futebol era cadenciado, inteligente. Um meia que chutava muito bem e jogava de cabeça em pé, sem olhar a bola. O elenco sentiu demais a perda do companheiro, especialmente Zico, que era o melhor amigo de Geraldo.

ZICO

"Eu, solteiro, só saía com ele. Quando a gente saía, eu ficava pela zona Sul, dormia na casa dele. Quando a gente vinha para o lado da Barra, ele dormia lá em casa. Meu pai o chamava de "meu filho marrom". O Geraldo não gostava de fazer gol, gostava de dar a bola, de preparar. Tanto é que teve um jogo no Maracanã que estava 0 X 0 contra o Madureira. Ele pegou uma bola, a gente fez uma tabela. Ele ficou sozinho, o goleiro caiu e ele nada... Eu empurrei: "Sai! Se não quer, eu vou fazer o gol!". E dando aflição, cara! Gritei de novo: "Faz esse gol!". E ele nada. O goleiro caiu, ele não chutou, eu vim por trás e bum! Fiz o gol. Mas a gente tinha um entendimento muito bom. A gente jogava sem olhar.

RONDINELLI

"Eu e Geraldo convivemos durante três anos. Nós dividíamos apartamento, eu, ele e Cantarele. Foi uma perda irreparável, indo embora muito prematuramente. Era um profissional maravilhoso no trato com a bola, no trato com os companheiros. Toda a família dele foi do futebol: o Lincoln, o Washington, o Wilson, que fez um trabalho na base. Eu sempre falei com a rapaziada que Geraldo ia ser luz pra nós.

A tristeza era mais um dos problemas que Coutinho encontrou na Gávea. Além do elenco heterogêneo, os rubro-negros também precisavam lidar com a falta de confiança. O fracasso pela derrota nos pênaltis

Club de Regatas do Flamengo

Uma vez Flamengo
Sempre Flamengo

FUNDADO EM 15 DE NOVEMBRO DE 1895
PRAÇA NOSSA SENHORA AUXILIADORA S/N.° - GÁVEA
TELS. 225-6000 - 225-8089 - 225-9234 - PBX. - 274-2122
ENDS. TELEGS. "FLAGO" E "MENGO"
C.G.C. 33.649.575.001 - INSC. EST. 290.350.01

N O T A   O F I C I A L

Após o lamentável acidente, ocorrido com o nosso atleta Geraldo Cleófas Dias Alves, na decorrência de uma intervenção cirúrgica (amigdalectomia), o Conselho Diretor do Club de Regatas do Flamengo vem a público para prestar os seguintes esclarecimentos:

1-) O atleta tinha indicação cirúrgica para remoção de amígdalas infectadas que acarretavam diminuição de suas condições físicas, afetando fundamentalmente seu comportamento técnico, acusando sucessivas dores musculares e articulares que obrigavam o Departamento Médico a restringir seu treinamento físico-técnico;

2-) A operação foi executada por um profissional do maior conceito na classe médica, com 34 anos de atividade na especialidade, num Centro Cirúrgico dotado das mais avançadas condições técnicas e possuidor de um corpo clínico do melhor gabarito;

3-) Imediatamente à intervenção, precedida de medicação pré-anestésica comum e utilizada sem restrições em todas as operações desse tipo (anestesia local), o atleta apresentou indícios clínicos de depressão respiratória;

4-) Incontinenti foi conduzido para o Centro de Terapia Intensiva da Clínica Rio-Cor, atendido por cardiologista e com a assistência do cirurgião e do médico do Clube, que utilizaram todos os recursos de tratamento urgente, que o caso carecia, durante cerca de 40 minutos, infelizmente sem resultado positivo;

5-) Se qualquer dúvida persistir, no consenso geral, o Departamento Médico do Club de Regatas do Flamengo tem à disposição, não só os eletrocardiogramas e ergometrias do jogador Geraldo Cleófas Dias Alves, como também de todos os atletas em atividade e daqueles que não mais pertencem ao Clube, para provar, sobejamente, os cuidados clínico-cardiológicos que são usados como critério obrigatório em nossos jogadores de futebol;

6-) O Club de Regatas do Flamengo traumatizado, assim como todos os desportistas brasileiros, sente a perda irreparável

Reprodução da nota oficial divulgada pelo Flamengo após a morte de Geraldo.

daquele que, aos 22 anos de idade, vindo das nossas divisões inferiores, cercado de todos os cuidados dispensados aos atletas sob nossa responsabilidade, afirma que prestou à família enlutada todos os recursos que se fizeram necessários, procurando, com o conforto moral, já que a ressuscitação daquele jovem era impossível, minimizar o sentimento geral;

7-) O Club de Regatas do Flamengo decretou luto oficial por 3 dias, suspendendo todas as suas atividades oficiais em homenagem à memória do atleta prematuramente desaparecido.

Rio de Janeiro, 27 de agosto de 1976

José Ribamar Dias Carneiro
Vice-Presidente do Deptº Médico

Helio Mauricio Rodrigues de Souza
Presidente

para o Vasco na final da Taça Guanabara de 1976 ainda estava vivo na memória. O jogo terminou empatado em 1 X 1 no tempo normal (Roberto Dinamite abriu o placar para o Vasco de pênalti, e Geraldo empatou para o Flamengo, no que seria seu penúltimo gol com a camisa rubro-negra). A igualdade persistiu após 120 minutos de futebol. Nos pênaltis, Zico e Geraldo perderam suas cobranças, e o Vasco venceu por 5 X 4, ficando com o título.

O relacionamento entre os jogadores também era algo em que Coutinho precisaria trabalhar. Os atletas formados no Flamengo (Zico, Rondinelli, Júnior, Jaime) tinham seu grupo, assim como os jogadores baianos (Toninho, Dendê, Merica), e os outros reservas também conviviam em seus subgrupos. As "panelinhas" dificultavam a união do elenco, que vivia um clima tenso, evidenciado pela briga entre o atacante Luisinho (ex-América) e o zagueiro Jaime, que se tornaram inimigos declarados.

Mesmo com todos os problemas que encontrou, o treinador conseguiu um bom desempenho no Campeonato Brasileiro, sua competição de estreia no Flamengo. Não se classificou para as semifinais (na terceira fase, foi o terceiro entre nove equipes, atrás de Atlético Mineiro e Fluminense), mas se despediu do campeonato com a segunda melhor campanha, superado apenas pelo Inter, que conquistou naquele ano o bicampeonato nacional. A diferença para os times classificados foi pequena: dois pontos a menos que o Flu e apenas um atrás do Atlético. Sob o comando de Coutinho, o Flamengo jogou 18 partidas no Brasileirão: ganhou 12, empatou três e perdeu três.

O ano de 1977 nascia com um novo grupo comandando o Flamengo. Hélio Maurício foi destronado nas eleições por Márcio Braga, candidato da Frente Ampla do Flamengo. A FAF começou como um pequeno grupo de amigos que assistiam juntos aos jogos do Flamengo na tribuna de imprensa do Maracanã. Walter Clark, diretor da Rede Globo, Antônio Augusto Dunshee, repórter do *Jornal do Brasil*, o cineasta Carlinhos Niemeyer, o produtor Luís Carlos Barreto, João Carlos Magaldi, Newton Rique, Armando Carneiro e Joel Teppet eram alguns dos nomes do grupo, que reunia formadores de opinião e muitas pessoas influentes.

A Frente Ampla tentava reeditar o Dragão Negro, grupo que se reunia na Confeitaria Colombo nos anos 1950 e contava com Ary Barroso, José Lins do Rego, José Maria Scassa e outros rubro-negros inflamados. Aquela turma conseguiu levar Gilberto Cardoso à presidência e comemorou o segundo tricampeonato estadual da história do clube (1953, 1954 e 1955). Em 1976, a FAF decidiu que era hora de agir e tentar tomar o poder no Flamengo. As reuniões começaram na sala de Walter Clark na Rede Globo, no Jardim Botânico. Muita gente da própria emissora, como João Carlos Magaldi e João Batista Pacheco Fernandes, aderiu ao grupo.

★ BRASILEIRÃO DE 1976 ★

	POS	J	TIT	RES	G
Cantarele	G	21	21	0	-14
Ubirajara Mota	G	1	1	0	-1
Toninho	LD	18	18	0	2
Rondinelli	Z	18	18	0	1
Jaime	Z	18	18	0	0
Dequinha	Z	11	8	3	0
Paolino	Z	2	1	1	0
Júnior	LE	21	21	0	1
Vanderlei	LE	4	1	3	0
Merica	MC	19	19	0	0
Tadeu	MC	19	19	0	5
Dendê	MC	9	3	6	0
Adílio	MC	6	2	4	0
Zico	MC	20	19	1	14
Paulinho	A	15	15	0	2
Júnior Brasília	A	8	6	2	1
Luisinho	A	18	18	0	13
Marciano	A	10	3	7	8
Luís Paulo	A	19	19	0	1
Júlio César	A	2	1	1	0
Zé Roberto	A	4	1	3	0

ANTÔNIO AUGUSTO DUNSHEE DE ABRANCHES
Presidente do Flamengo (1981-1983)

"O Walter pediu que a gente fizesse um projeto para ganhar a eleição no Flamengo. Num primeiro momento, eu achei que ele estava maluco, não é? Ganhar a eleição no Flamengo parecia uma coisa muito longínqua, ninguém tinha vida política lá, embora todo mundo fosse sócio. Do grupo, ninguém queria ser candidato. Mas por uma sorte dessas, pela lista de sócios a gente identificou o perfil que o pessoal da Globo achava que tinha que ter esse candidato. Que era o cara bonito, rico, de sucesso na vida, e que pudesse dar ao Flamengo uma alavancada diferente da que ele vinha vivendo. Era um clube com muita torcida, mas era uma classe média baixa. Então a escolha caiu no Márcio Braga. Porque ele era bonito, era rico, era socialite e era Flamengo.

MÁRCIO BRAGA
Presidente do Flamengo (1977-1980)

"Naquele momento, eu havia me separado da minha primeira mulher e não estava tão ligado a esses temas, estava recompondo minha vida. A Marilene Dabus, que era da FAF, me procurou no cartório onde eu trabalhava pra saber se eu toparia ser candidato à presidência do clube. Eu pedi um tempo pra pensar. Pensei um mês, porque relmente era uma mudança radical na minha vida. E depois, na casa do João Araújo, pai do Cazuza, diretor da Som Livre e meu companheiro de pelada, escolheram meu nome e lançaram minha candidatura.

Márcio Braga tomou posse no dia 3 de janeiro, e a primeira medida do recém-empossado chefe rubro-negro foi manter Coutinho no comando. Reforçar o elenco também estava nos planos de Márcio, que assumiu prometendo a contratação de pelo menos três jogadores de expressão. As finanças do clube seriam um obstáculo, já que a dívida era de 60 milhões de cruzeiros. As rendas eram penhoradas por credores, que levavam 83% da arrecadação nas bilheterias do Maracanã.

O primeiro nome de peso a chegar à gestão de Márcio Braga foi Carlos Alberto Torres. O capitão do Tri, que estava no rival Fluminense, custou 875 mil cruzeiros. O investimento não chegou a ser tão alto, já que o ponta Paulinho foi incluído na negociação, valendo 500 mil cruzeiros. Torres já tinha 32 anos, mas Coutinho apostava nele por sua liderança. Taticamente, a expectativa do treinador era ver Carlos Alberto atuando como líbero, no mesmo estilo de Franz Beckenbauer. A nova diretoria do Flamengo também trouxe o goleiro Rafael, reserva de Manga e Schneider no Inter de Porto Alegre. As tentativas de acertar com Luís Pereira, Leivinha, Toninho Cerezo e Marinho Chagas foram frustradas, e a lista de novidades ficou aquém do prometido.

Enquanto pensava no futuro do Flamengo, Coutinho foi surpreendido em março de 1977 por uma ligação da CBD. A Seleção Brasileira tinha estreado nas eliminatórias para a Copa de 1978 com um empate de 0 X 0 com a Colômbia, em Bogotá, e o desgaste levou o treinador Oswaldo Brandão a entregar o cargo. Heleno Nunes trabalhava com os nomes de Rubens Minelli, Cláudio Coutinho e Mário Travaglini. O telefone de Coutinho tocou, trazendo um convite para ser o técnico da Seleção Brasileira. Desta vez, da principal.

Com apenas seis meses de experiência como treinador, Cláudio Coutinho não amarelou e decidiu aceitar a proposta. A condição era não abandonar o Flamengo. E enquanto não começava o Campeonato Carioca de 1977, o novo técnico da Seleção estreava nas eliminatórias com a obrigação de vencer Paraguai e Colômbia para levar o Brasil à Copa da Argentina no ano seguinte. Na primeira convocação, dois jogadores rubro-negros: Zico e o novo contratado Carlos Alberto Torres, agora atuando na zaga. Os resultados foram alcançados, com 6 X 0 em cima da Colômbia, no Maracanã (Zico fez um gol e depois foi expulso), e 1 X 0 sobre o Paraguai, em Assunção. Na partida de volta contra o Paraguai, empate em 1 X 1, resultado que garantiu a classificação para a fase seguinte contra Bolívia e Peru, em julho.

Resolvidos os problemas imediatos na Seleção Brasileira, Coutinho voltava mais uma vez os olhos para a Gávea. No planejamento do treinador, faltava um organizador para o meio-campo. Autorizado pelos cartolas rubro-negros, o treinador foi atrás de Paulo César Carpegiani, bicampeão brasileiro pelo Internacional em 1975 e 1976.

PAULO CÉSAR CARPEGIANI

"O Coutinho tinha trabalhado comigo na Copa de 1974; fazia parte da Comissão Técnica. Ele mesmo fez o contato comigo e perguntou se eu queria jogar no Flamengo. Eu disse que sim, e aí fui conversar com o Internacional. Não queriam me liberar; tinha um vice-presidente de finanças, Rafael Strango, que não queria me soltar de jeito nenhum. O que facilitou, infelizmente, foi que ele morreu bem na época. Ele faleceu num sábado e o pessoal do Flamengo viajou para me buscar no domingo.

Em meio ao velório de Strango, o vice-presidente de finanças do Flamengo, Joel Teppet, e o assessor da presidência, Hélio Barroso, conseguiram do presidente do Inter, Frederico Balvé, a liberação de Carpegiani. De Porto Alegre, Teppet e Barroso seguiram até São Paulo, onde se encontraram com o vice-presidente Carlinhos Niemeyer. Era hora de buscar o troféu de uma negociação complicada, que se arrastou por mais de um mês. O trio rubro-negro fretou um jatinho e foi até Mato Grosso do Sul, onde Carpegiani estava concentrado com o Internacional para um amistoso em Campo Grande.

No mesmo dia, 6 de março de 1977, Paulo César Carpegiani comeu feijoada com os cartolas do Flamengo e apareceu no Maracanã vestindo a camisa rubro-negra. O meia gaúcho foi ao estádio assistir ao confronto entre os combinados Vasco-Bota e Fla-Flu, vencido pelos alvinegros por 1 X 0. Os rubro-negros pagaram 5 milhões de cruzeiros pelo novo contratado, que chegou ao clube com um salário de 50 mil cruzeiros, mesmo valor pago a Zico na época.

Ainda faltava um finalizador. Em abril, o clube tentou resolver o problema do ataque com uma contratação arriscada: Cláudio Adão, que passou de revelação a incógnita no Santos. O centroavante não entrava em campo havia quase um ano, após sofrer fratura na perna esquerda e ruptura dos ligamentos do joelho em uma dividida com o goleiro Luís Antônio, do América de São José do Rio Preto. Adão custou outros 5 milhões de cruzeiros.

O novo Flamengo demorou a emplacar. Na Taça Guanabara, o título ficou com o Vasco, que derrotou o Botafogo por 2 X 0 na última rodada e terminou o primeiro turno com três pontos de vantagem sobre os rubro--negros. Coutinho chegou a ser pressionado pela CBD para se dedicar exclusivamente à Seleção, mas ele disse que não abriria mão de cumprir os dois anos de contrato com o clube. Após uma série de amistosos pouco convincentes, a Seleção se classificou para a Copa de 1978 com duas vitórias no triangular disputado em Cali, na Colômbia (1 X 0 sofrido contra o Peru e folgados 8 X 0 sobre a Bolívia).

* * *

Cartazes improvisados com pincel atômico em folhas de papel ofício eram colados em pontos estratégicos do Maracanã. Nas bilheterias, nos banheiros, as mensagens iam direto ao coração dos torcedores de vermelho e preto: "Vem aí a Raça Rubro-Negra"; "Os tempos de Tomires e Pavão estão de volta"; "A Raça está de volta". Foram seis meses atiçando a curiosidade dos frequentadores do Maracanã. A iniciativa era de Cláudio Cruz, rubro--negro apaixonado, vinte anos de idade. Nascido e criado em Madureira, Cláudio era dissidente da torcida Flamor. Junto com o irmão, César, ele passou meio ano preparando o lançamento da Raça Rubro-Negra, que, nos sonhos dele, seria a maior de todas as torcidas do Flamengo.

Os dois irmãos começaram a chamar as pessoas mais representativas do Maracanã para fundar a Raça. Cláudio se espelhava em Jaime de Carvalho, fundador da Charanga Rubro-Negra, primeira torcida organizada brasileira, criada em 1942 para seguir o Flamengo. Jaime foi o primeiro torcedor a trocar o paletó e a gravata da época pela camisa do time, vestindo-se como os jogadores e lançando a moda que renderia milhões de dólares aos fornecedores de material esportivo no futuro.

Dinheiro que passava longe de Cláudio e César, que começaram a vender bloquinhos de papel e camisas para poder pagar a festa da torcida. Mesmo precisando se capitalizar, em seu início a Raça não vendia seu uniforme para qualquer um que quisesse comprá-lo. A preocupação era selecionar o grupo. Durante o primeiro ano e meio da facção, só faziam camisas quando acabavam os campeonatos. E o comportamento de quem frequentava a torcida determinava se aquele integrante poderia continuar na Raça ou se teria a camisa "comprada" de volta.

No dia da estreia da torcida, o critério para escolher o lugar para estender a faixa da Raça foi simples: eliminação. O Flamengo tinha mais de uma centena de torcidas organizadas, e o espaço à esquerda das cabines de rádio do Maracanã era o único capaz de receber a modesta faixa de três metros e meio da facção recém-nascida. Em pouco tempo, aquela gente apaixonada pelo Flamengo mudaria conceitos e também a forma de torcer nos estádios.

CLÁUDIO CRUZ
Fundador da Raça Rubro-Negra

Quando não se cantava sambas, a Raça botou o samba dentro dos estádios. Hoje, você vai para um estádio e assiste jogo em pé. No Rio de Janeiro, principalmente. Só no intervalo é que se senta. Quando antigamente era o contrário. Hoje você vai nos estádios e assiste jogo em pé. E você sabe por que isso? Um problema meu. Eu não consigo ver filme, eu não consigo ficar duas horas parado. Eu vejo filme de meia hora. Eu sou irrequieto, eu sou acelerado, hiperativo; então eu ficava em pé. "Vamos, levanta!"

No início nego tacava garrafa na gente, mijo. Foi, foi, foi... Hoje, o Rio de Janeiro todo assiste assim. Parte do Brasil assiste assim porque a Raça mudou conceitos. Então isso é incrível.

* * *

O segundo turno do Campeonato Carioca de 1977 foi de experiências. Coutinho chegou a escalar o lateral direito Toninho Baiano como ponta. Os ex-juvenis Tita e Adílio passaram a ser utilizados com mais frequência. Carlos Alberto Torres não durou muito na Gávea, de onde saiu para defender o New York Cosmos. Para as laterais, chegou o uruguaio Ramirez, famoso por correr atrás de Rivellino no Maracanã após um Brasil e Uruguai pela Taça do Atlântico em 1976. Uma contratação que reforçou a vocação musical daquele grupo do Flamengo.

JÚNIOR

Eu acho que a coisa começou mais forte quando o Ramirez veio para o Flamengo. O Ramirez, violonista de primeira linha, canta, toca piano, hoje toca cavaquinho, banjo... E o Che trouxe o violão e levava o violão sempre para a concentração, e a gente gostava muito de bolero. Naquela época, a gente ainda escutava muito bolero.

Ao fim do segundo turno, Flamengo e Vasco terminaram empatados com 26 pontos, e um jogo extra foi marcado para definir o campeão. O time vivia um bom momento. Além da fase exuberante de Zico (artilheiro do Carioca com 27 gols), o ponta-direita Osni tinha superado contusões e estava em forma, fazendo gols. Cláudio Adão ainda não tinha convencido, e alguns jogadores também lutavam para se firmar, como o lateral Ramirez, o cabeça de área Merica e o zagueiro Dequinha. No caso de vitória do Vasco, campeão da Taça Guanabara (primeiro turno), o título estadual iria para São Januário.

Os 152.059 pagantes viram o jogo terminar empatado e sem gols no tempo normal. A igualdade continuou na prorrogação, e outra vez Flamengo e Vasco decidiriam a sorte nos pênaltis. No ano anterior, Mazarópi tinha parado Zico, um trauma ainda vivo na memória dos rubro-negros. O Galinho encerraria a série, enquanto Roberto Dinamite seria o último cobrador do lado cruz-maltino. As duas equipes começaram calibradas, e ambas acertaram as três primeiras cobranças. Era a vez de Tita.

O juvenil do Flamengo vestia a camisa 15 e tinha entrado a um minuto do fim da prorrogação só para bater um dos pênaltis. O mais novo craque feito na Gávea tinha treinado bem na véspera, tendo acertado 24 cobranças sem desperdiçar um único chute. Agora era para valer. Tita mirou no canto direito de Mazarópi. O camisa 1 vascaíno mergulhou e defendeu.

TITA

“Ele usou uma tática de cair para o mesmo lado em todas as batidas, e no meu caiu para o outro. E justamente calhou de eu bater naquele canto. Era o canto que eu tinha mais segurança. Mas isso aí você só analisa depois que perde o campeonato, entendeu? Antes disso, você não analisa.

O goleiro vascaíno foi extremamente astuto. Mazarópi ofereceu o canto direito nas três cobranças anteriores (Júnior, Cláudio Adão e

Osni), e quando se viu diante do mais inexperiente cobrador rubro-negro, saltou para a direita e defendeu espetacularmente o pênalti. Incrédulo, Tita viu Zandonaide fazer 4 X 3 sobre o Vasco. Zico não tremeu contra seu algoz de 1976 e marcou 4 X 4. Roberto Dinamite encerrou a série com competência, dando ao Vasco seu primeiro título carioca desde 1970.

Ao final da fatídica partida de 28 de setembro de 1977, a preocupação de todo o elenco vice-campeão carioca era consolar Tita. O garoto de 19 anos carregaria para sempre o estigma de um pênalti perdido na decisão contra o arquirrival. Os jogadores e toda a comissão técnica entraram no ônibus do Flamengo e seguiram para o bar Barril 1800, na praia de Ipanema. Na reunião, foi firmado um pacto, que ficou conhecido como Pacto do Barril.

RONDINELLI

“Me deu um estalo na hora. Quando eu entrei no vestiário, a primeira pessoa que eu vi foi o Coutinho. Falei com ele que era o segundo ano que a gente perdia nos pênaltis, que era uma questão de sorte. Ele comprou a ideia. A gente saiu dali aplaudido, esse grupo já era respeitado. Não era uma comemoração, mas a chance de aparar algumas arestas e colocar em prática tudo aquilo que seria importante no ano seguinte.

JÚNIOR

“Na verdade, ninguém entendeu. Pô, os caras perderam o campeonato e estão indo comemorar? Nós não fomos comemorar nada. A gente foi fazer uma lavagem de roupa, e uma lavagem de consciência do que tinha acontecido até ali, porque era a segunda vez que acontecia. “Não é possível! Daqui para a frente não se perde mais!”

ADÍLIO

“A gente já sabia a maneira que o Vasco jogava contra a gente: eles tentavam neutralizar as melhores jogadas nossas com pancada. Então, a gente passou a soltar a bola mais rápido, entendeu? Quando eles chegavam na gente, a bola já não estava mais comigo, estava com outro. Era a forma de a gente driblar a equipe e a parte tática do Vasco: com mais velocidade.

ZICO

"Nós pegamos o ônibus, foi todo mundo. Aí o Jorge Ben foi com a gente. Naquele jogo teve um episódio, teve um pênalti claro durante o jogo que não foi dado para nós. Ele foi cantando "cadê o pênalti que não deram pra gente no segundo tempo?". Ele compôs essa música dentro do ônibus!

★ CARIOCA DE 1977 ★

	POS	J	TIT	RES	G
Cantarele	G	22	22	0	-8
Roberto	G	7	7	0	-4
Toninho	LD	26	26	0	4
Ramirez	LD	11	6	5	0
Rondinelli	Z	25	25	0	2
Carlos Alberto Torres	Z	13	13	0	0
Dequinha	Z	15	15	0	0
Paulo Roberto	Z	6	6	0	0
Nélson	Z	5	1	4	0
Paolino	Z	1	1	0	0
Júnior	LE	18	18	0	0
Vanderlei	LE	12	11	1	1
Merica	MC	27	27	0	3
Carpegiani	MC	23	23	0	4
Jorge Luís	MC	5	2	3	0
Zico	MC	29	29	0	27
Adílio	MC	19	14	5	7
Renato Evangelista	MC	1	0	1	0
Osni	A	24	23	1	11
Júnior Brasília	A	4	3	1	0
Tita	A	5	2	3	0
Luisinho	A	14	13	1	8
Cláudio Adão	A	11	10	1	3
Valdo	A	10	3	7	1
Marciano	A	4	2	2	3
Luís Paulo	A	23	20	3	1
Da Costa	A	1	0	1	0

TITA

Eu só tinha 19 anos naquela época. Eu tava na reunião, eu tava no Barril. Participei, o pessoal me deu muito apoio, mas eu não tinha noção disso, entendeu? Eu não tinha esse amadurecimento ainda, de ver dessa maneira, pra enxergar essas coisas ainda. Porque eu só tinha 19 anos, cara! Mas os anos me mostraram a solidariedade, o companheirismo e a amizade que os jogadores tiveram comigo. E foi uma das situações que me deram força pra saber que um grupo, quando ele é formado, é feito de companheirismo. E isso o Flamengo tinha nessa época. Tinha essa mística, nós éramos jogadores formados em casa.

Faltavam poucos meses para a Copa de 1978, na Argentina. Conciliar Flamengo e Seleção Brasileira já não parecia tão fácil para Cláudio Coutinho, que decidiu entregar o cargo quatro dias depois de ser vice-campeão carioca. O escolhido para assumir a vaga foi o auxiliar técnico Jaime Valente. Ex-zagueiro rubro-negro nos anos 1960, Jaime era lembrado pela dupla que formou com Ditão no time campeão carioca em 1965. O novo técnico já tinha assumido a equipe interinamente enquanto seu superior trabalhava com a Seleção nas eliminatórias. Jaime Valente tinha apenas 35 anos, mas a seu favor pesava o fato de conhecer o clube profundamente. Jogadores como Zico, Rondinelli e Cantarele já conviviam com ele desde os tempos em que Jaime era o auxiliar técnico do time campeão carioca juvenil de 1972.

Previsivelmente, Jaime procurou manter a base formada por Coutinho, e o Flamengo não teve problemas para passar da primeira fase do Brasileirão de 1977. O time ficou na primeira posição, deixando outras dez equipes para trás, inclusive o Fluminense. Adílio tinha passado a titular absoluto do time, e Tita ia ganhando aos poucos novas chances de apagar da memória do torcedor o pênalti perdido contra o Vasco. Na segunda fase, os rubro-negros passaram por dificuldades, como na derrota por 0 X 1 para o XV de Piracicaba. Mesmo assim, a vaga foi conquistada na primeira posição da chave, à frente do Cruzeiro.

O campeonato invadiu 1978. O Flamengo pegou um grupo complicado na terceira fase, tendo como adversários Vasco, Santos, Corinthians,

Caxias e Londrina. A situação era delicada, já que Zico não vivia um bom momento. Também atrapalhava o incontável número de gols perdidos por Cláudio Adão, e, para piorar, Paulo César Carpegiani estava fisicamente longe do ideal. Com tantos jogadores importantes em baixa, o time não ganhou uma única partida na terceira fase. A quarta posição na chave significou a eliminação do Campeonato Brasileiro, e a vaga nas semifinais ficou, surpreendentemente, com o Londrina.

O nono lugar no Campeonato Brasileiro de 1977 não era exatamente o que a diretoria esperava, mas o resultado não trouxe mudanças radicais. Entre os jogadores titulares, apenas o ponta-direita Osni deixou o time ao final da competição. O atacante de 1,56 metro tinha marcado 11 gols no Carioca de 1977, mas não repetiu o bom desempenho no Brasileirão e foi vendido ao Bahia. Jaime Valente seria mantido no cargo, mas a três dias da estreia no Campeonato Brasileiro de 1978, pediu demissão para aceitar uma proposta de trabalho no Oriente Médio.

Enquanto Coutinho não voltava da Seleção, a solução da diretoria, mais uma vez, foi caseira. Joubert, zagueiro do clube nos anos 1950 e 1960, assumia o Flamengo pela quinta vez. Como jogador, foi campeão

★ BRASILEIRÃO DE 1977 ★

	POS	J	TIT	RES	G
Cantarele	G	19	19	0	-11
Toninho	LD	18	18	0	5
Ramirez	LD	8	2	6	0
Rondinelli	Z	17	17	0	0
Dequinha	Z	13	12	1	0
Nélson	Z	9	9	0	0
Júnior	LE	18	18	0	0
Vanderlei	LE	7	1	6	1
Merica	MC	14	14	0	0
Carpegiani	MC	13	13	0	0
Adílio	MC	18	18	0	1
Zico	MC	18	18	0	10
Osni	A	19	19	0	4
Cláudio Adão	A	14	13	1	6
Tita	A	8	3	5	1
Valdo	A	2	1	1	0
Luís Paulo	A	14	14	0	0

*Gol contra: Djalma Sales (Fluminense-BA) – 1/ Serginho (Vitória-ES) – 1/ Manga (Confiança-SE) – 1

carioca em 1955 e 1963, e também como treinador em 1974, quando teve o mérito de efetivar Zico na equipe principal. Joubert esperava desfrutar de sua melhor aposta, mas agora Zico passava a maior parte do tempo com a Seleção Brasileira, preparando-se para a Copa do Mundo.

O "novo" treinador chegou reclamando que o time estava fisicamente mal, desmotivado e sem esquema de jogo. Na falta do camisa 10, Adílio herdou a posição. Só que quem acabou se destacando foi Radar, obscuro atacante emprestado pelo Rio Verde de Goiás. O centroavante chegou a fazer todos os gols rubro-negros na vitória por 4 X 1 sobre o Bangu. Radar foi o artilheiro do Flamengo na primeira fase do Brasileirão de 1978, com seis gols. Nessa etapa, o time foi o primeiro colocado entre 12 equipes, com 21 pontos.

Enquanto isso, na Copa do Mundo da Argentina o ex-técnico do Flamengo passava por maus bocados. Após os dois primeiros jogos (dois empates contra Suécia e Espanha), Cláudio Coutinho sofreu pressões do alto-comando da Confederação Brasileira de Desportos. O presidente Heleno Nunes exigiu a escalação de Roberto Dinamite no lugar de Reinaldo. Rodrigues Neto entrou na vaga de Edinho e Zico foi substituído por Jorge Mendonça.

ZICO

"Ele chamou a mim, ao Edinho e ao Reinaldo. Só que, na véspera, quando acabou o jogo, o Heleno Nunes já tinha dado uma entrevista, dizendo que tinham que entrar o Rodrigues Neto, o Jorge Mendonça e o Roberto. Já tinha o bedelho, e o Coutinho não tinha falado nada? Aí fui lá, o Coutinho explicou por que ia tirar a gente. Só que, por esse relacionamento que tinha no Flamengo, assim que saíram o Reinaldo e o Edinho, eu saí também. Mas depois voltei lá.

"Coutinho, você pode me dar cinco minutos?"

"Posso."

"Coutinho, é duro a gente saber que saiu do time porque o Heleno Nunes deu uma entrevista dizendo que a gente tinha que sair. Você tem toda a autonomia para botar quem você quiser, tirar quem você quiser. Você é o técnico. Então, não precisa a gente saber pelos outros. Agora, pode estar certo, vou continuar treinando. Se quiser contar comigo, tudo bem."

As mudanças impostas pela cúpula surtiram efeito, e um gol de Roberto na vitória por 1 X 0 sobre a Áustria foi suficiente para que o Brasil se classificasse. Já na segunda fase, Zico saiu do banco e marcou de pênalti o terceiro gol da vitória por 3 X 0 sobre o Peru. Com Zico outra vez entre os reservas, a Seleção empatou em 0 X 0 com a Argentina em Rosário. Contra a Polônia, o camisa 10 do Flamengo voltou a ser titular, mas levou a pior em uma dividida com Boniek. O pé do brasileiro ficou preso sob a chuteira do polonês, e, quando Zico tentou se soltar, sofreu um estiramento muscular. Era o fim da Copa para Zico, e, apesar da vitória por 3 X 1, também seria para a Seleção. O Brasil não foi à final porque, estranhamente, os peruanos permitiram uma goleada argentina por 6 X 0. Os donos da casa se classificaram pelo saldo de gols. A Seleção de Coutinho teve de se conformar com o terceiro lugar, conquistado com uma virada de 2 X 1 sobre a Itália.

No Brasil, o Flamengo continuava sentindo a falta de Zico. Na segunda fase do Brasileirão de 1978, os rubro-negros ficaram na sétima posição entre nove equipes, e só passaram de fase por ter o maior número de pontos entre as equipes desclassificadas. A fase seguinte foi disputada simultanemante à Copa do Mundo, e, sem o seu camisa 10, o time não tinha o mesmo brilho. O pior momento aconteceu em Porto Alegre, quando os rubro-negros foram atropelados por 5 X 2 pelo Grêmio. Resultado inaceitável, especialmente para o ex-colorado Carpegiani.

PAULO CÉSAR CARPEGIANI

"Esse jogo foi um divisor de águas. Pensei em sair. Eu disse na época que estava muito mais fácil você jogar pelada no Novo Leblon que jogar no time do Flamengo. Estava muito ruim. Não era racha do elenco, o grupo tinha que ser fortalecido. Tinha bons valores, mas não era o suficiente. Não era um elenco forte.

Em um grupo com apenas duas vagas em jogo, o Flamengo terminou em sexto. Outra vez, o sonho de ser campeão brasileiro acabava prematuramente. A alegria coube ao Guarani de Campinas, o primeiro time do interior a ser campeão nacional. Naquele tempo, o Flamengo não convivia com goleadas sem que elas trouxessem consequências. Se em 1972 o Botafogo impôs 6 X 0 e por quase uma década os flamenguistas foram gozados pelos rivais, a repercussão daquele massacre gremista também pesou. Ao microfone da Rádio Nacional, Washington Rodrigues, rubro-negro até a medula, dizia que vários jogadores derrotados em Porto Alegre não podiam vestir o "manto". Até Júnior entrou nessa lista. Paixão à flor da pele e exageros à parte, o desastre do Olímpico traria mudanças. Para melhor.

★ BRASILEIRÃO DE 1978 ★

	POS	J	TIT	RES	G
Cantarele	G	21	21	0	-18
Nielsen	G	3	3	0	-3
Roberto	G	2	2	0	-2
Ramirez	LD	24	24	0	0
Toninho	LD	2	2	0	0
Leandro	LD	2	1	1	0
Rondinelli	Z	20	20	0	0
Dequinha	Z	17	17	0	0
Nélson	Z	12	9	3	0
Adriano	Z	4	4	0	0
Cidade	Z	2	1	1	0
Paulo César	Z	1	0	1	0
Júnior	LE	25	25	0	4
Merica	MC	23	23	0	2
Carpegiani	MC	25	25	0	2
Vítor	MC	1	1	0	0
Lino	MC	1	0	1	0
Jorge Luís	MC	5	1	4	0
Adílio	MC	23	23	0	4
Júnior Brasília	A	26	25	1	1
Tita	A	20	17	3	4
Radar	A	14	10	4	8
Cláudio Adão	A	9	9	0	1
Valdo	A	12	2	10	1
Luís Paulo	A	19	18	1	1
Santos	A	8	1	7	1
Evilásio	A	7	2	5	1
Silvinho	A	2	1	1	0

Um dos maiores goleiros brasileiros de todos os tempos preparava sua aposentadoria em agosto de 1978. Depois de 13 anos de clube, Raul Plassmann comunicou ao presidente do Cruzeiro que não queria mais jogar futebol. Anúncio feito, o campeão da Libertadores de 1976 pegou o carro e foi embora para Curitiba, onde morava a mãe. Mil quilômetros de estrada depois, ganhou um abraço e um prato da comida de que mais sentia falta. Era sábado à noite, e a TV estava ligada no *Jornal nacional*.

RAUL

"Eu sentado à mesa jantando, entra o *Jornal nacional* e o Fernando Vannucci diz assim:

"Raul é o novo goleiro do Flamengo."

A minha mãe disse mais ou menos isso:

"O que é isso, filho?!"

"Não sei, mãe! Mas o telefone vai tocar daqui a pouquinho."

Menos de dez minutos depois, toca o telefone. Era Márcio Braga, avisando a Raul que tinha se reunido com o presidente do Cruzeiro, Felício Brandi, e comprado seu passe. A apresentação seria dali a dois dias. Raul disse que não iria, porque não ganharia o suficiente para pagar aluguel no Rio de Janeiro. Márcio ofereceu a concentração, que ficava em São Conrado, como alternativa. Raul não estava disposto a começar de novo, e recusou. Márcio jogou sua última cartada: um convite para excursionar pela Europa, onde o Flamengo faria dez jogos na Espanha.

RAUL

"E eu já tinha uma experiência muito boa com o Cruzeiro, todo ano fazia aqueles torneios de Palma de Mallorca, de La Coruña, não é? E, claro, verão na Europa... Aí pensei direitinho, e falei: "Pensando bem, eu vou. Faço esses amistosos aí pelo Flamengo, e vamos ver se mudo de ideia".

* * *

O 16º lugar em 1978 tinha sido a pior classificação do Flamengo na história do Brasileirão. Era hora de mudar. No banco de reservas, o mandato tampão de Joubert chegou ao fim assim que Coutinho se reapresentou com o título simbólico de "campeão moral" da Copa de 1978. Raul foi a melhor das novidades do pacote para o segundo semestre de 1978. Também chegaram os atacantes Tião e Eli Carlos (ambos do Cruzeiro), Cléber e Marcinho (os dois vindos do Atlético Mineiro). O volante Merica foi trocado pelo meia Alberto Leguelé, do Bahia. Para a zaga, chegaram Manguito, do Olaria, e Moisés, campeão paulista de 1977 pelo Corinthians.

Mesmo sendo um dos zagueiros mais temidos do futebol brasileiro, Moisés não escapou do seu trote de batismo no Flamengo. Em uma das diversas viagens que fez ao exterior, Cláudio Coutinho trouxe para o filho um moderníssimo *walkie-talkie*, que rapidamente caiu nas mãos dos gaiatos do grupo. O golpe era assim: o sinal do *walkie-talkie* interferia em rádios de frequência modulada. Ou seja, o que fosse falado no *walkie-talkie* sairia nos alto-falantes do rádio FM. Rondinelli levou Moisés para dentro de um carro e ligou o rádio. O malandro viraria mané em instantes.

ZICO

"Se tivesse um jornalista lá, um Kléber Leite, um Zildo Dantas, um Ronaldo Castro, pedia para ele entrevistar com o *walkie-talkie*.

"Estamos direto da concentração, vamos falar com Zico. O que você acha da vinda do Moisés?"

"Ah, o cara só quer pescaria e Bloco das Piranhas, como é que vai jogar bola?"

Aí chamava o Coutinho.

"Eu não falei para o Moisés vir. Não sei como trouxeram!"

O Moisés ouvindo aquilo tudo, cara!

"Vam'bora, Rondinelli!"

E o Rondinelli:

"Não, não. Isso é sacanagem! Como é que os caras estão aqui na concentração falando isso de você?"

Nós íamos jogar com a Portuguesa à tarde. Estreia do Moisés! Isso foi no dia da estreia dele! Flamengo e Portuguesa no Maracanã. Aí começa o Coutinho a dar a preleção. Moisés está lá, sentado atrás. E antes o Carpegiani falou:

"Ó, Moisés, eu vou falar. Isso que aconteceu aí não pode."

Pior que o Carpegiani tinha "dado entrevista", tinha falado também!

Aí o Moisés:

"Pelo amor de Deus! Não faz isso não!"

Tudo já combinado com a gente. Aí o Carpegiani, capitão, falou:

"Professor? Dá licença, posso falar um negócio?"

"Pode."

"Olha, a gente tem que resolver um negócio aqui antes do jogo; pode dar problema. Isso não pode! Soube que teve jogador dando entrevista..."

E o Moisés fazendo sinal para não falar! E o Carpegiani:

"Eu vou falar, sim! Vou falar! Que negócio é esse? O cara não pode dar entrevista criticando esse ou aquele."

Aí o Moisés:

"O senhor me desculpe, mas o senhor deu uma entrevista..."

"Entrevista? Eu não falei com ninguém hoje!"

"Não, saiu no rádio! Nós estávamos ouvindo no rádio!"

Começou um bafafá lá dentro. Dali a pouco entra o filho do Coutinho com o *walkie-talkie*, com o rádio FM, e falando. O cara olha; o Moisés suspira aliviado (risos). Mas o que nós sacaneamos!

"Tu é malandro pras tuas negas!"

Com o capitão de volta ao comando, a preparação para o Campeonato Carioca de 1978 começou em uma excursão pela Europa. Além de chegar até a decisão do tradicional torneio Teresa Herrera (vice-campeão, perdendo para o Real Madrid), o Flamengo venceu o Troféu Palma de Mallorca, derrotando o mesmo Real Madrid em uma final épica. Cláudio Adão fez 1 X 0 com nove minutos de jogo. Cléber aumentou para 2 X 0 ainda no primeiro tempo. O árbitro era da casa, e Eli Carlos, Toninho e Cléber foram expulsos, além de Coutinho e todo o banco de reservas. Mesmo com oito atletas, os rubro-negros venceram por 2 X 1 e levaram o troféu. Raul sentiu todo o potencial daquele time, que ainda estava desfalcado de Zico, e decidiu jogar a aposentadoria para escanteio.

Com ele no gol, Júnior na lateral esquerda, Carpegiani no meio e a volta de Zico, Coutinho fez duas mudanças que transformaram o jeito rubro-negro de jogar. Adílio, que vinha atuando na ponta--esquerda e usou a camisa 10 enquanto o Galinho estava na Seleção, passou a atuar ao lado de Zico no meio-campo pela direita. Na frente, o prata da casa Tita era o novo dono da ponta-direita. Cláudio Adão finalmente estava em forma, e começou o Carioca com sete gols em três jogos, e a artilharia provisória do campeonato. Aos poucos, o time engrenava.

O momento era de ajuste de contas entre Coutinho e seus comandados. Zico, o grande craque rubro-negro, tinha sido barrado durante a Copa. Júnior também estava magoado com o técnico, já que foi esquecido em uma lista onde era nítida a falta de um bom lateral esquerdo.

JÚNIOR

“Quando ele voltou, ele me matou.

“Como eu me arrependo de não ter te levado...”

“Agora, capitão? Agora não adianta. Já acabou.”

Isso pesou na consciência dele. Nós só conversamos sobre isso essa vez, nunca mais. As pessoas que foram com ele para a Seleção tinham uma ascendência muito grande com ele, porque tinham sido comandantes dele em 1970. Talvez esse tenha sido o problema. Deve ter tido interferência de tudo quanto foi lado. Disso não tenho nenhuma dúvida. E o que mais me chocou foi exatamente ele aceitar essa situação. Ele não era de aceitar esse tipo de coisa. Ele era um cara que escutava todo mundo, mas a decisão era sempre ele que tomava. Então, para mim, aquilo ali ficou muito mal-entendido até hoje.

Liderança importante do Flamengo em 1978, Paulo César Carpegiani também ficou fora da Copa da Argentina. Mas a ausência do jogador gaúcho nada teve a ver com a vontade de Cláudio Coutinho.

PAULO CÉSAR CARPEGIANI

“Eu era o capitão da Seleção Brasileira em 1978 e vinha jogando. Só que peguei uma doença chamada toxoplasmose; devo ter pegado de carne malpassada. O tratamento que eu tinha que fazer era à base de sulfa. Em que consistia isso? Eu jogava um tempo, sentava no vestiário, e não tinha mais força nenhuma. Foi mais ou menos em abril que ocorreu isso. E esse tratamento é de no mínimo dois meses. É por isso que não fui à Copa do Mundo. E aí abriu aquela famosa discussão Chicão ou Falcão. A história verdadeira é essa.

Nada melhor que uma volta olímpica para acertar os ponteiros. A Taça Guanabara de 1978 seria decidida em um Fla-Flu, mas o campeão saiu antes. Na véspera, Vasco e Botafogo empataram em 2 X 2, e o resultado tirou o Botafogo da disputa. O Flamengo só deixaria de ser campeão se tomasse uma goleada por seis gols de diferença. Relaxado, o time rubro-negro apanhou de 0 X 2 do Fluminense e ganhou o primeiro turno. Os gols foram marcados pela dupla que veio do Santa Cruz, Nunes e Fumanchu (que virariam a casaca e se tornariam rubro-negros algum tempo depois).

No segundo turno, o Flamengo deu o troco com juros no Fluminense: 4 X 0, dois gols de Zico e dois de Cláudio Adão. Após a goleada no clássico, o supervisor do Flamengo, Domingos Bosco, esperava por Zico no vestiário. O craque era o xodó de Bosco, e na concentração do Flamengo era lei: não podia faltar morango, a sobremesa favorita do camisa 10 do time. Na manhã daquele dia, o supervisor chegou à concentração do Flamengo e encontrou o gerente preocupado.

"Seu Bosco, não tem morango! Como é que eu vou fazer? Os caras tão me pressionando aqui. Se o Zico não faz gol, vão dizer que é porque não tem morango!"

Domingos Bosco deixou imediatamente a concentração. Os jogadores ainda dormiam, só acordaram por volta de uma da tarde. Aos poucos, a notícia de que não havia morango para Zico já tinha corrido entre os jogadores. A gozação começou.

ZICO

"Quando vem a sobremesa, os caras:

"Não tem morango! Cadê o morango?"

Aí chega Domingos Bosco. Ele vem com um saco desses de compras, aqueles marrons de antigamente. Aí derramou no prato um monte daqueles morangos silvestres! Pegou um negócio de *chantilly* que ele comprou no mercado.

"Tá aqui, ó! Não vai ser por falta de morango que você não vai fazer gol!"

Ele tinha ido até a estrada das Canoas para catar morango silvestre. Pegou um monte! Olha a responsabilidade. Eu tinha que fazer gol, não é? (risos). Foi 4 X 0; meti dois. Ele fazia coisas do arco-da-velha!

Bosco era a síntese do bom malandro. O homem baixinho de pele clara e barriga saliente teve no Fluminense sua grande escola. Ao aceitar o convite do presidente Francisco Horta para cuidar do time que ficou conhecido como Máquina Tricolor, o supervisor tinha a missão de administrar atletas como Gil, Rodrigues Neto, Manfrini e Paulo César Caju, craques também nas aventuras fora de campo. A experiência fez de Bosco Ph.D. nas malandragens dos boleiros. Sobreviver a um time cheio de jogadores rodados, como o Fluminense, fez com que o desafio no Flamengo, formado em sua maioria pela prata da casa, fosse bem mais tranquilo.

O supervisor ia além do papel tradicional da função que exercia. Mais do que providenciar toda a logística para o trabalho dos jogadores, ele levava à direção do clube as reivindicações dos atletas com relação a bichos e gratificações. Por trás do homem do futebol também existia um hábil psicólogo. Bosco sabia como motivar os jogadores que estavam na reserva, e ainda acalmava quem estivesse insatisfeito, apagando eventuais incêndios. Os treinadores também tinham nele um anteparo, já que era comum vê-lo no papel de relações-públicas. Bosco estava sempre próximo da imprensa, fosse para amenizar alguma crise, fosse para promover os clássicos.

ANDRADE

"Lembro de uma frase dele; foi no jogo contra o Botafogo. Saiu na primeira página do *Jornal dos Sports*:

"BOSCO: BOTAFOGO É TITICA DE GALINHA."

Foi antes de um clássico! Ele mandou essa, não sei qual foi o contexto. O Bosco era uma figura.

LEANDRO

Quando a gente viu aquele negócio: "Botafogo é titica de galinha", ficou chateado. Vai sobrar para a gente, pô! Isso é um estímulo para eles, é um *doping* para eles. Eles vão vir para cima da gente! O Bosco pediu desculpas para o grupo. Aí, nós ganhamos de 3 X 0. No outro dia, o *Jornal dos Sports* colocou:

"BOSCO: NÃO FALEI?"

* * *

Chegava a última rodada do segundo turno do Campeonato Carioca. A liderança era do Vasco, com um ponto de vantagem. Um empate garantiria o título do turno aos cruz-maltinos. Sem Raul e Cláudio Adão, ambos machucados, chegava a hora do tira-teima. Em 1974, os jovens Zico e Júnior comemoraram o título em um empate em 0 X 0; em 1976, a Taça Guanabara escapou nos pênaltis; em 1977, mais uma vez, Mazarópi derrubou o Flamengo. Em 1978, Mazarópi estava longe, e o Vasco tinha no gol o camisa 1 da Seleção Brasileira nas duas últimas Copas: o ex-palmeirense Leão.

O clima de decisão também tomava conta dos integrantes da Raça Rubro-Negra. Só que o Vasco não preocupava Cláudio e César tanto quanto a proibição de entrar no Maracanã com papel higiênico. Como seria a festa para a entrada do Flamengo em campo sem a linda cascata de rolos voando pela arquibancada? Uma operação de guerra foi montada pela Raça. A turma juntou dinheiro e comprou uma carreta de rolos na fábrica de papel Leblon, na descida da Grajaú-Jacarepaguá. O plano de Cláudio previa a invasão do Maracanã na sexta-feira antes do jogo, assim que escurecesse. Só que os dois escolhidos para entrar não poderiam sair até a hora do jogo, no domingo, correndo o risco de serem presos pelos vigilantes do Maracanã.

CLÁUDIO CRUZ

Fundador da Raça Rubro-Negra

A gente ficava a madrugada inteira subindo e colocando os fardos de papel em cima da marquise dos bares. Ia botando, e depois a gente tinha que ficar lá dentro até domingo, na hora que abrisse o portão, sem o direito de fazer cocô! A gente levava sanduíche de mortadela e água. Era o almoço e a janta. Ficavam uns guardas de bicicleta, que a gente chamava de "chocolate", para cá e para lá o tempo todo. Você tinha que ficar escondido de sexta à noite até domingo na hora do jogo, abandonando trabalho, família, tudo. Era um grupo de malucos!

E no clássico, o goleiro vascaíno parou a *blitz* rubro-negra. Zico tentou de cabeça, apostou em jogadas individuais, mas não passou pelo bloqueio cruz-maltino. Tita sofreu um pênalti no fim do primeiro tempo, e José Roberto Wright não marcou. O Vasco só ameaçou uma vez, em um chute de Roberto defendido por Cantarele.

As primeiras chances do segundo tempo foram de Zico, com duas cobranças de falta mal executadas. Adílio e Tita também chegaram com perigo, mas não parecia que alguém vazaria Leão naquele dia. Em um cruzamento da esquerda feito por Júnior, a bola seguiu em direção a Zico na área. O lateral vascaíno Marco Antônio chegou antes, mas preferiu chutar a bola pela linha de fundo. Zico não tinha o hábito de bater escanteios, mas o relógio já marcava 41 minutos.

ZICO

O Marco Antônio podia dominar, estava livre. Mas quando ele percebeu que era eu que vinha aqui, ele bum! Mandou para escanteio. E a bola veio meio na mão do Che, um fotógrafo uruguaio amigo do Ramirez.

"Vai que está acabando! Bate lá, vai você mesmo!"

Eu peguei a bola e fui. E o Rondinelli não veio direto, ficou lá. Eu tinha jogadas ensaiadas com o Rondinelli de faltas laterais. De escanteio, não, porque eu não batia, mas as faltas laterais a gente tinha. Porque ele subia demais. Aí eu cheguei a fazer o sinal para ele. Olhei, ele está vindo. Vai nele.

RONDINELLI

A gente tem que ter fé, intuição. Antes de ocorrer o gol, eu e Carpegiani discutimos. No calor da luta, ele me disse:

"Pô! Pra que tu vai subir se tu quase entregou um gol pro Dinamite?"

"Carpegiani, 0 X 0 é dos caras!"

Nesse negócio de "vou, não vou", o Roberto tinha ido pra área me acompanhar em todas as bolas. Naquilo que eu e Carpegiani discutimos, parece que o Roberto dispersa. Ele pensou que eu ia obedecer e não ia subir mais. Quando o Roberto me larga, eu decido ir.

No meio da Raça Rubro-Negra, Cláudio cedia ao sono depois de 48 horas virado dentro do Maracanã até ser despertado por um cutucão. "Escanteio!" Adílio, Manguito e Eli estavam na área, vigiados por seis vascaínos. A cobrança apressada de Zico encobriu os três companheiros, mas encontrou Rondinelli. A corrida iniciada fora da área durou oito passos. O nono serviu de impulsão para aproveitar o espaço entre Orlando Lelé e Abel e acertar uma cabeçada indefensável. O camisa 3 aterrissou e continuou correndo, agora em direção à torcida. No caminho, uma cambalhota desajeitada e uma certeza: o título carioca de 1978.

Uma loucura coletiva tomava conta de Cláudio e de toda aquela gente que vestia vermelho e preto. Extasiados, os torcedores comemoravam aos gritos e pulos nas arquibancadas, na geral, nas rampas de saída do Maracanã e pelas ruas. Uma atmosfera especial após dois anos marcados por fracassos em jogos decisivos contra o Vasco.

ZICO

"Aquele é um gol que, até hoje, se passar na televisão... Posso ver dez, vinte gols meus, eu não me arrepio como me arrepio vendo aquele. Não sei por quê. É coisa da emoção. Apesar de já ter sido o meu segundo título, aquele título foi marcante mesmo.

RONDINELLI

"Foi uma das coisas mais maravilhosas que aconteceu na minha vida. A minha vontade era pular na geral, sair todo nu, pelado! Você fica em êxtase, aquilo é o gozo maior. Você fazer um gol faltando quatro minutos, quando o empate era do adversário que nos tirou dois títulos anteriores por penalidades? Eu, se morro, se a minha missão terminasse ali, eu embarcaria feliz da vida!

Nelson Rodrigues descreveu aquele momento como "um instante maravilhoso. [...] Rondinelli subiu, parou no ar. E assim, alado, elástico, deu a cabeçada fulminante. [...] A alma das esquinas e dos botecos vibrou feérica a noite inteira". Assim falou Nelson, definindo o *big bang* que originou a série vitoriosa do time mais fantástico da história do Flamengo.

★ CARIOCA DE 1978 ★					
	POS	J	TIT	RES	G
Raul	G	12	12	0	-9
Cantarele	G	10	10	0	-2
Nielsen	G	1	0	1	0
Toninho	LD	18	18	0	1
Leandro	LD	6	4	2	0
Ramirez	LD	5	1	4	0
Rondinelli	Z	6	6	0	1
Nélson	Z	17	17	0	1
Manguito	Z	20	20	0	0
Moisés	Z	1	1	0	0
Júnior	LE	22	22	0	3
Vanderlei	LE	3	3	0	0
Carpegiani	MC	18	18	0	0
Jorge Luís	MC	2	1	1	0
Adílio	MC	19	19	0	5
Zico	MC	22	22	0	19
Alberto Leguelé	MC	9	4	5	0
Marcinho	A	10	9	1	3
Cléber	A	10	9	1	2
Eli Carlos	A	11	2	9	0
Cláudio Adão	A	18	18	0	19
Tião	A	9	3	6	0
João Carlos	A	4	4	0	0
Tita	A	18	17	1	4
Pedro Ornelas	A	3	1	2	0
Getúlio	A	2	1	1	0

*Gol contra: Dori (Portuguesa) – 1/ Heraldo (América-RJ) – 1

Ganhar o título carioca em cima do Vasco, a pedra no sapato nas temporadas anteriores, tirou um peso dos ombros de Coutinho e de seus comandados. O bom momento fez com que o elenco sofresse poucas alterações para 1979. Apenas dois nomes faziam parte da lista de contratações. Mesmo jogando pela modesta Portuguesa carioca, o atacante Luisinho das Arábias marcou 11 gols no Campeonato Carioca de 1978 (quatro deles em cima do Vasco). Rubro-negro de coração, Luisinho foi trazido para ser o reserva de Cláudio Adão. Outra novidade era o ponta-direita Reinaldo, do América, que tinha feito o gol da vitória rubra sobre o Flamengo por 1 X 0 no Campeonato Brasileiro de 1978. O ponta-esquerda Júlio César, que estava emprestado ao Remo, voltou a fazer parte do plantel.

No plano tático, Coutinho decidiu mudar o estilo de jogo do Flamengo. O novo sistema foi batizado de "4-3-3 flexível". Na frente, para municiar Cláudio Adão, dois pontas abertos: Reinaldo pela direita e Júlio César pela esquerda. O esquema preservaria as características ofensivas de Zico, que acumularia também a função de armar a equipe e acionar os laterais em jogadas ofensivas. Para acompanhá-lo no meio, Carpegiani (com a função de marcar e dar qualidade ao primeiro passe) e Adílio (que chegaria ao ataque com frequência, mas também ajudaria na marcação pelo setor direito do meio-campo). Atrás, além de Manguito e Rondinelli, os laterais Toninho e Júnior, com ampla liberdade para avançar.

O Campeonato Carioca especial de 1979 seria a primeira disputa do ano. No primeiro clássico, o cartão de visitas rubro-negro foi uma goleada de 4 X 0 sobre o América. A partida marcava a inauguração do placar eletrônico do Maracanã, e o primeiro gol anunciado no painel luminoso foi do ponta Reinaldo. Adílio também fez o dele, e Zico completou o marcador com dois gols de falta. Eram dois a menos na contagem regressiva para ultrapassar o maior artilheiro da história do Flamengo. Edvaldo Alves de Santa Rosa, o meia Dida, ídolo de infância do menino Arthur Antunes Coimbra, tinha estabelecido a marca de 244 gols com a camisa rubro-negra.

No dia 18 de fevereiro de 1979, Zico igualou a marca de Dida ao fazer dois gols nos 5 X 1 sobre o Fluminense de Nova Friburgo, no estádio

Eduardo Guinle. Três dias depois, o adversário seria o Goytacaz. O recorde de Dida, alcançado em 1963, caiu aos seis minutos do segundo tempo. Carpegiani iniciou a jogada, entregou a Adílio. O camisa 8 tabelou com Cláudio Adão, e o centroavante deixou Zico na cara do gol. Livre, Zico driblou o goleiro Augusto e entrou com bola e tudo. Era o gol de número 245 com a camisa do Flamengo.

ZICO

"Aquilo foi só estatística, porque eu não fazia nenhuma concorrência com o Dida (risos). Dida? Pô, era meu ídolo! Era o cara que eu via lá no Flamengo e ficava escondido. Eu já era ídolo e ficava vendo ele trabalhar; não tinha coragem de ir falar com ele, cara. Naquela reverência. Às vezes ele é que vinha, essas coias que acontecem, não é? Ele gostava de mim.

Junto com o auge de Zico, o Flamengo se fortalecia com o surgimento de novos valores. Na partida que valeu o título do primeiro turno do Carioca, os rubro-negros só precisaram de 45 minutos para atropelar o Botafogo: 3 X 0, gols de Zico, Carpegiani e Luisinho das Arábias. Ao lado de Carpegiani e Zico, despontava Andrade, substituto de Adílio na decisão. Finalmente chegava a vez do mineiro, que se enquadrava no estereótipo e trabalhava em silêncio. Joubert tinha gostado dele, mas achou precoce promovê-lo aos 17 anos. Sem espaço na Gávea, topou o desafio de jogar em um mercado marginalizado, o futebol venezuelano. Entre 1977 e 1978, jogou no ULA Mérida, no qual aprendeu lições importantes jogando mais adiantado. Como meia-atacante, Andrade foi o artilheiro do Campeonato Venezuelano de 1978 com 21 gols.

ANDRADE

"Quando eu passava do meio, sabia o que fazer com a bola. O que acontece hoje? Volante, quando passa do meio, ele bloqueia (risos). E eu tive essa facilidade por ter jogado dois anos na frente. Sabia finalizar, fazia tabelas, se saísse na cara do gol, sabia o que fazer. Para mim foi importantíssimo. O futebol não tinha tradição na Venezuela, era o quinto ou sexto esporte do país. Mas eu achava que seria bom para mim, a questão financeira era boa. O dinheiro que eu ganhei lá deu para comprar um apartamento para a minha mãe em Juiz de Fora, onde ela mora até hoje.

Na lateral direita, o cabofriense Leandro era a nova opção para a camisa 2. Leandro assinou em 1979 seu primeiro contrato profissional, apenas três anos depois de chegar aos juniores. Ainda com idade de juvenil, fez sua estreia no time principal no Campeonato Brasileiro de 1978, no empate de 1 X 1 com o Palmeiras. A ordem do técnico Joubert era marcar o rápido ponta Nei, e Leandro não só cumpriu a missão como levou o MotoRádio de melhor jogador em campo. Coutinho não viu a partida, já que estava na Argentina com a Seleção. Mas se encantou logo no primeiro coletivo em que viu Leandro em campo.

LEANDRO

"Eu estava no vestiário, aí seu Modesto Bria veio falar comigo. "Garoto! Você deixou o Coutinho maluco! Ele está doido aí, gostou muito de você." Jogava no juvenil e jogava no profissional. E na época tinha o Ramirez, que era reserva imediato do Toninho. Toninho ia jogar, ficávamos eu e Ramirez no banco. Mas quem entrava era eu. E quando o Toninho se machucava, quem entrava era eu. Aí teve até uma hora que eu falei:

"Coutinho, acho que ainda estou muito novo, tem muita coisa aí. Põe o Ramirez, eu prefiro ficar no juvenil."

"Não! De jeito nenhum. Você vai ficar com a gente. Esse é um processo seu."

A boa fase podia ser medida pelo calendário, com os 158 dias de invencibilidade do time de Coutinho, que não perdia havia mais de trinta jogos. No segundo turno, o time continuou sem perder. A marca de 34 partidas invicto estabelecida em 1976 foi superada com os 6 X 1 sobre o São Cristóvão, a 35ª do Fla-1979. O empate em 1 X 1 com o Fluminense na penúltima rodada praticamente assegurou o bi. Para colocar água no chope rubro-negro, os tricolores teriam de golear o Vasco por nove gols de diferença, e torcer para que o Botafogo ganhasse do Flamengo. O clássico entre Flu e Vasco foi na véspera, e o empate em 0 X 0 fez com que os rubro-negros já entrassem em campo bicampeões. Mas ainda sobravam bons motivos para jogar com tudo. Se não perdesse, a geração de Zico conquistaria o primeiro título invicto da Era Maracanã. Não por acaso, 158.477 torcedores pagaram ingressos, e os alvinegros não chegavam a 10 mil.

O primeiro gol da partida aconteceu aos 33 minutos, com Zico. Os alvinegros empataram sete minutos depois com Gil, mas, aos 45 minutos, Zico fez mais um. O título só não veio com vitória porque o ex-rubro-negro Luisinho Lemos conseguiu empatar no início do segundo tempo. O apito final de Valquir Pimentel foi a senha para mais uma volta olímpica, e mais um jogo na sequência invicta que já durava 44 jogos.

★ CARIOCA DE 1979 ★

	POS	J	TIT	RES	G
Cantarele	G	18	18	0	-12
Toninho	LD	13	13	0	0
Leandro	LD	6	6	0	0
Ramirez	LD	6	4	2	0
Rondinelli	Z	11	11	0	1
Nélson	Z	11	8	3	0
Manguito	Z	16	16	0	0
Figueiredo	Z	1	1	0	0
Júnior	LE	16	16	0	1
Carpegiani	MC	13	13	0	1
Andrade	MC	12	5	7	1
André	MC	1	1	0	0
Adílio	MC	13	13	0	3
Zico	MC	17	17	0	26
Reinaldo	A	16	12	4	3
Luisinho das Arábias	A	12	10	2	6
Cláudio Adão	A	12	8	4	5
Tita	A	13	11	2	3
Júlio César	A	15	15	0	1
Cléber	A	1	0	1	0

O bicampeonato carioca devolveu a Cláudio Coutinho o respeito da torcida em seu retorno à Seleção Brasileira em maio de 1979. O Brasil não jogava desde a Copa da Argentina, havia quase um ano, e o primeiro amistoso pós-mundial seria contra o Paraguai. A convocação trouxe quatro jogadores rubro-negros: os laterais Toninho e Júnior, além de Carpegiani e Zico. Júlio César só não foi convocado por estar contundido. Os quatro começaram jogando, e o Brasil meteu 6 X 0 nos paraguaios. Zico marcou três vezes.

JÚNIOR

"Eu não tive nem aquele gostinho de ficar esperando lista de convocados em 1979, quando teve a primeira convocação. Eu já sabia que eu estava ali. Não tive nem esse gosto. Depois que ele me falou que isso pesou na consciência dele, nós só conversamos essa vez. Nunca mais. Primeiro, porque existia uma confiança recíproca e um respeito recíproco. Mas que ele vacilou, vacilou.

Além das dificuldades naturais de acumular os comandos do clube e da Seleção Brasileira, Coutinho também tinha de se adaptar às bizarrices do calendário do futebol brasileiro. Campeão carioca em abril, o Flamengo jogaria mais uma competição regional na sequência, o primeiro campeonato estadual. Oito times do interior que não tinham sido incluídos no Campeonato Carioca recorreram ao presidente da CBF, Heleno Nunes, pedindo uma nova disputa. Nunes acatou o pedido, e começaria em maio outro campeonato no Rio de Janeiro, com 18 times.

O que era na prática o segundo Campeonato Carioca de 1979 começou com mais uma goleada do Flamengo. Com a vitória de 5 X 0 sobre o Bonsucesso, o time completou 49 partidas sem derrota. Os rubro-negros mantiveram 100% de aproveitamento nas quatro primeiras rodadas, chegando a 52 jogos sem perder, igualando o recorde brasileiro conquistado pelo Botafogo. Curiosamente, os alvinegros seriam os próximos adversários do Fla.

A fantástica série invicta do Botafogo, em 1978, foi construída com o talento de jogadores como Paulo César Caju, Mendonça e Manfrini. O time, então dirigido por Zagallo, parou nos 52 jogos invictos, perdendo para o Grêmio no Maracanã por 0 X 3. Naquele jogo, o jovem ponta

Renato Sá, contratado junto ao Avaí, marcou dois dos três gols do time dirigido por Telê Santana. Agora, quando o Flamengo tentava superar a marca construída pelos alvinegros no ano anterior, Renato Sá estava no lado do Botafogo. E foi com um gol dele, aos nove minutos de jogo, que o recorde começou a ir por água abaixo. O resto do serviço foi feito pelo goleiro Borrachinha, que fechou o gol e garantiu o resultado.

Livre da pressão para manter a invencibilidade, o Flamengo atropelou o ADN de Niterói por 7 X 1, e Zico fez, no Caio Martins, o gol que Pelé não conseguiu na Copa de 1970. Na jogada em que fintou Mazurkiewicz com um drible de corpo na semifinal contra os uruguaios, Pelé bateu para fora. Quando Zico se viu frente a frente com o goleiro Edgar, decidiu se separar da bola e reencontrá-la na frente. Enquanto o camisa 1 do Niterói tentava entender o que tinha acontecido, Zico já corria para comemorar com a torcida.

Uma vitória sobre o América por 2 X 1 deixou engatilhado o título de mais uma Taça Guanabara. Para garantir o troféu, bastava uma vitória sobre a Portuguesa na Ilha do Governador. Após um primeiro tempo morno e sem gols, o Flamengo saiu na frente com um gol de Zico, que aproveitou um cruzamento de Rondinelli. O gol do título também foi de Zico, que recebeu de Cláudio Adão na corrida e emendou de primeira. Os rubro-negros já estavam classificados para a decisão do campeonato estadual. O início do segundo turno deu mostras do cansaço dos principais jogadores, divididos entre o clube e a Seleção Brasileira. A diretoria tratou de reforçar o elenco e gastou 5 milhões de cruzeiros na contratação do atacante Beijoca, do Bahia. Zico, com trinta gols marcados apenas no primeiro turno, voltava a ser assediado pelo futebol europeu. O Flamengo deixou o segundo turno de lado e embarcou para a disputa do Troféu Ramón de Carranza, na Espanha. Na estreia, ganhou do Barcelona (campeão da Copa da Uefa) por 2 X 1, e ganhou o título com a vitória por 2 X 0 sobre o Ujpest Dosza, da Hungria. As exibições de Júlio César fizeram com que a imprensa local o comparasse a Garrincha.

De volta ao Brasil, uma goleada sofrida para o Vasco (2 X 4) embolou o segundo turno. Zico, com 34 gols marcados, viu o sonho de superar a marca histórica de Pirilo (39 gols no carioca de 1941) mais distante ao sofrer um estiramento na magra vitória de 1 X 0 sobre o Goytacaz, em Campos. Mesmo sem Zico, o Flamengo recuperou a liderança e decidiu o título contra o Fluminense. E 138.557 pagantes acompanharam a decisão, na qual um empate bastava. Aos 43 minutos do segundo tempo, Tita fez o gol do título, o sexto turno consecutivo vencido pelo Flamengo. Mas o regulamento ainda previa um terceiro turno, e a única vantagem pelas duas conquistas anteriores foram dois pontos de bonificação.

No terceiro turno, enquanto Zico trabalhava para se recuperar, Tita continuava em ótima fase. Nas vitórias sobre Portuguesa, Goytacaz e Bangu, o camisa 10 "interino" marcou quatro gols. A volta do titular aconteceria no clássico contra o Fluminense. Zico começou no banco, substituiu Andrade e perdeu um pênalti na derrota por 0 X 3. No jogo seguinte, o papel de protagonista voltou a ser exercido por Tita, autor dos três gols da vitória sobre o Americano. O jogo contra o Vasco seria decisivo.

Aquela final antecipada era mais uma chance para Tita mostrar seu valor. A camisa 10 foi entregue a ele, já que Zico ainda não estava totalmente recuperado de um estiramento. O Flamengo só precisou de 11 minutos para sair na frente. Júlio César recebeu lançamento na esquerda, ganhou de Gaúcho na velocidade e cruzou. Cláudio Adão estava pronto para marcar, mas foi surpreendido por Ivã, que correu mais que o atacante rubro-negro para cortar a bola. Só que a tentativa de afastar o perigo se transformou em um gol contra. Dez minutos depois, Cláudio Adão ficou cara a cara com Leão e perdeu um gol feito. A zaga tentou afastar o rebote, que caiu nos pés de Toninho. O lateral enfiou para Reinaldo, na ponta-direita. Um chute envenenado surpreendeu Leão, que soltou a bola. No rebote, Tita esticou o pé direito para fazer 2 X 0 e receber os abraços de Rondinelli, Carpegiani e Adão.

A euforia atrapalhou. Aos 38 minutos do primeiro tempo, o Vasco teve um lateral pelo setor direito de ataque. Ninguém marcou Guina, que recebeu e cruzou para Roberto Dinamite, que estava livre na área e cabeceou para o chão. Cantarele estava na bola, mas Toninho tentou tirar de cabeça e atrapalhou o goleiro. Foi o primeiro gol do Vasco, que empatou ainda no primeiro tempo. Marco Antônio lançou Wilsinho na ponta-direita. O Xodó da Vovó aproveitou a distração de Toninho e passou para Guina dentro da área. De calcanhar, ele entregou a Catinha, que chutou rasteiro no canto direito de Cantarele.

No segundo tempo, o Vasco passou a dominar o jogo e mostrar muito mais iniciativa. O Flamengo jogava nos contra-ataques, e em um deles conseguiu cavar um escanteio. Júlio César cobrou pela esquerda, Zé Mário tentou tirar na entrada da área e foi desarmado por Tita, que entregou a Carpegiani e correu para a área. O experiente meia gaúcho viu Toninho com espaço na ponta-direita. O lateral cruzou, Tita se enfiou entre os zagueiros e cabeceou. Leão, adiantado, foi encoberto, e o Maracanã explodiu com o gol de mais um título rubro-negro.

TITA

Eu consegui mostrar para mim mesmo, eu consegui provar para mim mesmo que eu poderia ser titular do Flamengo. Ou seja, quando você consegue substituir o grande ídolo do clube, fazer gols como ele fez, e dar um campeonato para o Flamengo, você prova para você mesmo que tem condição. Em 1979, o Zico se machucou no início do campeonato e eu joguei de 10. E foi a época que eu mais meti gol, entendeu? Só que nesse ano, que eu tive um ano excelente, o Coutinho já não me chamou para a Seleção Brasileira para ser 10. Ele me chamou para a Seleção pela ponta-direita. Eu jogava no Flamengo de 10, na Seleção jogava de ponta-direita.

A entrega do troféu só aconteceu no jogo seguinte, contra o Botafogo. Na véspera, a vitória do Vasco sobre o Fluminense (3 X 2) garantiu matematicamente a conquista. E, no domingo, o empate contra os alvinegros foi só o pretexto para mais uma volta olímpica. Era o terceiro tricampeonato da história rubro-negra. Em 1942, 1943 e 1944, o Flamengo de Zizinho conseguiu o título com um gol do argentino Agustín Valido, que entrou em campo com febre de quase quarenta graus. Em 1953, 1954 e 1955, Dida foi o herói na goleada de 4 X 1 sobre o América, dando o troco dos 1 X 5 sofridos no jogo anterior. No Rio, ninguém era páreo para aquele Flamengo. Era hora de pensar em um título nacional, honra que, no Rio, só o Vasco de 1974 tinha alcançado.

★ ESTADUAL DE 1979 ★

	POS	J	TIT	RES	G
Cantarele	G	29	29	0	-25
Raul	G	3	3	0	-2
Nielsen	G	2	1	0	0
Toninho	LD	17	17	0	0
Ramirez	LD	5	5	0	0
Leandro	LD	1	3	2	1
Rondinelli	Z	26	26	0	0
Nélson	Z	16	15	1	0
Manguito	Z	26	26	0	0
Gilberto	Z	6	3	3	0
Antunes	Z	4	3	1	0
Júnior	LE	32	32	0	3
Carpegiani	MC	23	23	0	2
Andrade	MC	26	21	5	0
Bruno	MC	3	1	2	0
Adílio	MC	30	27	3	5
Zico	MC	26	25	1	34
Reinaldo	A	28	19	9	1
Cláudio Adão	A	30	30	0	19
Tita	A	29	29	0	14
Beijoca	A	3	0	3	0
Anselmo	A	1	0	1	0
Luisinho Das Arábias	A	6	1	5	1
Júlio César	A	28	23	5	0
Carlos Henrique	A	7	2	5	0

*Gol contra: Edinho (Volta Redonda) – 1/ Esdras (Olaria) – 1/ João Luís (América) – 1/ Ivã (Vasco) – 1

MELHOR DO BRASIL

★★★★★★★★★★★★★★★★

Cinco voltas olímpicas e 72 jogos acumulados. Esse era o saldo do Flamengo na temporada de 1979 até novembro, quando começaria a disputa do Campeonato Brasileiro daquele ano. A campanha na primeira fase foi promissora, com cinco vitórias e dois empates em sete jogos, deixando para trás Grêmio e Bahia. A campanha encheu de otimismo o presidente Márcio Braga, que, em entrevista à revista *Placar*, profetizou: "Ninguém irá resistir à nossa marcha: vamos ganhar o Brasileiro, vamos conquistar a Libertadores, vamos ser campeões mundiais!".

Na segunda fase, o Flamengo enfrentou três paulistas. O São Bento foi goleado no Maracanã por 4 X 0. O jogo contra o Comercial, em Ribeirão Preto, teve contornos de guerra. Além de morteiros, foram atirados no gramado do estádio Palma Travassos paus e pedras, e houve invasão de campo. O ambiente hostil não parou o Flamengo, que venceu por 2 X 0, gols de Carlos Henrique e Zico. Para chegar à semifinal, faltava jogar no Maracanã contra o Palmeiras, que tinha obtido duas goleadas convincentes sobre Comercial (5 X 1) e São Bento (4 X 0). Apenas um dos dois avançaria para as semifinais do Brasileirão de 1979.

O Palmeiras tinha um meio-campo fortíssimo, com Pires e Mococa no combate e Jorge Mendonça para armar e finalizar. Nas pontas, duas promessas vindas do interior paulista: pela direita, Jorginho (revelado pelo Marília), e pela esquerda, Baroninho (ex-Noroeste de Bauru), que completavam o ataque com o centroavante César. Isso sem contar o habilidoso Pedrinho na lateral esquerda e a boa dupla de zaga com Polozzi e Beto Fuscão. Mas o grande craque do time estava no banco e se chamava Telê Santana.

BARONINHO
Ponta-esquerda do Palmeiras em 1979

"Antes do jogo, no hotel onde nós estávamos, a notícia era de que o Flamengo ia meter uma goleada em cima da gente. Só tinha molecada no time do Palmeiras, a maioria nunca tinha jogado no Maracanã. Telê falou com a gente no vestiário e passou muita tranquilidade.

A vantagem do empate era do Palmeiras, mas o Flamengo também tinha motivos para estar confiante. Cantarele só tinha tomado dois gols em nove partidas; Cláudio Adão vinha mantendo a média de um gol por jogo, e Zico era sempre capaz de desequilibrar. A única preocupação era a ausência de Rondinelli, o que deixava a zaga rubro-negra sob responsabilidade da dupla Dequinha e Manguito.

O cenário preparado para uma grande festa rubro-negra levou 112.047 pagantes ao Maracanã. Só que o otimismo começou a murchar com 11 minutos de jogo. O atacante César invadiu a área do Flamengo pela esquerda e partiu para cima de Manguito. O zagueiro não conseguiu detê-lo e o cruzamento rasteiro passou por Dequinha e Júnior para encontrar Jorge Mendonça na pequena área, livre para escorar e balançar a rede. O Palmeiras fazia 1 X 0, gol que levantou os cerca de 10 mil alviverdes que encararam a Dutra apostando na classificação.

A vantagem de 1 X 0 para o Palmeiras seguiu até o fim do primeiro tempo. Após o intervalo, a perspectiva de eliminação sacudiu o Flamengo, que conseguiu um pênalti antes dos dez minutos. Zico fez a cobrança com a perna direita, deslocou Gilmar e empatou a partida. O empate era suficiente para o Palmeiras, mas, em vez de se encolher para manter o resultado, o time paulista continuou atacando. Após cobrança de falta de Baroninho pela direita, Carlos Alberto concluiu e colocou o Palmeiras de novo na frente. As coisas pioraram para o Flamengo quando Baroninho iniciou mais uma jogada de ataque, que terminou com a batida de Pedrinho entre as pernas de Manguito e o placar com 3 X 1 para os visitantes.

Coutinho, que antes do jogo previa que o jovem time do Palmeiras tremeria no Maracanã, tentou mexer na equipe. Beijoca entrou no lugar de Adílio, mas em vez de criar chances de gol, o atacante baiano só quis saber de confusão. Deu um soco no rosto de Baroninho e uma cotovelada em Mococa. O tumulto em campo só serviu para deixar o Flamengo com um a menos, já que Beijoca foi mandado para o chuveiro pelo árbitro gaúcho Carlos Sérgio Rosa Martins. Mas ainda havia tempo para mais uma travessura de Baroninho. O ponta cruzou na medida para Zé Mário, que aos 45 minutos do segundo tempo deu números finais à goleada: Flamengo 1 X 4 Palmeiras.

O vexame em casa significava mais um ano na fila. E, além de ser eliminado, o Flamengo viu o Vasco chegar à final. Só não foi pior porque o Internacional de Falcão impediu o segundo título nacional dos arquirrivais.

★ BRASILEIRÃO DE 1979 ★

	POS	J	TIT	RES	G
Cantarele	G	10	10	0	-6
Toninho	LD	6	6	0	0
Leandro	LD	6	2	4	0
Manguito	Z	10	10	0	0
Dequinha	Z	5	4	1	0
Rondinelli	Z	4	4	0	0
Boca	Z	4	2	2	0
Júnior	LE	10	10	0	1
Carpegiani	MC	8	8	0	1
Andrade	MC	9	7	2	0
Adílio	MC	10	10	0	0
Zico	MC	8	8	0	5
Reinaldo	A	10	10	0	1
Cláudio Adão	A	10	10	0	9
Beijoca	A	4	2	2	1
Tita	A	3	1	2	0
Carlos Henrique	A	5	3	2	1
Júlio César	A	4	3	1	0

*Gol contra: Almeida (XV de Piracicaba) – 1/ Jorge Luís (Bahia) – 1

Se havia algo de bom na derrota, era a possibilidade de o grupo finalmente descansar após uma estafante temporada com 82 partidas. O papelão contra o Palmeiras custou o emprego a Beijoca, que voltou para a Bahia com apenas um gol marcado com a camisa rubro-negra. A profecia de Márcio Braga teria de ser adiada por pelo menos um ano. Sem dinheiro para grandes contratações, a diretoria apostou em jogadores como o lateral direito Carlos Alberto, ex-Joinville, o atacante Gérson Lopes, do Mixto, e o meia Aderson, do Remo. Quem também chegou ao clube foi o zagueiro Marinho, revelação do Londrina.

MARINHO

“Com 17 para 18 anos, eu era pintor. Pegava minha magrelinha, minha bicicletinha, e uma ou duas vezes por semana eu ia treinar no Londrina. Eu tinha que trabalhar para ajudar a família. Ia desistir do futebol, mas aí eles me contrataram. Em 1977, cheguei a ir para o São Paulo. Foi um empréstimo de três meses, mas me machuquei e voltei para o Londrina. No Campeonato Brasileiro, o Flamengo jogou em Londrina, foi 1 X 1. Na época, os laterais do Flamengo apoiavam muito. E para você fazer uma cobertura no Maracanã não era fácil. Eu era um jogador rápido, o Flamengo se interessou. Nesse jogo aqui, no Estádio do Café, naquele dia mesmo, o Flamengo depositou o dinheiro e me comprou.

O calendário para 1980 era diferente do ano anterior, e o Brasileirão seria disputado no primeiro semestre. A principal novidade no Flamengo durante a pré-temporada em janeiro estava no gol. Contratado em 1978, Raul chegou para ser titular, mas sofreu uma distensão e perdeu a vaga para Cantarele. A boa fase do antes contestado goleiro rubro-negro só permitiu que Raul jogasse seis vezes em 1979. Mas, agora, a vaga era dele. Marinho também chegou com status de titular. Essas eram as principais mudanças no Flamengo de Coutinho, que perdeu para Telê Santana não só um lugar nas semifinais do Brasileirão de 1979, mas também o emprego na Seleção Brasileira. A CBF anunciou a troca de comando no dia 19 de fevereiro de 1980.

A demissão era um estímulo a mais para Coutinho mostrar seu potencial. A estreia do Fla-1980 no Brasileirão foi contra o Santos, fora de casa. Os rubro-negros venceram por 1 X 0, gol de Zico e atuação grandiosa de Raul no gol. No jogo seguinte, o Flamengo recebeu no Maracanã o Inter, atual campeão brasileiro. Em uma bola enfiada por Andrade, Zico chutou prensado com o zagueiro Mauro Pastor e marcou o gol da vitória. As boas atuações eram explicadas pelo treinador como uma mudança de estilo: menos preocupação em jogar bonito, mais atitude e pegada. A primeira fase foi ultrapassada sem maiores dificuldades. O único susto foi o inacreditável tropeço diante do Botafogo da Paraíba no Maracanã (1 X 2). Mais um jogo em que o supervisor Domingos Bosco fez das suas nos bastidores.

PAULO CÉSAR CARPEGIANI

“Levamos um baile! Não perdemos o jogo de 2 X 1 só, nós levamos um baile que até hoje estamos atrás da bola! Não tenho nenhuma vergonha de dizer isso. Dentro do Maracanã, perder para o Botafogo da Paraíba? Sai de baixo! O que fez o Bosco? Terminou o jogo, tomamos banho, aquele ambiente fúnebre. O Zico vai se enxugar, vai botar a roupa. Cadê a roupa do Zico? ROUBO NO MARACANÃ! Então, a atenção foi desviada toda para esse lado. Era só disso que se falava, a derrota ficou em segundo plano. A imprensa explorou de uma maneira diferente, todo mundo queria saber como é que foi o roubo ao Zico. E a gente só foi saber bem depois que quem tinha armado aquilo era Domingos Bosco. Ele era um cara realmente fantástico!

* * *

A camisa 9 do Flamengo era foco de preocupação para Cláudio Coutinho. Integrante do time tricampeão estadual, Cláudio Adão alternava atuações geniais com erros de finalização bisonhos. A diretoria decidiu emprestá-lo ao Botafogo. Na primeira fase do Brasileirão de 1980, Tita foi improvisado na posição, mas encontrar um centroavante continuava sendo prioridade. O presidente Márcio Braga estava na Europa, onde a recente contratação do ídolo vascaíno Roberto Dinamite pelo Barcelona já era classificada como fracasso.

EDUARDO MOTA
Vice-presidente de futebol do Flamengo em 1980

"Telefonei para o Márcio aqui do Brasil.

"Márcio, estou fechando com o centroavante."

"Não. Segura bem ele, porque estou tentando levar o Roberto Dinamite."

Roberto Dinamite tinha estado com o Vasco duas vezes na Espanha, em 1975 e 1979. Somadas as duas excursões, fez oito gols em sete jogos, deixando ótima impressão. O Barcelona buscava alguém para substituir o atacante austríaco Hans Krankl, artilheiro do Campeonato Espanhol da temporada 1978-1979 com 34 gols. Krankl era ídolo do Barça, pois levou o time ao título da Recopa da Europa em 1979, mas saiu do clube após se desentender com o técnico Joaquim Rifé. Roberto custou aos catalães 60 milhões de pesetas, algo em torno de 530 mil dólares em valores atuais. O começo de Dinamite foi promissor, marcando duas vezes na vitória sobre o Almería por 2 X 0. Só que nos dez jogos seguintes, Roberto só fez mais um gol. Helenio Herrera, técnico que substituiu Rifé no Barça, não teve paciência com o brasileiro. Apenas dois meses depois de chegar, o ídolo vascaíno era encostado no Camp Nou. A perspectiva de vê-lo com a camisa rubro-negra incendiou a torcida do Flamengo, que decidiu ajudar financeiramente o clube para que o negócio se concretizasse.

CLÁUDIO CRUZ
Fundador da Raça Rubro-Negra

"Nós fizemos uns títulos de bronze, ouro e prata que o torcedor ia comprar para ajudar a comprá-lo. Isso foi criado pelo Márcio Braga no Flamengo. A Jurema, esposa do Roberto Dinamite, intermediou tudo. O Roberto já estava praticamente assinado com o Flamengo!

Márcio Braga foi para Barcelona com o vice-presidente de finanças do Flamengo, Joel Teppet. Os dirigentes rubro-negros foram recebidos por Joan Gaspart, vice-presidente do clube catalão.

MÁRCIO BRAGA

Presidente do Flamengo (1977-1980)

"Fomos lá convencer o Joan Gaspart a vender o Roberto sem ter um tostão no bolso. Você imagina o que foi essa conversa! Eu fui à casa do Roberto, ele ainda era casado com a dona Jurema, que tinha uma força de opinião muito forte em relação ao Roberto. Ela topou a operação, o Roberto topou vir. Então voltei a conversar com o Joan Gaspart já com uma posição do atleta. Mas não tinha um tostão, não podia garantir nada. Desistimos. No dia seguinte, às dez da manhã, a gente ia embora num voo pra Paris. Às oito da manhã, chega no hotel o Joan Gaspart com a secretária e a máquina de escrever pra fazer um pré-contrato da venda do Roberto. E nós firmamos esse pré-contrato no aeroporto!

No Rio de Janeiro não se falava de outra coisa. Pela Rádio Nacional, Washington Rodrigues tinha produzido uma montagem que deixou os vascaínos de cabelos em pé. Num Flamengo X Vasco fictício, Zico e Roberto trocavam passes até que Dinamite fizesse o gol da vitória rubro-negra. Embora ainda precisasse arranjar 700 mil dólares para viabilizar a transação, Márcio Braga agia como se a negociação já estivesse concretizada.

MÁRCIO BRAGA

Presidente do Flamengo (1977-1980)

"Chego em Paris, a TV Globo me localizou, veio atrás de mim.

"O senhor contratou o Roberto?"

"Contratei."

"De que forma o senhor vai pagar se o Flamengo está nessas dificuldades?"

"Da mesma forma que o Barcelona pagou o Vasco da Gama."

"Mas de que forma o Barcelona pagou o Vasco da Gama?"

"Não pagou, portanto eu também não preciso pagar!"

Fiz esse jogo de palavras, o que repercutiu mais ainda.

Para evitar o que seria uma tragédia para seus torcedores, o Vasco atravessou o negócio. Como o Barcelona ainda não tinha pago o valor estipulado pela compra de Dinamite, preferiu desmanchar o negócio com o time de São Januário. Para receber o atacante de volta, os vascaínos tiveram que ressarcir os espanhóis de tudo o que tinham gasto até então com Roberto. Um prejuízo pequeno para os cruz-maltinos perto do que seria ver o ídolo maior virando a casaca. Sem conseguir repatriar o maior ídolo do arquirrival, o Flamengo concluiu a contratação de seu novo centroavante. O escolhido não seria exatamente uma novidade na Gávea.

* * *

Estádio Joia da Princesa, Feira de Santana. Enquanto outras crianças passam pelas roletas para ver os jogos do Fluminense, Joãozinho, oito anos, fica do lado de fora. Ele ajuda a mãe a vender laranjas e bolo para os torcedores. Não poder ver os jogos não o incomodava, já que os sonhos do menino não tinham nada a ver com a bola. A imaginação o levava para os palcos, para a capa dos discos, para dentro do rádio. Na brincadeira de guri, a vassoura virava o pedestal de um microfone imaginário. Em um passe de mágica, o garoto apaixonado por música popular brasileira se transformava em seu ídolo, Roberto Carlos.

O tempo passou, e a influência dos irmãos mais velhos começou a trazer o futebol para dentro da vida de Joãozinho. A cada pelada jogada nos campinhos de terra batida, a vontade de virar cantor ficava menor. A nova meta era ter uma chuteira, pedido feito ao pai. O velho Eronildes era caminhoneiro, comprava arroz e feijão dos produtores para distribuir nas cidades vizinhas. Com o pouco que ganhava, comprou dois pares de chuteiras para os dois filhos mais velhos. Faltou dinheiro para a de Joãozinho, justo ele, que tinha acabado de contar ao pai que queria ser jogador de futebol.

Ver o filho chorando deixou Eronildes com o coração apertado. A falta de dinheiro estimulou a criatividade. O primeiro par de sapatos que Joãozinho teve foi levado a um amigo sapateiro, que transformou o calçado antigo em uma chuteira improvisada. O pai chegou em casa trazendo um embrulho feito com barbante e papel de pão. Joãozinho abriu o presente, e os olhos do menino se iluminaram. Era o primeiro passo na caminhada para ser um jogador de futebol.

Em 1967, aos 13 anos, Joãozinho foi observado na preliminar de um amistoso entre o Flamengo e o Fluminense local em Feira de Santana. Dois homens influentes no futebol, Evaristo de Macedo, craque do Flamengo nos anos 1950, e Válter Miraglia, técnico baiano que na época comandava os juniores do clube da Gávea, enxergaram no menino potencial para ser um atacante profissional. Era hora de se despedir da família e cair no mundo atrás de um sonho, trocando o interior da Bahia pelo Rio de Janeiro.

Válter Miraglia trouxe Joãozinho para sua casa, em Santa Teresa, onde o jovem nascido em Feira de Santana passou a viver. Foram dois meses esperando a primeira oportunidade de treinar no Flamengo, tempo em que o menino baiano passou a acompanhar os filhos de Miraglia em suas travessuras no Rio de Janeiro. Joãozinho era criado como se fosse da família e também tinha muita amizade com os filhos de Evaristo. Ainda como dente de leite, Joãozinho conheceu Zico, Rondinelli, Jaime e Cantarele.

Seis anos se passaram. O garoto que chegou à Gávea aos 13 já tinha 19 anos. O ano era 1973, e, em vez de assinar o sonhado primeiro contrato como profissional, o ponta-direita Joãozinho recebeu sua carta de liberação. Ele não seria aproveitado no time principal. Ainda abatido, o jovem recebeu de Mineiro, ex-massagista do Flamengo, um valioso conselho. Pelo estilo de jogo de Joãozinho, Mineiro acreditava que ele tinha o perfil ideal para jogar como centroavante.

A sugestão foi aceita. Zagallo comandava o time principal, e, naquela segunda-feira, haveria coletivo entre reservas e juniores. No dia em que faria seu último treino no Flamengo, Joãozinho pediu para jogar como centroavante. Sabendo que era o fim da linha no Flamengo, o garoto baiano jogou com atitude e foi o melhor em campo atuando na nova posição. Ele marcou quatro gols no treino. Mineiro viu que estava certo, pegou o telefone e ligou para um velho amigo. Do outro lado da linha estava Dequinha, ídolo rubro-negro. Ex-volante do time tricampeão carioca em 1953, 1954 e 1955, Dequinha era agora o treinador do Confiança de Sergipe. Mineiro foi direto ao assunto:

"Estou mandando o atacante que você pediu."

Para Joãozinho, era hora de partir. Ao se despedir do enfermeiro Serginho, deu-lhe um abraço e fez uma promessa:

"Olha, Serginho, eles estão me mandando embora. Mas ainda vão me comprar bem caro!"

* * *

Houston, Estados Unidos. Às quatro e meia da manhã, o telefone toca no quarto de Nunes, atacante que fez parte da pré-lista de convocados da Seleção Brasileira para a Copa de 1978 quando ainda jogava no Santa Cruz. Depois de passagens por Fluminense e Monterrey, do México, o atacante estava emprestado ao Houston dos Estados Unidos. O sonolento Nunes olha assustado para o rádio-relógio e atende a chamada.

"Oi, Nunes, é o capitão."

"Capitão?"

"Capitão Cláudio Coutinho."

"Ô, capitão, como vai? Que surpresa."

"Eu só vou te fazer uma pergunta: você quer jogar no Flamengo?"

"Eu sou profissional, claro que eu quero."

"Então está tudo certo. O presidente vai te ligar, já acertou tudo com o Monterrey. É só você se apresentar."

Márcio Braga ligou na sequência e Nunes arrumou as malas. No Brasil, a notícia da contratação ainda não tinha explodido. Além dos dirigentes e de Cláudio Coutinho, só uma pessoa sabia da novidade: Zozó, amigo de Nunes que ajudou nos contatos para a transação e foi esperá-lo sozinho no aeroporto do Galeão. Quando Nunes chegou, os dois pegaram um táxi e foram para o Hotel Novo Mundo, no Flamengo. No dia seguinte, o atacante foi de manhã para a Gávea, onde o vice-presidente de futebol Eduardo Mota o esperava. O contrato de um ano foi assinado.

Era hora de conhecer os novos companheiros. Nunes os esperava no vestiário. Os jogadores formados na base estendiam a mão para cumprimentá-lo, e, ao primeiro olhar, deixavam de lado qualquer formalidade. Expressões de surpresa, abraços, e uma reação comum a todos, inclusive Zico. "Pô, é você?"

NUNES

"Quando eu treinava nas divisões de base do Flamengo, meu apelido era Joãozinho. Virei Nunes quando passei a ser centroavante, porque servi ao Exército um ano e lá meu nome de guerra era Nunes.

* * *

Nunes chegou e assumiu a camisa 9. Na estreia contra a Ponte Preta, com o time já classificado por antecipação para a segunda fase, o centroavante fez um gol e mostrou muita afinidade com Zico no empate por 2 X 2. Ao fim da primeira fase, os rubro-negros ganharam cinco partidas, empataram três e perderam só uma, terminando em segundo lugar em um grupo de dez equipes. O cruzamento para a próxima fase colocou o Flamengo diante de Santa Cruz, Bangu e... Palmeiras. Impossível conter no elenco o sentimento de vingança pela derrota de 4 X 1 sofrida pouco mais de quatro meses antes no Maracanã.

Após um empate sem gols com o Santa Cruz, no Recife, era a vez de receber o Palmeiras no Maracanã. No meio-campo, Coutinho trocou a ofensividade de Adílio pela cautela de Andrade. Era a primeira medida dele para o duelo tático contra Oswaldo Brandão, seu antecessor na Seleção e novo treinador do Palmeiras. Brandão foi contratado para substituir Sérgio Clérice, demitido após a inesperada derrota palmeirense para o Bangu por 3 X 2 no Palestra Itália.

Com 16 minutos, o Palmeiras percebeu que não teria vida fácil. Júlio César cruzou da esquerda, Gilmar tentou segurar a bola e falhou. O rebote sobrou para Tita, que encobriu o goleiro do Palmeiras com um toque de cabeça. O Flamengo marcava 1 X 0. O segundo gol saiu em uma cobrança de falta. Zico chutou com efeito, a bola passou à direita dos cinco homens que estavam na barreira. Só restou a Gilmar arriscar um golpe de vista, mas a bola morreu na forquilha. O primeiro tempo terminou com 2 X 0 no placar.

O resultado já era satisfatório, mas os gritos que vinham da arquibancada deixavam claro o que os jogadores já sabiam. A torcida queria pelo menos quatro gols. Aos seis minutos da segunda etapa, Tita e Zico invadiram a área tabelando. Beto Fuscão foi envolvido. Entre Zico e o gol só restava Pires, que travou o camisa 10 rubro-negro usando a perna direita. O mineiro Maurílio Santiago marcou pênalti, convertido por Zico. Dez minutos depois, Júnior lançou a bola na ponta-direita. O lateral Pedrinho olhou e não viu ninguém, só percebeu o buraco quando viu o desespero de Polozzi. Já era tarde: Toninho chegou na corrida e soltou uma bomba. Outra vez Gilmar não teve chance e foi buscar a bola na rede.

Em sessenta minutos, uma das mais fantásticas exibições daquele Flamengo. Quatro gols e superioridade indiscutível. Mas ainda havia mais alguns coelhos na cartola rubro-negra. Com a partida ganha, Carpegiani se aventurou pela ponta-direita. Pedrinho e Beto Fuscão tentaram impedir a jogada, porém foram surpreendidos pelo toque do gaúcho. A bola alta passou entre os dois marcadores; Tita matou na coxa direita, e, sem deixar a bola cair, fuzilou pouco antes da pequena área. Enquanto a bola estufava a rede, Tita correu solitário em direção à torcida do Palmeiras. Com as duas mãos, dava adeus para os paulistas, que deixavam o estádio.

TITA

“A gente fica magoado, cara. Perder aquele jogo de 4 X 1? O pessoal do Palmeiras falou um monte de coisa, Telê Santana também falou, então a gente ficou chateado. Até porque nós sabíamos que tínhamos um time melhor. O time do Palmeiras era muito bom, mas nem se comparava com o nosso.

A provocação acendeu o Palmeiras, que tentou diminuir o vexame. O gol de honra saiu em um pênalti bem cobrado por Baroninho. Em uma boa jogada de Lúcio pela direita, o ponta do Palmeiras se livrou de Júnior e cruzou para a área. Rondinelli e Marinho ficaram preocupados com o centroavante César e se esqueceram do meia Mococa, que cabeceou sozinho para marcar o segundo gol alviverde aos 36 minutos do segundo tempo.

Ainda faltava o gol de Nunes. E ele estava na área, a dois minutos do fim, para receber um cruzamento. Enquanto Beto Fuscão marcava a bola, o camisa 9 rubro-negro teve tempo de dominá-la e chutar antes

Ingresso da partida eternizada pelo gol de Rondinelli.

Suvenir do Bi: ingresso do empate de 2 X 2 com o Botafogo que valeu o título carioca de 1979.

O terceiro tricampeonato: ingresso do empate sem gols com o Botafogo, partida em que o Flamengo deu a volta olímpica pelo Campeonato Carioca de 1979.

Ingresso do jogo Flamengo 3 X 2 Atlético Mineiro, primeiro título nacional dos rubro-negros.

© Eduardo Vinícius

Ingresso do primeiro jogo internacional do Flamengo na história da Libertadores. Goleada por 5 X 2 sobre o Cerro Porteño.

© Eduardo Vinícius

Ingresso da partida de estreia de Paulo César Carpegiani no comando do Flamengo: empate de 1 X 1 com o Olímpia.

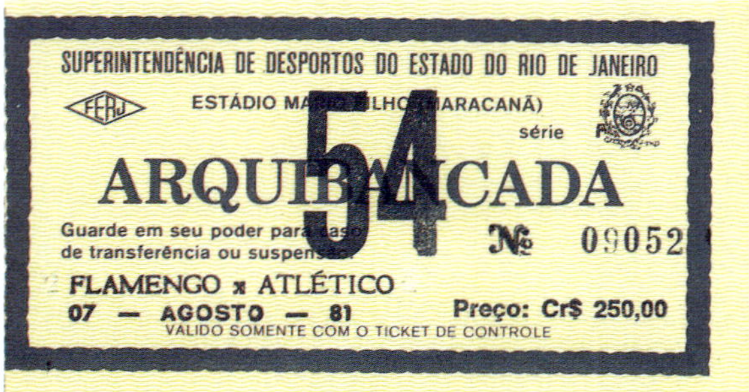

© Eduardo Vinícius

Lembrança de mais um Flamengo e Atlético Mineiro, dessa vez 2 X 2 no Maracanã.

© Eduardo Vinícius

Ingresso da vitória por 3 X 0 sobre o Deportivo Cáli no Maracanã.

Ingresso da goleada de 4 X 1 sobre o Jorge Wilstermann no Maracanã.

Ingresso da primeira partida da final da Libertadores de 1981, disputada no Maracanã.

Recuerdo da Batalha de Santiago, bilhete para a partida violenta no Estádio Nacional.

Bilhete do jogo Flamengo 2 X 0 Cobreloa, em Montevidéu.

Ingresso de Flamengo 2 X 1 Vasco, o célebre "jogo do ladrilheiro".

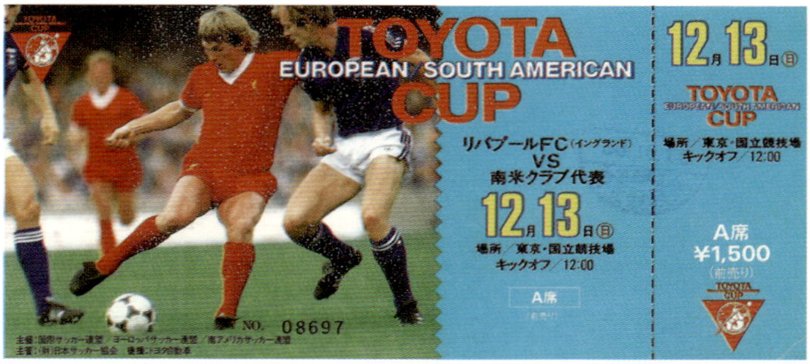

Ingresso da decisão do Mundial de 1981. Os bilhetes foram impressos antes que o Flamengo conquistasse a Libertadores no fim de novembro. Por isso só aparece no ingresso o escocês Kenny Dalglish, destaque do Liverpool na Copa dos Campeões da Europa, vencida em maio daquele ano.

★ BRASILEIRÃO DE 1976 ★

ARTILHEIROS

Zico – **14 gols**

Luisinho – **13 gols**

Marciano – **8 gols**

★ CARIOCA DE 1977 ★

ARTILHEIROS
Zico – **27 gols**
Osni – **11 gols**
Luisinho – **8 gols**

★ BRASILEIRÃO DE 1977 ★

ARTILHEIROS
Zico – **10 gols**
Cláudio Adão – **6 gols**
Toninho – **5 gols**

★ BRASILEIRÃO DE 1978 ★

ARTILHEIROS
Radar – **8 gols**
Cláudio Adão – **4 gols**
Tita – **4 gols**
Júnior – **4 gols**

★ CARIOCA DE 1978 ★

ARTILHEIROS
Zico – **19 gols**
Cláudio Adão – **19 gols**
Adílio – **5 gols**

★ CARIOCA DE 1979 ★

ARTILHEIROS
Zico – **26 gols**
Luisinho das Arábias – **6 gols**
Cláudio Adão – **5 gols**

★ ESTADUAL DE 1979 ★

ARTILHEIROS
Zico – **34 gols**
Cláudio Adão – **19 gols**
Tita – **14 gols**

★ BRASILEIRÃO DE 1979 ★

ARTILHEIROS

Cláudio Adão – **9 gols**

Zico – **5 gols**

Júnior, Carlos Henrique, Carpegiani, Reinaldo, Beijoca – **1 gol**

★ BRASILEIRÃO DE 1980 ★

ARTILHEIROS

Zico – **21 gols**

Tita – **9 gols**

Nunes – **8 gols**

★ CARIOCA DE 1980 ★

ARTILHEIROS

Zico – **12 gols**

Nunes – **7 gols**

Tita – **5 gols**

Adílio – **5 gols**

★ BRASILEIRÃO DE 1981 ★

ARTILHEIROS
Nunes – **16 gols**
Peu – **4 gols**
Zico – **3 gols**

★ LIBERTADORES DE 1981 ★

ARTILHEIROS
Zico – **11 gols**
Nunes – **6 gols**
Adílio e Baroninho – **3 gols**

★ CARIOCA DE 1981 ★

ARTILHEIROS
Zico – **25 gols**
Nunes – **21 gols**
Adílio – **8 gols**

do carrinho de Polozzi. A bola passou entre as pernas de Gilmar e selou a goleada de 6 X 2. A derrota de 1979 estava vingada, e a confiança no primeiro título brasileiro era cada vez maior.

Nas partidas seguintes, vitórias sobre o Bangu em Moça Bonita por 2 X 1 e sobre o Santa Cruz pelo mesmo placar no Maracanã. A classificação estava bem encaminhada, mas ainda haveria o jogo de volta contra o Palmeiras em São Paulo. Mesmo sem Zico, o Flamengo saiu na frente com um gol de peixinho marcado por Tita. Jorginho empatou ainda no primeiro tempo, e a virada dos donos da casa veio em um chute sem ângulo de Baroninho. Mas, em jogada de Nunes, o ponta Carlos Henrique empatou a partida, que terminou em 2 X 2. Na última partida da fase, ainda sem Zico, o Flamengo derrotou o Bangu por 3 X 0, os três gols de Tita.

Flamengo e Palmeiras se classificaram para a terceira fase e se juntaram a outros 14 times. Foram formados quatro grupos com quatro clubes cada, com todos se enfrentando em turno único. Agora, apenas o campeão de cada chave avançaria, e os próximos desafios eram Santos, Ponte Preta e Desportiva. Na estreia contra os capixabas, Zico deu um show na vitória por 3 X 0. O primeiro gol rubro-negro saiu aos 15 minutos de jogo, em um avanço de Nunes até a ponta-esquerda. O camisa 9 cruzou e Zico cabeceou com lucidez. Nunes iniciou também a jogada do segundo gol, quando ganhou do zagueiro na corrida e invadiu a área; o goleiro Rogério saiu do gol, mas Nunes também ganhou dele e cruzou; Zico, um pouco à frente da marca de pênalti, matou no peito e emendou direto para a rede. Já no fim da partida, aos 44 minutos do segundo tempo, Nunes deu mais uma prova de que não era apenas um finalizador. Como nos velhos tempos de ponta-direita, ganhou do lateral da Desportiva e cruzou. A bola veio um pouco baixa, mas Zico se contorceu e fez mais um de cabeça. Três jogadas de Nunes, três gols de Zico e uma vitória indiscutível sobre os capixabas.

Em Campinas, no Moisés Lucarelli, o time dirigido por Cláudio Coutinho encarou a fortíssima Ponte Preta do goleiro Carlos, do lateral Édson Boaro e do atacante Osvaldo. O primeiro tempo terminou empatado, e a Ponte conseguiu sair na frente com um gol de Humberto, aos 19 minutos da segunda etapa. Nunes foi buscar um empate suado aos 33 minutos. A vaga para as semifinais seria decidida na última rodada contra o Santos, em casa.

Com os mesmos três pontos, os times entraram no Maracanã precisando de uma vitória para continuar sonhando com o título nacional. O Santos, campeão paulista de 1978, tinha pontas habilidosos como Nilton Batata e João Paulo, além do talentoso Pita no meio-campo. A equipe dirigida pelo lendário Pepe não poderia vacilar com Zico, que, após os três gols marcados na Desportiva, era o artilheiro do Brasileirão, com 16 gols. Apesar de toda a atenção do sistema defensivo santista, Zico conseguiu desequilibrar a partida. Com 12 minutos de jogo, Nunes avançou pela ponta-esquerda, foi até a linha de fundo e cruzou na pequena área. Zico subiu mais que Toninho Vieira e cabeceou à queima-roupa, sem chances para Marolla. No início do segundo tempo, Zico fez ótima jogada individual e foi derrubado na área pelo zagueiro Neto. Ele mesmo foi para a cobrança. Marolla adivinhou o canto, mas não conseguiu alcançar a bola. Placar de 2 X 0 e o Flamengo nas semifinais.

JÚNIOR

“Você tinha pelo menos sete, oito times em condição de brigar pelo título no Campeonato Brasileiro de 1980. O próprio São Paulo, Inter, Atlético Mineiro. A nível técnico mesmo, qualidade... Foi o campeonato mais difícil que nós jogamos. Não tenho nenhuma dúvida.

Os quatro melhores times do Brasil estavam prontos para as semifinais. O Inter, maior campeão brasileiro com três conquistas, mantinha a base que venceu a disputa do ano anterior. Falcão, Batista e Mário Sérgio eram apenas algumas das estrelas coloradas. O Atlético Mineiro, campeão de 1971 e vice em 1977, tinha a segurança de Luizinho na zaga, a pegada de Chicão e a criatividade de Toninho Cerezo no meio-campo, sem contar o poder ofensivo de Palhinha, Éder e, principalmente, Reinaldo. O atacante estava novamente em forma, livre de contusões e disposto a calar aqueles que insistiam em chamá-lo de “bichado”.

A semifinal entre Inter e Atlético era a garantia de que pelo menos um campeão brasileiro estaria na final de 1980. No outro jogo das semifinais, dois times em busca da primeira conquista. O time sem adversários no Rio de Janeiro enfrentaria a principal surpresa do campeonato. Dirigido por Mário Juliato, o Coritiba misturava a experiência de Aladim, Escurinho e Vilson Tadei a talentos emergentes, como Freitas, meia ofensivo que despertava o interesse de grandes clubes brasileiros, como o Palmeiras. Aqueles dois jogos contra os paranaenses valiam mais que uma vaga na decisão. Se conseguisse a classificação, pela primeira vez o Flamengo teria a chance de disputar a Copa Libertadores da América. Até aquele momento, o único dos quatro grandes cariocas que não tinha disputado a Libertadores era o Flamengo. O Botafogo foi o primeiro (em 1963 e depois 1973) e abriu caminho para Fluminense (1971) e Vasco (1975 e 1980).

Estádio Couto Pereira, primeiro jogo. Com força máxima, o Flamengo não se intimidou pelo fato de jogar longe de casa e buscou o ataque. Aos 24 minutos do primeiro tempo, Zico iniciou a jogada na intermediária; Júnior abandonou a lateral esquerda e apareceu de surpresa na entrada da área para receber a bola, driblar o marcador e devolver para Zico na cara de Moreira. A finalização perfeita colocou o Flamengo na frente. O segundo gol também foi de Zico, em um chute forte de fora da área aos 14 minutos da segunda etapa. Vitória fora de casa por 2 X 0 e uma vantagem excepcional para decidir a vaga.

No jogo de volta, após um início relaxado, o Flamengo sofreu um gol aos vinte minutos de partida. A defesa estava aberta, e Vilson Tadei recebeu um lançamento nas costas do lateral Carlos Alberto. Raul tentou alcançar a bola, mas Tadei deu leve toque por cima do goleiro rubro-negro. Marinho ainda correu para tentar evitar o gol, mas a bola já estava lá dentro. Nove minutos depois, Freitas driblou Rondinelli e foi à linha de fundo. O camisa 8 do Coxa cruzou para a área. Toninho Baiano marcava a bola e não viu que Aladim estava sozinho na pequena área. O mesmo Aladim, que em 1966 fez um dos gols do Bangu na conquista do título carioca sobre o Flamengo, não deixou a bola cair. O voleio passou por cima da cabeça de Toninho,

Raul caiu sentado, e o Coritiba vencia por 2 X 0 com menos de trinta minutos de jogo.

RAUL

"O Coritiba tinha um time altamente técnico. Tinha o Aladim na ponta-esquerda, era um time complicado. Aliás, não sei por quê, todos os jogos contra os paranaenses eram jogos complicadíssimos. Foi difícil no Maracanã contra o Coxa.

Ainda pior que isso foi perder Zico nos minutos iniciais de jogo. Empurrado pelo zagueiro Eduardo, o camisa 10 sofreu um estiramento, e, em vez de mudar a história da partida em campo, teve de se contentar em torcer no vestiário, com o radinho ligado enquanto uma bolsa de gelo amenizava a dor na perna esquerda. Também no primeiro tempo, a melhor opção de jogadas pela esquerda estava perdida: Júlio César torceu o tornozelo esquerdo e passou a fazer companhia a Zico na enfermaria rubro-negra.

Com um panorama totalmente desanimador, a torcida ficou em silêncio. Três minutos depois do segundo gol paranaense, a tensão na arquibancada foi trocada pela esperança quando um novo herói rubro-negro chamou para si a responsabilidade de levar o Flamengo para a decisão. Nunes arrancou pela esquerda, e, enquanto o zagueiro Gardel apenas o cercava, decidiu arriscar o chute de canhota. A bola quicou, tirou o goleiro Moreira da jogada e estufou a rede. Nunes correu para abraçar Anselmo, o substituto de Júlio César. A reação já tinha começado.

Quatro minutos depois do primeiro gol do Flamengo, veio o empate. Em uma bola cruzada da esquerda, Gardel subiu, mas não conseguiu cabecear. Tita ajeitou com a perna direita, e, antes que pudesse concluir o lance, foi interrompido por Nunes. De bico, o camisa 9 deixava o placar em 2 X 2, vibração que acabou em uma pirâmide vermelha e preta com Carlos Alberto, Rondinelli, Tita e Júnior, enquanto o autor do gol era soterrado por abraços.

O Coritiba acusava o golpe e, aos 39 minutos do primeiro tempo, sofreu o gol da virada. O lateral Carlos Alberto interceptou um passe na intermediária do Flamengo. Quando atravessou a linha central pela ponta-direita, com três jogadores do Coritiba tentando detê-lo, deu o drible da vaca em Gardel, que ainda tentou sem sucesso o carrinho. A área foi invadida pelo camisa 2, e, antes da chegada de Vilson Tadei, Carlos Alberto chutou cruzado. Moreira mergulhou, mas a bola entrou no ângulo. Estavam outra vez juntos os dez jogadores de linha do Flamengo amontoados sobre Carlos Alberto. Rondinelli agarrou o lateral pelos cabelos com as duas mãos e sacudiu a cabeça do autor de um dos mais lindos gols daquele campeonato.

Após o frenético primeiro tempo, a segunda etapa foi um pouco mais tranquila. Aos 27 minutos chegava a vez de o garoto Anselmo brilhar. O camisa 16 desceu livre pela ponta-esquerda. Atônito, Moreira decidiu sair do gol e tentar desarmá-lo. O drible da vaca sofrido na sequência mostrou que a ideia do goleiro do Coritiba não foi das melhores. Anselmo tinha o gol livre, mas percebeu que os zagueiros poderiam chegar a tempo de tentar cortar a bola. Optou por um genial toque por cobertura, e viu Gardel se esborrachar no chão depois de tentar tirar de cabeça. Mais um gol rubro-negro, 4 X 2. O Coritiba brigou até o fim e conseguiu diminuir. Vilson Tadei recebeu na entrada da área, matou no peito, e, sem deixar cair, entregou de calcanhar a Escurinho. O atacante matou na coxa e levantou na pequena área para o sem-pulo de Luís Freire. Raul não teve a mínima chance, e o Maracanã aplaudiu o gol que era a prova de que o Flamengo não estava ganhando de um time qualquer.

Mais do que comemorar a vaga na Libertadores, diretoria e comissão técnica estavam preocupados em ganhar o título nacional. Com uma surpreendente vitória sobre o Inter no Beira-Rio por 3 X 0, o Atlético Mineiro estava classificado para a final. E o Flamengo jogaria desfalcado de seu principal jogador, artilheiro do Brasileirão com vinte gols. Os números mostravam equilíbrio absoluto. Os ataques estavam empatados como os melhores da competição (43 gols marcados), e as duas equipes tinham somado o mesmo número de pontos até a final (32). O Galo tinha uma vitória a mais (14 a 13) e a melhor defesa (13 gols sofridos contra 17 do Flamengo), mas os rubro-negros não perdiam havia 17 jogos. O Mineirão tinha todos os ingredientes para uma grande final.

A Raça Rubro-Negra preparou 120 ônibus para levar cerca de 6 mil rubro-negros até Belo Horizonte. Cláudio, o líder da torcida, ia liberando cinco de cada vez, para que quando o comboio parasse para almoçar não houvesse tumulto. Os ônibus da frente começaram a atrasar, e o inevitável aconteceu. Em Cristiano Otoni, cidade mineira que fica a 120 quilômetros de Belo Horizonte, estava combinada a parada para o almoço no restaurante Cupim. Os ônibus foram se acumulando no estacionamento e, em pouco tempo, uma horda rubro-negra se formou. Quando Cláudio chegou ao Cupim, que funcionava em uma grande cabana de sapé e vendia pães de queijo, laticínios e artesanato, o cenário era de um grande arrastão.

CLÁUDIO CRUZ
Fundador da Raça Rubro-Negra

"Quando eu cheguei, encontrei o gerente do Cupim desesperado.

"Caramba, meu amigo! Estão acabando com o meu bar, roubaram tudo!"

"Não! Duvido que tenham sido eles!"

Comecei a inspecionar os ônibus e chamei o gerente para vir comigo. Quando eu entro em um deles, os caras tinham roubado uma cadeira de madeira de lei, tipo um trono. Nem passava no corredor. E um dos caras tinha levado as bandejas do bar e estava servindo aqueles tabletes de queijo de três quilos, tudo picadinho.

"Servido, chefinho?"

"Dá isso aqui!"

Os caras roubaram um faisão, tiraram as penas todas. Roubaram cabritos, cabras e botaram dentro do ônibus. Era cocô de cabrito no ônibus inteiro! E como eu não estava junto, eu não tinha como controlar 120 ônibus. Mas esse era um tipo de furto, roubo, o que fosse, para sacanagem. Aquilo era coisa do romantismo, só para aprontar, parceiro.

A turma da Raça chegou a Belo Horizonte e fez parte da massa de 90.028 pagantes que acompanhou uma partida de muita tensão e violência. Nunes passou o jogo trocando provocações e pontapés com o zagueiro Osmar e o lateral Jorge Valença. Rondinelli, que tinha a missão de deter Reinaldo, deixou o gramado com afundamento de malar e fratura na mandíbula depois de ser agredido por Palhinha. Rondinelli nem viu de onde veio a pancada, e, confuso, chegou a pensar que Éder tivesse sido o responsável pelo lance. O zagueiro do Flamengo só descobriu o agressor depois de ver o *tape* da partida. Palhinha se defendeu, dizendo que houve apenas um "choque acidental".

RONDINELLI

Eu tive a infelicidade de tomar uma cotovelada do Palhinha e saí desacordado. Passei por uma cirurgia muito séria, perdi 40% da minha audição, hoje só tenho 10%. Eu tenho até hoje a parte que é chamada buco-maxilofacial toda ela amarrada com fios de aço. Não tenho sensibilidade nenhuma no queixo, porque os músculos da face foram cortados.

ANDRADE

Ali começa a rivalidade entre Flamengo e Atlético. No jogo de Belo Horizonte, o Palhinha empurra o Rondinelli de encontro à trave, e o Rondinelli tem afundamento de maxilar. Tudo começa por aquela situação que aconteceu com o Rondinelli.

Houve violência por parte das duas equipes. Os jogadores do Flamengo reclamaram de socos de Éder em Nunes e de Chicão em Tita. Reinaldo, Pedrinho e o próprio Palhinha apanharam bastante dos zagueiros rubro-negros. A partida foi decidida em um único lance de infelicidade de Júnior. Com dez minutos do segundo tempo, o camisa 5 do Flamengo tentou driblar Palhinha na entrada da área e perdeu a bola, que foi entregue ao decisivo Reinaldo. Raul não teve o que fazer, e o Atlético saía de campo com a vantagem do empate na segunda partida.

RAUL

Quando eu cheguei no vestiário, estava a maior festa! E aí eu cheguei para o Júnior, falei assim:

"Capacete, perdemos o jogo de 1 X 0!"

"Ô 'Véio', e você acha que a gente perde no Maracanã o jogo?"

Aquele nosso Flamengo era ruim de perder em casa, hein? Para aquele Flamengo, não existia casa dos outros. Todos os estádios eram nossos estádios. Mas Maracanã era Maracanã, era a casa do Flamengo. Então ficava melhor ainda.

* * *

Para a Raça Rubro-Negra, o segundo jogo da final contra o Atlético Mineiro começou muito antes de a bola rolar. A missão de Cláudio, César e companhia era não deixar que os jogadores do Galo dormissem. O time de Minas optou por se hospedar no Hotel das Paineiras, construção antiga erguida em meio às belezas do Parque Nacional da Tijuca. Ali tinha se hospedado a Seleção Brasileira nas eliminatórias para a Copa de 1970. Um lugar bucólico, cuja aparente tranquilidade seria quebrada por um pelotão silencioso. Durante a madrugada, cerca de quarenta integrantes da Raça se embrenharam mata adentro com suas lanternas. Nas mochilas, centenas de fogos e morteiros. Os fios telefônicos do hotel foram cortados para que a polícia não fosse avisada. O grupo se espalhou entre as árvores que cercavam o hotel. Pavios acesos. Em segundos, a mata estava iluminada pelo clarão dos fogos. Quem dormiu, dormiu...

CLÁUDIO CRUZ

Fundador da Raça Rubro-Negra

O Cerezo apareceu na janela, aparecia não sei mais quem... Daqui a pouco, soltava fogos na frente: PÁ-PÁ-PÁ-BUM-BUM-BUM!!! Foi a madrugada inteira. Por volta de umas três e pouco da manhã, estávamos eu e Alexandre Teixeira, chega um fusquinha da PM. Um cabo viu a gente.

"Vai todo mundo preso!"

"Ninguém está querendo violência! Ninguém estava atirando morteiro em ninguém, era só para não dormir!"

"Tem que parar. Faz o seguinte, vocês descem comigo e depois vocês dão o jeito de vocês."

"Não, tudo bem!"

Tivemos que descer com os caras e escalar tudo aquilo de novo. Chegamos lá às cinco horas e PÁ-PÁ-PÁ-BUM-BUM-BUM!!! Claro que nós voltamos! Por volta de oito e pouco da manhã a gente já tinha acabado o troço. Ninguém dormiu.

Perder no Mineirão não abalou em nada a confiança do elenco dirigido por Cláudio Coutinho. A imensa maioria dos 154.355 pagantes no Maracanã naquele 1º de junho era rubro-negra. Com Zico de volta ao time, a torcida tinha convicção de que o jogo terminaria com o primeiro título nacional e volta olímpica. Na manhã da decisão, Coutinho pediu a Carpegiani para marcar Cerezo, mas ouviu do meia outra sugestão. A ideia do gaúcho era um revezamento com Carlos Alberto, encarregado de marcar Éder. No primeiro jogo, os dois atleticanos caíram pelo lado direito da defesa rubro-negra e se deram bem. Coutinho aceitou a proposta, enquanto Carlos Alberto passou a cuidar de Cerezo; Carpegiani ficou encarregado de parar Éder.

O som da multidão fazia o coração dos jogadores do Flamengo bater mais forte. E uma mensagem de um companheiro fora de combate mexeu ainda mais com os rubro-negros antes da final do Campeonato Brasileiro.

RONDINELLI

"Eu estava meio que voltando de uma anestesia, porque eles queriam me dopar pra eu não acompanhar o jogo. A minha mulher fez um sinal pra que eu fizesse uma mensagem.

"Estou bem. Revertam o quadro porque nós temos condições de sair daqui campeões." Essa foi a mensagem, foi lida pelo Adílio. O Zico endossando a mensagem na entrada, depois eu vi o vídeo. "Vamos ganhar esse campeonato! Vamos virar esse jogo pro Rondinelli!"

O primeiro confronto daquele dia aconteceu no encontro entre Chicão, que pediu cara, e Carpegiani, coroa. José de Assis Aragão jogou a moedinha para o alto e deu... Flamengo. Carpegiani pediu campo, esticou a mão para cumprimentar o juiz, mas foi solenemente ignorado. O início de jogo foi marcado pela tensão. Revoltados pela violência sofrida no Mineirão, alguns jogadores do Flamengo entraram de cabeça quente. Tita acertou o joelho de Jorge Valença e Júnior pegou o volante Chicão. Nunes e Palhinha continuaram a troca de "carinhos" que começou no Mineirão.

NUNES

"No primeiro jogo, o Palhinha passou por mim e me deu um tapa sem bola. Ele falou:

"Futebol é para homem!"

No primeiro lance no jogo de volta no Maracanã, ele passou, eu dei um tapa nele também.

"Porra, Nunes!"

"Futebol é para homem!"

Tem certos momentos que você não pode aceitar covardia para cima de você.

Além da vitória no jogo de ida no Mineirão, o Atlético tinha a lembrança fresca na memória dos 3 X 0 aplicados no Inter dentro do Beira-Rio. Eram motivos de sobra para ter confiança, e os mineiros se mandavam para o ataque no início de jogo. O jogo era aberto. O cronômetro caminhava para os sete minutos quando, em um só toque, Andrade ganhou uma dividida na intermediária do Flamengo e passou para Zico no círculo central. Osmar, zagueiro do Galo, ainda voltava do ataque e a defesa estava aberta. Zico levantou a cabeça, e, em dois toques na bola, lançou para Nunes. O camisa 9 entrou na corrida, deixando Luizinho e Orlando para trás. João Leite ainda saiu da área para tentar chegar antes, mas o chute colocado passou pelo goleiro e abriu o marcador. O nordestino descabelado corria de braços abertos para a torcida, entorpecida pelo gol.

NUNES

"O Coutinho tinha conversado comigo e com o Zico. Na linha de zaga do Atlético, o Luizinho sabia sair mais com a bola. O Osmar não sabia sair com a bola; ele saía dando um toque na bola muito longo. Então o Coutinho pediu para que eu deixasse o Osmar sair e não deixasse o Luizinho sair. Dois toques que o

Osmar deu na bola, o primeiro eu atrás dele, o segundo já foi um toque distante que o Andrade roubou. Roubou, tocou para o Zico, o Zico passou, eu entrei em diagonal e bati no contrapé do João Leite. Foi um gol de rapidez.

A alegria só durou um minuto. Reinaldo entrou na área rubro-negra vigiado por três adversários. Na ginga, deixou Manguito para trás; Andrade e Marinho foram para cima do atacante mineiro, que entrou pela diagonal e chutou em cima dos marcadores. A bola desviada tirou Raul do lance e o Maracanã ficou em silêncio, enquanto o camisa 9 de preto e branco corria, erguendo o punho cerrado e mascando chiclete. Um gol de extrema habilidade e rara frieza.

O primeiro tempo caminhava para o final e o empate dava o título aos mineiros. O Flamengo conseguiu um escanteio pela direita. Toninho cobrou com efeito, João Leite subiu para defender e trombou com Nunes; a bola sobrou para Orlando afastar o perigo da área. Júnior pegou na intermediária e tentou bater direto para o gol, mas a bola carimbou Palhinha. Insistente, o lateral rubro-negro tentou outra vez. Como chute, a tentativa foi frustrada; como passe, foi perfeito. João Leite achou que a bola de Júnior fosse passar e mergulhou para defendê-la. Mas no meio do caminho estava Zico. A bola tocou na perna esquerda dele, bateu na direita e perdeu força. Tempo suficiente para Zico perceber João Leite no chão e aproveitar o gol vazio. Placar de 2 X 1. Enquanto Zico corria para o banco e comemorava com os reservas, Júnior parecia tirar um peso dos ombros. A falha no gol do Mineirão era apagada com os abraços de Carpegiani, Júlio César e Manguito. O primeiro tempo terminava com a taça a caminho da Gávea.

Na busca pelo empate, o Atlético teria problemas para os 45 minutos finais. Luizinho, atingido por Nunes a cinco minutos do intervalo, teve de ser substituído por Geraldo. A partida seguia catimbada. Em uma dividida entre Palhinha e Andrade, Manguito saiu da área para tentar matar a jogada. O camisa 10 do Galo abriu na esquerda para Éder, que cruzou para a área. Marinho tentou cortar, mas só conseguiu raspar a bola de cabeça. Antes que ela tocasse no chão, Reinaldo calou os gritos de “bichado” com um toque de primeira no contrapé de Raul. Aos 21 minutos, o jogo estava outra vez empatado.

RAUL

“O Marinho saltou na bola e não conseguiu pegar. Ela passou raspando a cabeça dele, e o Reinaldo pegou meio de canela. Eu toquei na bola, ela nem chegou na rede! Quase que eu pego a bola... O Reinaldo era um fenômeno. Ali é esperar para ver se você conseguia neutralizá-lo e tentar ser maior que ele, o que era muito difícil. Era sempre um grande desafio, mas, por outro lado, era muito gostoso jogar contra ele. Mesmo porque, se ele vencesse você, você saía perdendo para um gênio. E perder para gênio não é demérito nenhum.

Era o momento exato para que o time de Procópio Cardoso se beneficiasse de seus especialistas em catimba. Chicão e Palhinha discutiam com o árbitro e provocavam os adversários. Reinaldo, machucado, abusou da cera e terminou expulso por José de Assis Aragão. Depois de receber o cartão vermelho, o atacante ainda caiu no gramado tentando ganhar o máximo de tempo. O Atlético perdia um homem capaz de decidir a partida até mesmo machucado. Embora aflito com o placar empatado, Cláudio teve certeza, no momento da expulsão de Reinaldo, que o foguetório da Raça tinha dado resultado.

CLÁUDIO CRUZ
Fundador da Raça Rubro-Negra

“Você pode ver como é que eles jogaram. O nervosismo dos caras, jogadas imbecis. Até o Reinaldo foi expulso! Claro que o que nós fizemos foi mafioso, mas mafioso de paixão. Era não deixar o cara dormir e o Flamengo ser campeão. Não que o nosso time não tivesse condição de ganhar, mas se eu posso ajudar... E ajudou pra caramba!

O estoque de morteiros já tinha acabado, mas, com 2 X 2 no placar, a torcida do Flamengo ainda tinha fé e paixão para empurrar o time. O relógio já tinha virado mais um inimigo. Faltavam só oito minutos para o fim do sonho. Naquele momento, Andrade fez um ótimo lançamento para Nunes na ponta-esquerda. O atacante tentou um cruzamento para Zico, mas a bola bateu em Silvestre e foi em direção à linha de fundo. Nunes correu para buscá-la e ficou outra vez diante do camisa 12 do Galo. Balançou, fingiu o drible e não saiu do lugar. Um segundo depois, arriscou tudo.

NUNES

Eu assumi a responsabilidade. Dei o drible na perna de apoio do Silvestre e fui tocando a bola em direção ao gol. O João Leite foi saindo, achando que eu ia cruzar. Ele já estava caindo e eu o encobri. Foi um gol consciente, com muita frieza dentro da área. Era o momento de decidir. Aí foi só correr para a nação, comemorar junto e agradecer a Deus.

Antes que o jogo terminasse, o Atlético ainda sofreu as expulsões de Chicão e Palhinha. Com três jogadores a mais em campo, o Flamengo tocava a bola e segurava a posse para não correr riscos. Mas a tranquilidade aparente foi quebrada em uma bola mal atrasada por Manguito. O Maracanã ficava em silêncio no minuto final da partida.

ANDRADE

O Manguito não jogava havia um tempo, estava sem ritmo nenhum. Ele recebeu do Carlos Alberto, foi atrasar para o Raul, o Pedrinho antecipou, driblou o Raul, e ia fazer o gol do empate. Eu dou um carrinho já no desespero e consigo cortar a bola! O Manguito me contou depois que, quando viu o Carlos Alberto, pensou: "Ele não vai fazer isso comigo, ele não pode fazer isso comigo, ele não tem o direito de fazer isso comigo!" (risos). Ele estava exausto, com as pernas trêmulas. "O Carlos Alberto é meu parceiro, não vai atrasar essa bola para mim" (risos).

A bola de Pedrinho não entrou graças a Andrade, e os mineiros teriam de esperar a Libertadores para tentar dar o troco. José de Assis Aragão encerrou a partida, e a alegria nas arquibancadas e na geral passou literalmente para o gramado. O campo foi invadido por retratos diferentes da euforia rubro-negra. Um homem cruzava o gramado de um gol a outro de joelhos carregando uma imagem de São Judas Tadeu, padroeiro do Flamengo. Mesmo chateado por estar na reserva, Adílio abraçou de maneira sincera o técnico Cláudio Coutinho. Nas entrevistas, o treinador agradecia a Deus por estar no Flamengo e poder contar com aqueles jogadores, dirigentes e toda a torcida. Zico era o principal alvo de repórteres e torcedores, que carregavam Márcio Braga nos ombros e tentavam pegar uma pontinha da taça de campeão brasileiro, carregada por Manguito em meio a uma nuvem de rubro-negros de todas as idades. Júnior recebia abraços de desconhecidos que o consideravam um integrante da própria família. Uma família que era dona do Brasil – e que agora poderia sonhar ainda mais alto.

★ BRASILEIRÃO DE 1980 ★

	POS	J	TIT	RES	G
Raul	G	20	20	0	-19
Hélio dos Anjos	G	1	1	0	0
Cantarele	G	1	1	0	0
Toninho	LD	15	14	1	2
Carlos Alberto	LD	11	10	1	1
Rondinelli	Z	20	20	0	0
Marinho	Z	21	21	0	0
Nélson	Z	3	1	2	0
Manguito	Z	2	2	0	0
Júnior	LE	21	21	0	0
Carpegiani	MC	16	16	0	0
Vítor	MC	2	1	1	0
Andrade	MC	20	16	4	1
Adílio	MC	17	14	3	0
Zico	MC	19	19	0	21
Tita	A	22	22	0	9
Reinaldo	A	18	13	5	0
Nunes	A	14	14	0	8
Anselmo	A	3	0	3	1
Carlos Henrique	A	12	7	5	2
Júlio César	A	13	11	2	1

TEMPO DE MUDANÇAS

★★★★★★★★★★★★★★★★★★★★★★★★★

Alcançada a meta de ser campeão brasileiro, o Flamengo dava início ao seu projeto Tóquio. Além de São Judas Tadeu na posição de padroeiro, o clube tentava mais um reforço espiritual: a bênção do papa João Paulo II, que fez sua primeira viagem ao Brasil em 1980. Na visita do pontífice à favela do Vidigal, um representante do Flamengo tentou entregar a ele uma bandeira do time. O cardeal do Rio de Janeiro, dom Eugênio Salles, estava ao lado do principal líder católico e explicou o que significava o presente. Karol Wojtyla sorriu e foi fotografado perto da bandeira, em uma ação de marketing que repercutiu bastante na mídia.

* * *

A fé reforçada pelo primeiro título nacional também embalava o sonho de um inédito tetracampeonato estadual. O elenco campeão do Brasil perdeu Toninho Baiano, que já estava havia quatro anos na equipe e foi negociado com o Al Nasser, da Arábia Saudita. Coutinho já tinha confiança suficiente em Carlos Alberto e no novato Leandro. Reinaldo, ponta que veio do América e fez ótimo Brasileirão, transferiu-se para o México, e Manguito foi contratado pelo Vitória. Adílio estava de volta ao time titular, e, na intensa briga pela camisa 1, Cantarele tinha mais uma chance na vaga de Raul. O primeiro teste do novo Mengo seria a Taça Guanabara. Apenas seis times disputaram a competição, que não fazia parte do campeonato estadual: os quatro grandes do Rio, além de América e Americano.

A principal novidade naquele segundo semestre de 1980 vinha das categorias de base, um nome digno do *slogan* "Craque o Flamengo faz em casa": o zagueiro Mozer. Nascido em Bangu, Mozer começou no

Campo Grande como meia-esquerda, aos 13 anos. Na temporada seguinte, foi convidado para jogar nos infantis do Botafogo. Neca, técnico da equipe alvinegra, viu nele talento, mas perdeu o entusiasmo ao perceber que o menino demorava a crescer. O treinador preferia jogadores com mais porte físico que os modestos 1,53 metro e 47 quilos de Mozer. A dispensa no fim da temporada parecia inevitável, e, antes que acontecesse, ele pediu ao pai que o levasse à peneira do Flamengo, na Ilha do Governador. Passou nos testes, e em pouco tempo a altura deixaria de ser um problema.

MOZER

"Tinha um médico na época que quis me dar umas injeções de hormônio para crescimento. Eu perguntei se haveria algum problema posteriormente, alguma sequela. Ele falou que não, que poderia, sim, me ajudar no desenvolvimento físico para que pudesse crescer mais rapidamente e me desenvolver um pouco mais. E aí recebi cinco injeções dessas. Como eu continuei sem crescer, parei de tomar. E, aos 17 anos, dei assim um salto tremendo em função, penso, dessas injeções que tomei nesse período.

Mozer chegou ao Flamengo pouco antes de completar 15 anos. O crescimento exagerado lhe tirou um pouco da velocidade, e ele começou a se sentir lento para atuar como meia-esquerda. Mozer passou a jogar como meia-direita, mas continuou espichando. Quando chegou aos juniores, resolveu se transformar em volante. A mobilidade era prejudicada pelo desenvolvimento acelerado do corpo. O coordenador de futebol amador do Flamengo, Modesto Bria, via em Mozer o perfil ideal para que ele se tornasse um grande zagueiro. E, ainda no primeiro ano na categoria de juniores, o conselho era aceito pelo menino que saiu do Botafogo por ser franzino e só parou de crescer quando atingiu 1,86 metro.

Bria estava certo, e o jogador que o Botafogo não quis era agora o zagueiro da Seleção Brasileira de Novos, em Toulon. Mozer impressionou os dois principais jogadores do Flamengo: Zico recomendou a Cláudio Coutinho que o promovesse, e Júnior viu naquele garoto o homem ideal para proteger o lado esquerdo da defesa rubro-negra nas suas descidas constantes ao ataque. Aos 19 anos, chegava a hora de se juntar aos profissionais. Mozer não apenas subia para o time principal, como faria sua estreia em um Fla-Flu.

Coutinho passou a semana preparando-o psicologicamente para o seu primeiro jogo. Apesar de ser muito técnico, Mozer sempre teve um estilo agressivo para jogar futebol, o que quase o pôs em apuros na véspera da partida. Em uma roda de "bobinho", a bola foi lançada por cima dele em direção a Zico. Mozer saltou e esticou a perna para atingir a bola. Zico, logo ele, veio para cabecear a bola e foi golpeado em cheio próximo ao olho. O estreante recém-promovido conseguia a proeza de entalhar no rosto do principal craque do time um hematoma. Nem as palavras do massagista de que Zico estava bem e jogaria acalmaram Mozer, que passou a noite inteira sem dormir. Somente às oito da manhã, no dia do jogo, o zagueiro conseguiu pregar o olho.

O Flamengo entrou em campo para o Fla-Flu com Zico entre os titulares e com Mozer cercado de expectativas. O semblante fechado deu lugar a um sorriso quando viu do outro lado Robertinho, seu companheiro em Toulon com a Seleção de Novos. Por serem da mesma geração, os dois tinham se enfrentado nos dentes de leite, juvenis, infantojuvenis, e agora os caminhos se cruzavam pela primeira vez entre os profissionais. Robertinho já tinha subido havia mais tempo e procurou acalmar o amigo.

MOZER

Quando eu entro em campo, a primeira coisa que o Robertinho faz é me abordar.

"Mozer, vem cá. Vamos tranquilos. Vou tentar te ajudar a manter a calma, porque isso aqui é mais fácil do que a gente já apanhou."

"Poxa! Fácil jogar no profissional?"

"Sim, você vai ver que é bom. Só precisa ter calma! Vai tranquilo, é só fazer aquilo que a gente fazia na base. Moleza."

"Tudo bem, tudo bem."

"Vou te ajudar."

Na primeira bola que ele apanha, eu lhe dou uma ripada! (risos). Levei logo um cartão.

"Ô Mozer! Está a fim de matar?!"

"Meu irmão, você sabe como é que eu jogo. É assim!"

Fiquei logo ali visto como uma pedreira, sucessor do Rondinelli.

A dupla com Rondinelli deu certo, e Mozer começou com o pé direito. Deu Flamengo, 2 X 0, resultado que se somou a vitórias sobre América (1 X 0) e Americano (2 X 0) e deixaram o título bem encaminhado. Ganhar do Botafogo garantiria mais uma volta olímpica. Luisinho das Arábias fez 1 X 0 e deixou a torcida pronta para a festa, que foi adiada por um gol contra de Rondinelli. A decisão ficou para a última rodada, contra o Vasco. Bastaria um empate para o Flamengo ser campeão.

Problemas musculares tiraram Zico da final. O time sentiu falta do camisa 10 e foi dominado pelo Vasco. O antes criticado Cantarele fez uma sequência de ótimas defesas em chutes de Guina, Catinha e Roberto Dinamite, e conseguiu segurar o 0 X 0 até o fim da partida. O goleiro se transformou no herói da final, e o Flamengo conseguiu o tricampeonato da Taça Guanabara, título que só não foi mais comemorado por não valer vaga na decisão do campeonato estadual.

Aproveitando brechas no calendário, os rubro-negros viajaram para o Velho Continente em busca dos polpudos cachês dos torneios de verão europeus. No Troféu Teresa Herrera, sem Zico e Carpegiani, o Flamengo amargou o quarto lugar. Contra o Gijón, mesmo com dois homens a mais, o time não passou de um empate de 1 X 1. Nos pênaltis, perdeu por 4 X 2. Na disputa de terceiro lugar, os rubro-negros foram atropelados pelo Porto, de Portugal. Derrota de 4 X 1 e uma péssima impressão deixada para a torcida de La Coruña, sede da competição.

No Brasil, Zico se recuperava de uma lesão no tornozelo. Os promotores dos torneios Príncipe de Astúrias e Ramón de Carranza, próximos desafios do Flamengo na Europa, queriam vê-lo em campo. Para ser avaliado pelos médicos, Zico treinou contra os juniores. Quando a bola rolou, ele rapidamente se entendeu com o meia-direita, que jamais tinha visto. Os dois trocaram passes, tabelaram, ambos fizeram gols. Depois do coletivo, o Galinho ficou sabendo que aquele era Lico, que o Flamengo estava trazendo do Joinville.

LICO

"Treinamos juntos, fizemos algumas jogadas, ele fez gol, eu fiz gol. Acho que aí o Zico deu também uma força para que eu pudesse viajar no outro dia junto com ele para a Europa. Foi onde o Coutinho pôde me observar melhor. Não fiz exame médico, nada na época. Fui direto para lá. Na volta é que acertei o contrato com o Eduardo Mota.

Lico tinha sido avisado pelo presidente do Joinville dias antes que estava sendo negociado com o Flamengo. Assim que recebeu a notícia, viu-se mergulhando em suas lembranças. Relembrou os tempos de engraxate na infância e na adolescência, as idas até o porto de Imbituba para levar a marmita do pai, o estivador Abel, apaixonado por futebol. Também se lembrou das lições de Benício, o irmão mais velho que tinha sido profissional no Imbituba Atlético Clube e passava as folgas ensinando o menino a bater na bola com a perna esquerda, o que fez com que ele chegasse a ponto de chutar bem com ambas. O filme que se formava na cabeça mostrava o começo no América de Joinville, a passagem pelo Grêmio em Porto Alegre, os dias de Figueirense, Avaí, Marcílio Dias e Joinville. O meia estava às vésperas de completar 29 anos e sabia que aquela era a última tacada de sua carreira.

Zico foi liberado pelo departamento médico e seguiu com Lico para a Espanha. O destino era Santander, onde seria disputado o Torneio Príncipe de Astúrias. Domingos Bosco e Paulo Dantas foram recebê-los, e, na volta ao hotel, os dois foram ao quarto de Mozer avisá-lo de que um novo jogador estava se incorporando ao elenco e dormiria no quarto com ele, que era o caçula do time.

MOZER

"Fizeram uma caminha daquelas de abrir e fechar no meu quarto. De repente, me abre a porta um cara que parecia um mexicano. Com uns bigodes assim que iam até embaixo, no queixo. Magrinho, cabeludo. Com umas perninhas fininhas...

Eu olhei assim, pensei que fosse parente do jogador. E, daqui a pouco, perguntei:

"Onde é que está o jogador?"

"Sou eu."

Aí eu fiquei tirando ele, de cima a baixo. Achei que o camarada não fosse dar em nada. Mas quando aquele rapaz entrou em campo pela primeira vez, Nossa Senhora! Tinha uma técnica exuberante, uma facilidade de domínio, drible, uma visão muito grande de jogo.

A primeira vez de Lico com a camisa do Flamengo foi contra a Real Sociedad, na estreia do Torneio Príncipe de Astúrias. Ele entrou no segundo tempo, no lugar de Carpegiani. Mas quem fez o time dar a volta por cima do fracasso no Teresa Herrera foi Zico, que abriu caminho para a vitória por 2 X 0, com Adílio completando o placar. Na final, contra o Levski Sófia da Bulgária, Lico voltou a entrar no segundo tempo, agora no lugar de Nunes, e outra vez viu Zico ser o protagonista da vitória por 2 X 1 ao fazer os gols que garantiram ao Flamengo o título em Santander.

Em Cádiz, no Torneio Ramón de Carranza, era hora de buscar mais uma peça para a sala de troféus da Gávea. E que peça: uma taça de prata com quase um metro e meio de altura. Contra o Dínamo Tblisi, da União Soviética, houve empate no tempo normal: 2 X 2, mas, nos pênaltis, deu Flamengo por 4 X 3. Na decisão, Zico fez dois gols na vitória sobre o Betis por 2 X 1, jogo em que mais uma vez Cantarele fez defesas importantíssimas.

Na volta ao Brasil, a diretoria anunciou mais duas contratações. Primeiro, a do atacante Luís Fumanchu, que defendeu o Fluminense e vinha jogando no México. E a principal delas foi a chegada de Luís Pereira, zagueiro do Atlético de Madrid e titular da Seleção Brasileira na Copa de 1974. Ao mesmo tempo que os reforços chegavam, o interesse dos grandes clubes estrangeiros por Zico aumentava após mais uma passagem pela Europa cheia de gols e grandes partidas. A primeira proposta veio da Roma, que já tinha levado Falcão para a Itália ao fim da Copa Libertadores de 1980. De acordo com a diretoria, o clube italiano teria oferecido 1,5 milhão de dólares, valor que o Flamengo recusou. O procurador de Zico, João Batista, afirmava que esses números eram bem maiores: 5 milhões de dólares, metade para o clube, metade para o jogador. O Flamengo balançou, mas rejeitou a proposta.

Era hora de buscar o tetracampeonato estadual. O primeiro turno do Campeonato Carioca começou enquanto o Flamengo estava na Europa. Nos oito primeiros jogos, seis vitórias e apenas dois empates. Lico só tinha sido aproveitado em dois jogos, e, quando teve a rara chance de jogar com a camisa 10 no lugar de Zico em Volta Redonda, amargou a substituição no intervalo. No total, o catarinense só fez cinco jogos no Campeonato Carioca.

LICO

Na volta da Europa, eu acertei o contrato. Só que eu queria ver o apartamento, queria que a minha esposa e a minha filha recém-nascida estivessem junto. Eu queria que a minha família estivesse perto para ter a cabeça tranquila. E, aí, o Coutinho quis me colocar em um jogo, mas eu já tinha acertado a minha vinda para Santa Catarina para buscar a família e as coisas para colocar no apartamento. Parece que ele não gostou e a partir daí me deixou de lado.

Além do mal-entendido com Coutinho, Lico também foi alvo de controvérsia em relação à idade com que foi contratado e ao preço da negociação. O jogador catarinense custou 6 milhões de cruzeiros, mais outros 6 milhões de cruzeiros em jogadores cedidos pelo Flamengo ao Joinville (o goleiro Hélio dos Anjos, o volante Jorge Luís Brochado e o zagueiro Nélson foram envolvidos na transação). O clube parecia arrependido por ter investido tanto em um jogador mais velho. Uma declaração do presidente Márcio Braga à revista *Placar* evidenciava o desconforto que Lico vivia no clube. "Antes de assinar contrato com o Flamengo tinha 22, agora tem 29. Nunca vi ninguém envelhecer tão rápido!"

LICO

Ele não falou para mim, falou para a imprensa. Se ele falasse para mim, eu teria dito que todo clube, quando vai contratar algum jogador, pede a documentação e vai conferir antes de contratar. Deveria ter feito isso, e não ter falado essa bobagem. Eu li no jornal que o Flamengo ia me devolver porque eu tinha mentido a idade. Eu nunca menti! Tanto é que, quando eu fui tirar toda a documentação que precisava para fazer o contrato, eu mostrei. Ficou uma coisa assim meio chata, porque não queriam um jogador experiente. Eu queria estar jogando, estava numa fase boa, e pedi para ser emprestado.

* * *

Seguia o Campeonato Carioca de 1980, no qual o Flamengo só perdeu a invencibilidade depois de oito rodadas. Contra o Bangu, em Moça Bonita, um resultado fora do *script*. Com Zico e tudo, o time perdeu de 1 X 0, gol de Mirandinha. No jogo seguinte, os rubro-negros ganharam do Serrano por 4 X 2, mas voltaram a tropeçar no empate de 1 X 1 com o Botafogo, jogo em que Zico revidou um pontapé do lateral Perivaldo e foi expulso. O time continuou jogando mal, empatou com o Campo Grande em 0 X 0 e repetiu o placar na última rodada contra o Vasco. Com a sequência ruim, o Flamengo deixou de ir à decisão pela primeira vez em nove turnos.

Fluminense e Vasco decidiram o título do primeiro turno em um jogo extra, em 26 de outubro de 1980. Houve empate de 1 X 1 no tempo normal, igualdade que persistiu na prorrogação. O campeão sairia nos pênaltis, e a torcida do Fluminense apelou para a fé. O Maracanã recebia 101.199 pagantes naquele domingo, e, enquanto se esperava o início das cobranças, a parte tricolor começou a cantar:

A bênção, João de Deus,
Nosso povo te abraça,
Tu vens em missão de paz,
Sê bem-vindo
E abençoa este povo que te ama!

A música era o "Hino em Homenagem a João Paulo II", canção-tema da visita do líder católico ao Brasil composta pelo jornalista e publicitário Péricles de Barros. A música que saudava o sumo pontífice tinha se tornado um grande *hit*, cantado por 12 milhões de brasileiros que foram a estádios e praças para ver o papa, e por outros 50 milhões de pessoas que acompanharam o evento pela TV. Não há como provar se houve alguma intervenção divina, mas o fato é que o goleiro Paulo Goulart pegou duas cobranças e o Flu venceu por 4 X 1 nos pênaltis. Além de um lugar nas finais do estadual, o tricolor ganhou um novo alento, um novo hino que nunca deixou de ser cantado por sua torcida. E, em 2010, cinco anos após a morte de Karol Wojtyla, o clube das Laranjeiras oficializou o religioso polonês como seu padroeiro, ao lado de Nossa Senhora da Glória.

* * *

O mau momento do Flamengo pedia explicações. Afinal, o que tinha acontecido? Excesso de jogos? Falta de humildade? Obrigação de não perder? A série de títulos tirou a graça de ganhar? Muitas hipóteses tentavam justificar a queda de rendimento de um time que continuava a ser o melhor do Rio, mas parecia desestimulado. Após o início do segundo turno, o time continuou rendendo abaixo do esperado. Nunes, Andrade e Rondinelli foram barrados por Coutinho, que tentava sacudir o elenco. As experiências do treinador fizeram com que o torcedor se familiarizasse com a prata da casa: Vítor, no meio-campo, e os novatos Ronaldo Marques e Édson, que despontavam no ataque.

Na lateral direita, depois de um início de ano conturbado, Leandro tinha mais uma chance de emplacar. Apesar de todo o potencial que encantara Cláudio Coutinho, ele ainda era visto com certa desconfiança na Gávea. Em 1979, teve dificuldade para se recuperar de uma operação de menisco no joelho direito. No primeiro semestre de 1980, sofreu uma fissura por estresse na planta do pé, e ficou fora da Seleção de Novos que jogaria o Torneio de Toulon. A dúvida tinha levado o Flamengo a contratar Carlos Alberto junto ao Joinville, e agora a diretoria decidia que talvez o futuro de Leandro fosse longe da Gávea.

LEANDRO

“Quando eu comecei a me recuperar, resolveram me emprestar para o Internacional com passe prefixado. Cheguei a ir para o Inter, fiz um treinamento lá, e eles gostaram muito. O Ênio Andrade na época ia até me colocar já para estrear no Campeonato Brasileiro, contra a Ponte Preta. Só que o médico deles, o Costinha, foi fazer um novo exame comigo e achou que não deveria ser bom negócio me contratar. Ele disse que eu não teria futuro nenhum no futebol.

Leandro voltou à Gávea, e em novembro de 1980 conquistou a posição de titular. A estreia no segundo turno do Campeonato Carioca foi com vitória sobre o Campo Grande (3 X 1), mas o Flamengo não conseguiu vencer o clássico contra o Fluminense (2 X 2), no qual levou dois gols de Cláudio Adão, dispensado do clube no começo do ano. Adão assumia a artilharia isolada da competição com 14 gols. Os rubro-negros passaram pelo Bangu no Maracanã (2 X 1), mas voltaram a tropeçar contra o América (1 X 1). Os dois pontos perdidos até então eram justamente a diferença para o líder Vasco, adversário seguinte à goleada imposta ao Americano em Campos (4 X 1). O clássico foi tumultuado e teve três expulsões. Cláudio Coutinho teve de sair do banco ainda no primeiro tempo, e o desentendimento entre Rondinelli e Orlando Lelé levou os dois para o chuveiro mais cedo. Júnior abriu o marcador aos 39 minutos do primeiro tempo, depois de um passe açucarado de Zico. A dois minutos do fim da partida, Adílio fez o segundo gol e levou o time à liderança do segundo turno.

A vitória amenizou um pouco o clima para o treinador do Flamengo, que vinha sofrendo pressão do grupo de jogadores que perderam a titularidade. Era momento de o time se concentrar na conquista do tetra, prometido por jogadores, comissão técnica e diretoria no início da competição. A única chance era ganhar o segundo turno e decidir o título contra o Fluminense. Restavam três jogos, e os rubro-negros tinham os mesmos dez pontos que o Vasco. O próximo adversário era o Serrano, de Petrópolis. Naquele 19 de novembro de 1980, quarta-feira à noite, o gramado do estádio Atílio Marotti, além de irregular, estava cheio de poças d'água após um dia inteiro de chuva. A decisão de entrar em campo estava nas mãos do treinador do Flamengo.

LEANDRO

"Perguntaram para o Coutinho se ele queria jogar. Na verdade, ele falou "não, vamos jogar!". A gente estava muito confiante, mas o tempo estava muito ruim realmente.

O mau tempo não impediu que o comboio da Raça Rubro-Negra subisse a serra. Cláudio estava em frente à estátua de Bellini, organizando a saída dos ônibus, quando encontrou um amigo de Vila Isabel que era rubro-negro fanático e tinha se casado no dia anterior, uma terça-feira. A lua de mel seria só no fim de semana.

"Cláudio, que pena que não dá. Queria ir a esse jogo. O Flamengo vai ser tetra!"

"Vamos lá, rapaz. Deixa de ser otário! Entra aqui no ônibus, meia-noite, uma hora você vem. Ela vai saber que tu foi ao jogo."

"Não, não vou!"

Cláudio tanto infernizou o noivo, que acabou convencendo-o a entrar no ônibus. Tudo sem avisar a noiva, em uma época em que telefone celular ainda era uma invenção distante.

A decisão de Coutinho não demoraria a se mostrar equivocada. Diante de 14.994 pagantes (até hoje recorde de público do estádio Atílio Marotti), o toque de bola, ponto forte do Flamengo, de nada valia naquele campo enlameado. O jogo seria decidido na raça, e o que não faltava aos jogadores do time petropolitano era vontade de mostrar serviço contra o Flamengo. Aos 18 minutos do primeiro tempo, o centroavante Luís Carlos surgiu na ponta-direita. Luís Pereira não foi para o bote, apenas cercou o adversário. Com tempo para decidir o que fazer, Luís Carlos cruzou; a bola foi desviada por Luís Pereira e entrou quicando na área. Enquanto Marinho observava, o ponta-esquerda Anapolina surgiu entre os zagueiros e invadiu a pequena área, onde completou de primeira e abriu o placar para o time da serra.

Após fazer 1 X 0, o Serrano passou a jogar nos contra-ataques, e a estratégia rubro-negra foi apelar para os chuveirinhos e bolas paradas com Zico. Fechados na defesa, os petropolitanos contaram com uma atuação inesquecível do goleiro Acácio, revelado pelo Rio Branco de Campos. Mesmo jogando em casa, o goleiro foi alvejado por pilhas, morteiros e pedras. Ainda assim, o camisa 1 do Serrano garantiu o resultado histórico, e a partir de então passou a ser observado pelo Vasco, que o contrataria em 1982.

RAUL

Acontece, não é? Estava muito nublado lá, uma serração danada, não era para ter o jogo. Foi o Acácio quem impediu que nós tivéssemos ganho. Esse tipo de jogo traumatiza mais é o torcedor. A gente que joga ali sabe que pode acontecer.

Ao fim da partida, foi difícil conter a fúria da torcida rubro-negra ao descer a serra. Os torcedores da Raça pararam em uma lanchonete na estrada e aprontaram mais uma das suas. Uma máquina de *milk-shake* foi o suvenir que alguns integrantes resolveram levar da derrota para o Serrano. O dono da lanchonete chamou a polícia, e perto de Xerém os ônibus da torcida foram abordados. Todos os integrantes do comboio tiveram de subir a serra mais uma vez. A prova do crime estava escondida em um dos ônibus, até ser arremessada pela janela durante a subida da serra rumo à delegacia. Além da cabeça inchada pela derrota, o amigo recém-casado de Cláudio se arrependia profundamente de ter aceitado o convite para ir ao jogo.

CLÁUDIO CRUZ
Fundador da Raça Rubro-Negra

Levaram os ônibus todos de volta para Petrópolis. E o cara do meu lado, no ônibus. Imagina! Tendo que chegar em casa, desesperado. Eu convenci o delegado, pedi desculpas, paguei a dívida com o cara do restaurante. Logo depois que a gente saiu, vem a viatura de novo.

"Para! Volta todo mundo!"

Tinham roubado na delegacia uma cria de cachorrinhos de raça do delegado. Eu não acreditei. Fomos para a delegacia de novo, só saímos de lá de manhã, quando achamos, dentro de um dos ônibus, os filhotinhos. Roubaram dentro da delegacia.

"Porra, meu irmão! Vocês só fazem besteira!"

O delegado me esculachou. Chegamos ao Rio às 11 da manhã. E o cara, esse meu amigo:

"Estou ferrado com a minha mulher!"

E estava mesmo. Fui lá na casa dele, expliquei que ele estava com a gente. Ela, muito brava. Brigaram feio. A coisa foi gozada, o cara foi na minha, coitado. Achou que ia chegar à uma da manhã, chegou às 11 horas do outro dia.

Agora, o tetra dependia de uma improvável combinação de resultados. O Flamengo tinha duas partidas para tirar os dois pontos de vantagem do Vasco. A vitória de virada sobre o Botafogo por 3 X 1 encheu o Flamengo de esperança, mas a torcida pelo Fluminense no clássico contra o Vasco não deu muito certo. O jogo terminou empatado em 3 X 3, e os cruz-maltinos ainda tinham um ponto de vantagem. A torcida agora era pelo Americano, que na última rodada do segundo turno não poderia perder para o Vasco em São Januário. Com um gol de Guina e outro de Roberto Dinamite, o Vasco ganhou por 2 X 1 e assegurou o título do segundo turno. No dia seguinte à vitória dos adversários, os muros da Gávea amanheceram pichados com os dizeres "tetranapolina", em uma provocação clara associando o fracasso na busca do tetra ao carrasco na derrota em Petrópolis.

Na carteira de identidade, Anapolina era Elimar Cerqueira, um mineiro de Cotegipe que rodou por equipes como União de Rondonópolis (MT), Rio Verde e Anapolina (GO). O apelido foi dado pelo técnico Pinheiro, que não conseguia gravar o nome Elimar e batizou o jogador com o nome do clube goiano do qual ele procedia. Anapolina era uma espécie de faz-tudo no Serrano: em apenas sete meses, jogou em quase todas as posições no meio-campo e no ataque. Aquele gol foi o segundo e último de Anapolina com a camisa do Serrano, em 34 partidas. Elimar abandonou o time de Petrópolis e o futebol ao fim do campeonato estadual de 1980, mas nunca foi esquecido pelos torcedores de Vasco, Botafogo e Fluminense, pela rara oportunidade de provocar os rubro-negros em uma época em que o time de Zico dificilmente perdia.

O título de 1980 foi decidido entre Fluminense e Vasco em jogo único. O fraco desempenho dos tricolores no segundo turno dava o favoritismo ao Vasco, mas, na decisão, um gol de falta marcado por Edinho, aos 22 minutos do segundo tempo, deu ao Fluminense o Campeonato Carioca de 1980.

O fim da sequência de vitórias no campeonato estadual foi recebido com certo alívio por Cláudio Coutinho, que considerava o time preso em grades invisíveis, uma vítima da chamada neurose de vencedor. O técnico apontava a autoconfiança do time como principal problema, uma nociva e enganosa certeza de que a equipe poderia resolver as dificuldades no exato momento em que quisesse. Junto ao comodismo dos atletas, o estilo de jogo do Flamengo era cada vez mais "manjado" pelos adversários. O excesso de bons jogadores também prejudicava o ambiente, já que nem todos aceitavam ficar na reserva. Esse era o caso de Nunes, que passou de herói do título brasileiro a jogador negociável ao fim da temporada.

★ CARIOCA DE 1980 ★

	POS	J	TIT	RES	G
Raul	G	19	19	0	-17
Cantarele	G	4	3	1	-2
Carlos Alberto	LD	14	14	0	0
Leandro	LD	8	8	0	1
Gílson Paulino	LD	2	2	0	0
Rondinelli	Z	15	15	0	1
Marinho	Z	15	13	2	0
Luís Pereira	Z	17	15	2	1
Mozer	Z	1	0	1	0
Júnior	LE	21	21	0	4
Vítor	MC	16	13	3	0
Andrade	MC	15	12	3	0
Carpegiani	MC	10	9	1	1
Adílio	MC	19	17	2	5
Zico	MC	18	18	0	12
Tita	A	14	14	0	5
Fumanchu	A	9	8	1	1
Nunes	A	16	15	1	7
Anselmo	A	10	6	4	2
Ronaldo Marques	A	4	2	2	2
Júlio César	A	15	8	7	2
Édson	A	7	5	2	0
Lico	A	5	2	3	0

Mas, para sorte do Flamengo, Nunes ficou. No entanto, o time sofreu uma perda significativa no banco de reservas. O contrato de Cláudio Coutinho estava no final, e o treinador foi procurado pelo empresário mexicano Guillermo Cañedo, sócio do milionário Emílio Azcárraga, dono da emissora Televisa do México. Coutinho tinha sido escolhido pelos investidores latinos para dirigir uma equipe de futebol na Califórnia, o Los Angeles Aztecs. A ideia era atrair o enorme público hispânico que vivia no estado da costa oeste dos Estados Unidos. O convite chegou em um momento em que o treinador, apesar de todos os títulos e da vaga na Libertadores, não vivia sua melhor fase no clube.

EDUARDO MOTA
Vice-presidente de futebol do Flamengo em 1980

“O Coutinho falou que tinha que sair, que já estava muito desgastado com os jogadores. Ele me contou que andava tão nervoso, que um dia tinha até errado o andar da casa dele. Quando saiu do elevador, tinha batido em outra casa.

Onde quer que Cláudio Coutinho estivesse, uma pequena sombra o seguia: Paulo Cesar, seu filho mais novo, estava sempre atrás do pai. Fosse no Flamengo ou na Seleção Brasileira, lá estava o menino, que podia acompanhar Coutinho desde que atendesse a exigência de não dar trabalho ao pai. A obrigação que Paulo Cesar tinha de ficar quieto logo chegou aos jogadores, que viviam implicando com ele. O garoto tomava cascudos e se vingava abrindo os armários dos jogadores e dando nós nas roupas deles. O contragolpe dos boleiros era cruel. A área enlameada onde os goleiros treinavam virava uma piscina em que Paulo Cesar era vítima dos jogadores, que lhe davam autênticos banhos de lama. E, esperando nova chance para sujá-lo, ficavam provocando.

“Vai tomar banho, Cascão!”

“Vai se lavar, Cascão!”

O apelido pegou. E, assim, Paulo Cesar se tornou Cascão, figurinha fácil na concentração do Flamengo e nos vestiários do Maracanã. Como fiel escudeiro do pai, estava com ele quando, no fim de 1980, Coutinho tomou a difícil decisão de deixar o Flamengo.

CASCÃO

Paulo Cesar, filho de Cláudio Coutinho

“Ele saiu do Flamengo por causa de uma fofoca, uma história de lista negra. Alguns jogadores que já estavam mais velhos estavam pensando na aposentadoria. Então, pediram a ele para serem negociados se surgisse a oportunidade. Meu pai fez uma lista pessoal. Botou na gaveta dele na escrivaninha do clube e foi tirar férias. Fomos para Angra, numa das raras férias dele, que foi interrompida no segundo dia quando veio essa história. Saiu no jornal: “Lista Negra”.

Um dirigente de alto posto lá do Flamengo mexeu na escrivaninha dele, abriu lá, e viu uma lista assim: “jogadores negociáveis”, com alguns nomes. Não era nada daquilo de lista negra, lista de dispensas. Quem estava na lista também saiu em defesa do meu pai na ocasião. Foi o mesmo grupo que vendeu o Zico anos mais tarde, que na época quis tirar o meu pai de lá.

Coutinho chamou a imprensa até Angra dos Reis e deu a sua versão da história. Sentindo-se traído pela revelação de um documento pessoal e a distorção do que ele significava, decidiu que deixaria o clube ao término do contrato após quatro anos inesquecíveis na Gávea. O convite dos mexicanos para desbravar os Estados Unidos foi aceito. O capitão estava de saída, mas seu legado na armação da equipe ainda traria muitas alegrias aos torcedores rubro-negros.

* * *

A diretoria do Flamengo optou por uma solução caseira para substituir Coutinho na temporada de 1981: o paraguaio Modesto Bria, um dos heróis do primeiro tricampeonato estadual do Flamengo, em 1942, 1943 e 1944, quando formava a linha média com Biguá e Jayme. Em um ano de eliminatórias para a Copa do Mundo de 1982, a preocupação inicial do novo técnico era encontrar substitutos para Júnior, Zico e Tita, nomes certos na lista de Telê Santana. Na lateral esquerda, a solução foi o improviso de Carlos Alberto. Para o lugar de Zico, Adílio. E, na ponta-direita, a alternativa era Fumanchu. A única contratação para o primeiro desafio do ano, o Campeonato Brasileiro, era o meia ofensivo Peu, destaque do CSA de Alagoas.

NUNES

Foi uma comédia a apresentação do Peu. Ele chegou de Maceió com uma mala de couro, sapato branco, calça amarela, cinto preto e camisa rosa. Quando o técnico foi apresentar o Peu, o Fumanchu pediu a palavra:

"Professor, professor! Peraí, deixa que eu apresento... Pessoal, está aqui o Zé Bonitinho!"

O Peu ficou louco! (risos).

PEU

Eu era flamenguista desde pequenininho. Minha mãe era lavadeira e o meu pai roupeiro de um clube que o Dida passou quase dez anos, o CSA. Meu pai viu o Dida ali jogando, e quando tinha jogos, ele pegava o radinho dele e me chamava pra ficar escutando o Dida jogando. Aí, quando eu vim pra cá, quando eu cheguei aqui e vi Zico, Júnior, Nunes, Raul, Carpegiani, pensei: "Pô, olha onde eu tô! No meio desses caras que eu escutava tanto pelo rádio e via na TV dia de domingo!".

Sem seus três principais jogadores e com Modesto Bria no lugar de Coutinho, o Flamengo partia em busca do bicampeonato no Brasileirão de 1981. Na primeira fase, o time oscilou muito. A mesma equipe que foi atropelada pelo Paysandu em Belém (0 X 3) goleou o Fortaleza por 8 X 0 no Maracanã, com cinco gols de Nunes. O camisa 9 era o artilheiro do campeonato, com 11 gols, mas a equipe não era a mesma sem Júnior, Tita e, principalmente, sem Zico. O Flamengo terminou a primeira fase na segunda posição do Grupo D, dois pontos atrás do Santos e na frente de outras oito equipes.

Antes de estrear na segunda fase, o Flamengo foi a Maldonado, no Uruguai, para enfrentar o Peñarol pelo Torneio de Punta del Leste. Vitória rubro-negra tranquila por 3 X 0. Na volta ao Brasil, o lateral Leandro iria para Cabo Frio passar o Carnaval com o atacante Anselmo, seu companheiro de Flamengo. Os dois pegaram o Puma de Leandro e seguiram em direção à Região dos Lagos do Rio de Janeiro. Na estrada, um carro que ultrapassava na contramão obrigou Leandro a sair da pista. O Puma que o jogador dirigia capotou, arremessando Anselmo pelo vidro traseiro. O anjo da guarda do atacante estava atento, e Anselmo só teve um arranhão nas costas e foi à praia no mesmo dia. Leandro teve menos sorte, sofreu uma luxação coxofemoral. O fêmur tinha saído do lugar, e o lateral por pouco não quebrou o quadril. Os médicos do Flamengo, Giuseppe Taranto e Célio Cotecchia, temiam que ele não pudesse voltar a jogar, mas em dois meses Leandro estaria de volta aos treinos.

Na segunda fase do Campeonato Brasileiro de 1981, os adversários seriam Colorado, Uberaba e Atlético Mineiro – no caso deste, a rivalidade era cada vez mais acirrada. No Maracanã, com Zico, Tita e Júnior, o Flamengo venceu os mineiros de virada por 2 X 1. Nos jogos seguintes, contra Uberaba e Colorado, o trio da Seleção voltaria a desfalcar a equipe. No Triângulo Mineiro, o Flamengo ficou só no empate de 1 X 1 com o Uberaba. No Paraná, o time foi goleado pelo Colorado por 4 X 0, três gols de Jorge Nobre. Mas o vexame em Curitiba era um problema pequeno perto do que estava por vir.

O contrato de Zico estava no fim, e o Galinho se valorizava a cada partida. Foram dele os três gols na vitória de 3 X 1 sobre a Bolívia, resultado que garantiu o Brasil na Copa de 1982. O Flamengo tinha conseguido bloquear as investidas do Roma, mas o noticiário que vinha da Itália avisava que o Milan pretendia contratar Zico de qualquer maneira. Especulava-se que o clube de Milão ofereceria 3 milhões de dólares, e, para complicar, Zico queria 100 milhões de cruzeiros de luvas para renovar. Os italianos chegaram a mandar seu vice-presidente, o ex-jogador Gianni Rivera, para fazer uma proposta formal. Só que a oferta do Milan não passou de 1 milhão de dólares, e, com a ajuda de algumas empresas, o Flamengo pagou cerca de 60 milhões de cruzeiros de luvas e conseguiu mais dois anos de contrato com seu maior ídolo.

A classificação do Flamengo para as oitavas de final do Brasileirão de 1981 veio após um empate com o Atlético no Mineirão (0 X 0) e duas vitórias de virada sobre Uberaba (4 X 2) e Colorado (2 X 1), ambas no Maracanã. O time terminou a segunda fase na primeira posição do grupo, com um ponto a mais que o Galo. Mesmo com resultados positivos, as atuações do time não convenciam. Modesto Bria estava desgastado por ter barrado Paulo César Carpegiani, fisicamente mal, e outros jogadores também estavam insatisfeitos. O próprio Bria, em conversa com os dirigentes, disse ter perdido dez quilos após assumir o cargo.

LEANDRO

Seu Bria ficou como treinador quando Coutinho saiu, mas um dia a mulher dele veio até a Gávea: "Pelo amor de Deus! Tira o meu marido, senão ele vai morrer! Ele vai infartar!" (risos). Ele era muito nervoso.

Aquela era a quarta passagem de Modesto Bria como treinador do Flamengo (1959-1960, 1967, 1971 e 1981). Quarta e última, já que a diretoria decidiu mexer no comando do futebol e devolveu Bria aos quadros das categorias de base. Em 17 jogos sob a direção do técnico paraguaio, foram dez vitórias, cinco empates e apenas duas derrotas. Números excelentes, mas a direção do clube entendeu que o momento cheio de jogos importantes no mata-mata do Brasileirão pedia um técnico que fosse mais que uma solução caseira, sem falar da estreia na Libertadores, cada vez mais próxima.

ANTÔNIO AUGUSTO DUNSHEE DE ABRANCHES
Presidente do Flamengo (1981-1983)

O Dino Sani era um treinador de fora do Rio, eu não o conhecia. Era oriundo de outra história, de outra política de administração de time de futebol. O Dino foi a mim apresentado como sendo uma pessoa capaz de fazer várias coisas para o Flamengo. Quem indicou foi o Joel Teppet, meu vice-presidente de finanças. E eu acreditei nele.

Dino Sani havia sido campeão do mundo com a Seleção de 1958 nos tempos de jogador. No currículo de atleta, outros títulos importantes, como a Copa dos Campeões da Europa pelo Milan em 1963. Reconhecidamente, Dino tinha sido um estilista da bola. A bagagem como treinador também era respeitável. Começou no Corinthians, logo depois de pendurar as chuteiras, passando depois por Palmeiras, Coritiba, Goiás, Peñarol e Internacional, clube em que viveu sua melhor fase. No time gaúcho, foi o responsável pelo lançamento de Falcão entre os profissionais em 1971 e pôs entre os titulares Paulo César Carpegiani, que se referia a Dino como exemplo de profissionalismo e disciplina.

O treinador que o Flamengo desejava estava trabalhando no México, onde dirigia o Puebla havia um ano. Aluísio Santos, ex-dirigente do Flamengo, passou uma semana tentando convencer Sani, que estava havia quatro anos longe do Brasil, a voltar ao país. A insistência deu resultado. Dino Sani já era o novo técnico rubro-negro e a primeira contratação pedida foi a do lateral direito Nei Dias, do XV de Jaú, que também jogava do lado esquerdo do campo e era irmão do atacante Nílson Dias, que marcou época no Botafogo.

NEI DIAS

"Eu fui para o Botafogo em 1968 e fiquei lá até 1974. Era lateral esquerdo, estourei a idade de juvenil e não fiquei no clube. Do Botafogo, fui para o Moto Club do Maranhão, passei pelo América do Recife, Americano de Campos, Vila Nova de Goiás, Atlético Paranaense em 1978. Depois fui parar no interior de São Paulo, na Ferroviária de Araraquara. Lá tive a melhor fase da minha carreira, virei lateral direito e tive uma fase excepcional. Fui artilheiro do time com sete gols no Campeonato Paulista. Aí fui comprado pelo Atlético Mineiro em 1979. Briguei com o Procópio e não quis mais ficar no Galo. Fui para o XV de Jaú, fiz um ótimo Campeonato Paulista, e seu Dino pediu meu empréstimo para o Flamengo em 1981.

O recém-chegado Nei Dias se tornou titular na lateral direita, barrando Carlos Alberto (Leandro se recuperava de ferimentos sofridos em um acidente de carro e estava afastado). Fumanchu também recebeu uma chance na ponta-direita. No primeiro jogo das oitavas de final do Brasileirão de 1981 contra o Bahia, os rubro-negros ficaram em um empate sem gols na Fonte Nova. Na partida, Tita foi improvisado a contragosto na ponta-esquerda. Acostumado a dar ordens e ser obedecido, Dino estranhava seus primeiros dias no futebol carioca. No Flamengo, os jogadores tinham voz ativa desde os tempos de Coutinho, e queriam manter as coisas como estavam. Não demorou para que o novo técnico fosse contestado dentro do elenco. Na segunda partida contra o Bahia pelas oitavas de final do Brasileirão de 1981, Dino se desentendeu com Adílio, que, assim como Tita, não queria jogar na ponta-esquerda.

ADÍLIO

"Ele queria me efetivar na ponta-esquerda e trazer o Tita para o meio de campo. Não dá, eu não posso ficar fixo numa posição. O Zico era muito bem marcado, às vezes eu ia para a posição dele para confundir o marcador. Essa parte tática funcionava muito bem. Então teve uma discussão, sim. Nesse Flamengo e Bahia, ele pediu para eu ficar em cima do Léo Oliveira, um bom jogador. Eu mostrei ao Dino:

"Vou marcar o Léo Oliveira, vou ser o melhor jogador em campo e nós vamos ganhar o jogo."

"Se não acontecer isso, você vai sair do time."

"Tudo bem, então. Eu vou jogar pra caramba, o Léo Oliveira não vai jogar nada, e nós vamos ganhar o jogo."

E assim foi. Ganhamos de 2 X 0 e ele não pôde fazer mais nada.

Nunes fez os dois gols que garantiram a vitória e a vaga nas quartas de final. O João Danado se isolou na artilharia com 16 gols, mas o time continuava sem convencer. Sem tempo suficiente para dar ao time seu toque pessoal, Dino viu o Flamengo ganhar a partida explorando as falhas da defesa adversária. Nas quartas de final, o confronto seria com o Botafogo, e os rivais teriam a vantagem de dois empates por terem melhor campanha nas fases anteriores.

No primeiro encontro com os alvinegros, 117.117 torcedores foram ao Maracanã e viram em campo um Botafogo recuado, tentando aproveitar a vantagem do empate. O Flamengo apelava para jogadas individuais, mas pecava pela falta de eficiência. Para piorar, Nunes levou cartão vermelho no segundo tempo e não poderia disputar a segunda partida. Ao fim de noventa minutos, nenhum gol marcado. O time de Marechal Hermes, que já completava 12 anos sem conquistar um título, ganhava confiança para a segunda partida.

No jogo de volta, o técnico do Botafogo Paulinho de Almeida preparou algumas armadilhas para os rubro-negros. O meia Ziza foi deslocado para a ponta-direita especialmente para atrapalhar os avanços de Júnior ao ataque. Rocha e Ademir Lobo estavam encarregados de parar o meio-campo do Flamengo. Taticamente, os alvinegros estavam bem organizados e ainda poderiam tirar vantagem de alguns improvisos de Dino Sani. Adílio continuava sendo escalado na ponta-esquerda; em vez de Nunes como referência no ataque, o Flamengo tinha Peu, muito leve para encarar a zaga formada por Gaúcho e Zé Eduardo. E Tita, mais uma vez contra a vontade, foi escalado na ponta-direita.

O Flamengo só levou quatro minutos para sair na frente. Um chute despretensioso de Adílio desviou em Zico e enganou o goleiro Paulo Sérgio, detonando o grito de gol no Maracanã. Agora, a vantagem era rubro-negra, e o momento era de administrar o resultado. O Botafogo correu atrás do empate até o fim do primeiro tempo. Perivaldo desceu pela ponta-direita e levantou a bola na área. Raul saiu mal, confundiu o zagueiro Marinho e deixou Mendonça livre para cabecear. Era o gol de empate, a um minuto do intervalo. Os alvinegros tinham outra vez a vaga nas mãos.

Dino Sani tentou mudar o panorama da partida, pondo Carpegiani no lugar de Andrade e Anselmo no lugar de Peu. O Flamengo se mandava para a frente com tudo, ficando exposto aos contra-ataques do Botafogo. Aos quarenta minutos do segundo tempo, a defesa rubro-negra demorou a voltar de mais uma investida ofensiva, e Édson disparou livre pela ponta-direita. De lá, o cruzamento encontrou Mendonça sozinho no segundo pau. Enquanto Marinho corria desesperado para tentar detê-lo, o camisa 8 do Botafogo só escorou para trás, e Jérson ficou sozinho para virar o placar.

Desanimada pelo segundo gol alvinegro, a equipe rubro-negra tomou mais um. Mais uma vez, Édson teve espaço pela direita e lançou na área. Mendonça, jogando uma das melhores partidas da carreira, matou no peito e se viu sozinho contra Júnior, o titular da Seleção Brasileira. Antes que a bola caísse, o jogador do Botafogo dominou com a perna esquerda. Quando o Capacete veio dar o bote, um toque de perna direita o deixou sem ação. Tinha sobrado somente Raul, que não conseguiu segurar o forte chute do homem do jogo. A partida, que reuniu 135.487 pagantes, acabou em eliminação e tragédia. Na saída da geral, torcedores do Botafogo começaram a provocar os rubro-negros. A gozação acabou em conflito e pancadaria. Na confusão, o torcedor do Flamengo, Jorge da Silva Santos, morreu pisoteado.

Em cinco meses, era o segundo fracasso consecutivo de um time que tinha se acostumado a vencer. O sonho de ser bicampeão brasileiro virou fumaça. O Botafogo caiu diante do São Paulo, que perdeu a decisão para o Grêmio de Leão, Paulo Isidoro, Baltazar e Tarciso. Foi o primeiro título nacional do Tricolor Gaúcho.

Se alguém era culpado pela eliminação do Flamengo no Brasileirão de 1981, certamente não era Dino Sani. Dos 19 jogos do Flamengo na competição, o técnico só tinha dirigido o time em quatro. Período curto para dar seu padrão ao time, mas tempo suficiente para mapear defeitos e fraquezas. Aos olhos de Dino Sani, o condicionamento físico era o que mais preocupava. O treinador tinha plena confiança no preparador físico José Roberto Francalacci, mas, além da sequência de jogos, que impedia que os jogadores se recuperassem adequadamente, Dino achava que faltava respaldo ao responsável pela preparação física rubro-negra para exigir mais do elenco nos treinos físicos.

DINO SANI

"Era uma baita equipe, tinha grandes jogadores, mas não tinha preparo físico. O Francalacci era um profissional espetacular, não tinha colocado o time em forma antes porque não tinha uma força atrás dele. Tem que ter um treinador que manda, pô! Vai fazer isso e acabou. Tinha cara que corria dez minutos e depois não aguentava mais. Eu cheguei para o presidente e falei:

"Precisamos de 15 dias de preparação, me dá 15 dias aí."

"Você está louco! Estou com 4,5 milhões de dívida, tenho vários amistosos para fazer!"

Dino ameaçou se demitir se a diretoria não lhe desse tempo para aprimorar fisicamente o time. A longa reunião terminou em acordo. O Flamengo tirou dois amistosos da agenda, partidas que estavam programadas para arrecadar dinheiro e quitar os débitos do clube. E Dino cedeu no tempo de preparação: dos 15 dias que pediu, conseguiu 12. O elenco foi para a Escola de Educação Física do Exército, onde as atividades começavam às sete da manhã, sob o comando de Francalacci. Zico puxava a fila, e os demais jogadores seguiam o líder. Ao final da fase de preparação física, indiscutivelmente, o Flamengo estava mais forte e com mais gás para jogar o Campeonato Carioca e a Libertadores.

Ao passar mais tempo com os jogadores, Dino começou a analisar o grupo e planejou as primeiras mudanças. A rivalidade entre Raul e Cantarele pela camisa 1 do Flamengo já vinha desde 1978. Irritado com a aversão de Raul aos treinamentos, Dino Sani decidiu escalar Cantarele e barrar o goleiro mais experiente do Flamengo.

★ BRASILEIRÃO DE 1981 ★

	POS	J	TIT	RES	G
Raul	G	19	19	0	-18
Cantarele	G	1	0	1	0
Carlos Alberto	LD/LE	18	17	1	0
Leandro	LD	6	6	0	0
Nei Dias	LD	3	2	1	0
Marinho	Z	18	18	0	1
Luís Pereira	Z	16	16	0	0
Rondinelli	Z	5	5	0	0
Mozer	Z	3	2	1	0
Júnior	LE	7	7	0	0
Vítor	MC	14	11	3	1
Carpegiani	MC	9	8	1	0
Andrade	MC	12	10	2	0
Luís Florêncio	MC	1	0	1	0
Zico	MC	8	8	0	3
Peu	MC	10	8	2	4
Adílio	MC/A	18	18	0	1
Fumanchu	A	12	10	2	2
Tita	A	7	7	0	2
Nunes	A	17	17	0	16
Ronaldo Marques	A	5	2	3	0
Anselmo	A	4	0	4	0
Júlio César	A	5	5	0	0
Édson	A	7	6	1	0
Carlos Henrique	A	5	3	2	0
Lino	A	5	4	1	0

DINO SANI

“O Raul não gostava de treinar. Eu pedia para o seu Bria treiná-lo. Comigo, ele tinha que cair no chão, tinha que treinar muito. Ele não caía no chão, não se arranhava em nada. Ele pegava bem, mas se você dava embaixo, tchau. Eu estava esperando uma oportunidade para mandá-lo embora. O Cantarele não estava bem preparado ainda para ser o titular. O Raul tinha muita influência sobre ele, o nome do Raul era muito pesado. Mexia com os nervos do Cantarele, ele ficava inseguro. Mas depois ele se firmou.

RAUL

“O Dino Sani parecia um sujeito do outro mundo, um marciano. Chegou lá com umas coisas esquisitas, com um jeito meio troglodita. E você pegar um grupo como aquele do Flamengo e querer botar a ferro e fogo você vai se queimar. Ele queria treinar mais do que a gente vinha treinando, impor uma série de esquemas, horários, uma coisa esdrúxula. Uma coisa que vinha dando certo, ele queria fazer do jeito dele. Tinha que ser do nosso jeito, era o que estava dando certo.

Luís Pereira, trazido a peso de ouro do Atlético de Madrid no ano anterior, foi negociado com o Palmeiras, voltando ao clube em que ganhou notoriedade. Do Palestra Itália veio por empréstimo uma boa opção para a ponta-esquerda, posição que Adílio não queria: Baroninho, dono de uma patada de perna canhota e perigosíssimo nos lances de bola parada. Os jogadores que estavam emprestados a outros clubes se reapresentaram na Gávea para serem avaliados por Dino Sani em um coletivo. Entre eles, Lico, que tinha sido cedido ao Joinville por três meses. Jogando na meia-direita, o catarinense marcou um gol, deu passe para outro. Domingos Bosco já tinha avisado Dino Sani que o Figueirense estava interessado em ter Lico por empréstimo. Dino não deu ouvidos ao supervisor e foi procurar Lico ao fim da atividade.

“Achei você um superjogador, quer ficar?”

“Quero, o que eu mais quero é ficar.”

“Então você vai ficar. Você vai ter uma chance.”

Sem alarde, Lico estava de volta para completar o grupo e tentar aproveitar sua segunda chance. Mas entre todos os reforços, o mais importante para o segundo semestre de 1981 era Zico, que finalmente acertava a extensão de seu contrato.

No elenco rubro-negro, talvez apenas um atleta não tivesse ficado satisfeito com a permanência de Zico: Tita, titular da ponta-direita no Flamengo e na Seleção de Telê. Após marcar duas vezes na goleada de 5 X 0 do Brasil sobre a Venezuela pelas eliminatórias para a Copa de 1982, Tita anunciou que aquele tinha sido seu último jogo como ponta. E que, dali para a frente, disputaria um lugar no meio-campo como ponta de lança.

TITA

“A imprensa não queria um ponta-direita com as minhas características na Seleção. Eles ainda achavam que o ponta-direita tinha que ser um cara que jogasse aberto, fosse para cima do lateral. Um Jairzinho, um Gil. Não um jogador que viesse ajudar no meio-campo e desse a passagem para o lateral. Eu vinha para o meio e deixava o Leandro jogar. Não era suficiente nada que eu fazia na Seleção; eu era sempre alvo de críticas. Talvez por essa pressão eu disse então que não queria mais jogar na ponta-direita. Foi uma decisão pessoal, de garoto imaturo. Hoje, vendo essa situação, perdi uma grande chance de ser titular na Copa de 1982. Eu me arrependo muito.

ZICO

“Foi uma surpresa para nós. No momento em que ele chega à Seleção, Telê bota ele ali... Foi fazer logo com o Telê? Só porque fez dois gols? Se empolgou. Então ele saiu da Copa do Mundo ali. Depois de um jogo de eliminatória, ele era o titular absoluto. Ia ser o titular na Copa de 1982! Ele não jogava só lá na direita. Ele jogava na direita, na esquerda, ele tinha toda a flexibilidade, a gente tinha essa movimentação. Eu ia para a direita, Adílio, todo mundo. Foi difícil entender.

LEANDRO

"O Tita é que pediu para sair da Seleção. Não queria mais jogar de ponta, não. Queria a 10 do Zico, aí eu falei: endoidou! Meu amigo ficou maluco, putz grila! Essa decisão acabou me arrebentando, porque a gente ia fazer uma ala na Seleção excelente. Ele ia me ajudar muito ali.

Tita era um jogador de alta qualidade técnica, objetivo e importantíssimo na parte tática, atuando na frente sem deixar de ajudar na marcação. E o mais importante: tinha raça, qualidade obrigatória para vestir a camisa do Flamengo. Todas as divididas eram disputadas por ele como se fossem a última. A vontade de jogar na posição de Zico, por mais legítima que fosse, era equivalente a pedir para Leonardo da Vinci repintar a Santa Ceia com São Pedro no lugar de Jesus Cristo, no centro da tela.

* * *

O Flamengo começou a Taça Guanabara de 1981 renovado, e de maneira arrasadora. Em cinco jogos, ganhou quatro, empatou um e assumiu a liderança. Ganhou de Serrano (2 X 0), Madureira (4 X 2), empatou com o Bangu (1 X 1), atropelou o Americano (7 X 0), e ganhou o clássico com o Vasco (1 X 0). Sem Tita para vestir a camisa 7, a diretoria deixou de lado os medalhões e apostou em Chiquinho, revelação do Olaria, campeão brasileiro da terceira divisão. Nunes era, disparado, o artilheiro da competição com sete gols. No auge, o time interrompeu a participação no Campeonato Carioca para disputar o Torneio de Nápoles, na Itália. A sequência de espetáculos rubro-negros continuou no Sul da bota, com 5 X 1 no Avellino (Adílio, Nunes, Leandro e dois de Baroninho) e 5 X 0 no Napoli do holandês Ruud Krol (Nunes, Adílio e três de Zico), resultados que valeram o troféu.

No meio-campo, o Flamengo não tinha mais a experiência de Paulo César Carpegiani. O empate de 1 X 1 com o Bangu pelo Campeonato Carioca foi o último jogo oficial do meia gaúcho antes de pendurar as chuteiras. A aposentadoria de Carpegiani resolveu o problema de falta de espaço para tantos bons jogadores no meio-campo. Agora, Andrade e Adílio deixavam de ser concorrentes para jogar lado a lado. Aos 32 anos,

Carpegiani se despedia dos gramados, mas sua forte liderança entre os jogadores do Flamengo ainda poderia ser útil na Gávea.

DINO SANI

Uma hora o Carpegiani fez uma janta na casa dele e me convidou. Sou padrinho de casamento dele. Na hora de sair, a mulher dele:

"Paulo, fala o que você quer para o seu Dino."

"O que houve, Carpegiani?"

"Não é nada."

"Fala, pô! O que você quer?"

"Gostaria de ser técnico, queria começar como auxiliar do senhor."

"Pô, se é por isso aí, vamos trabalhar juntos. Fica aí do meu lado."

Aí botei para ser meu auxiliar, para ver jogadores e adversários.

PAULO CÉSAR CARPEGIANI

Eu estava com um problema no joelho, muita dificuldade. Com 32 anos de idade, decidi que era o momento de parar. Eu conseguia jogar um tempo, mais 15, vinte minutos do segundo tempo. Não estava mais sendo o profissional que eu sempre fui. Aí tive a condição de entrar como auxiliar técnico do Flamengo, onde fiz uma dupla com o Dino. Coincidência, porque o Dino me efetivou como titular no Internacional e me deu a primeira chance como auxiliar no Flamengo.

Dino Sani tinha apenas três meses de trabalho no Flamengo. Em noventa dias, tinha sido apresentado à realidade do clube, depois de entrar em rota de colisão com Raul, a quem barrou, e mais tarde com Adílio. Já no fim do clássico com o Fluminense pela Taça Guanabara de 1981, veio do banco a ordem para que Adílio passasse a atuar na ponta-esquerda. O jogador fingiu que não ouviu, e o Flamengo acabou derrotado por 2 X 1. Adílio pegou três dias de suspensão pela insubordinação, e só foi perdoado após pedir desculpas formalmente. O episódio evidenciou o desgaste de Dino Sani com parte do elenco. Esse era o ambiente do Flamengo a cinco dias da estreia na Libertadores contra o Atlético Mineiro.

APRENDENDO AS MANHAS DA LIBERTADORES

★★★★★★★★★★★★★★★★★★★★★★★★★★★

A Copa Libertadores da América, a mais importante competição de clubes da América do Sul, reunia na edição de 1981 campeões e vice-campeões dos dez países filiados à Conmebol. Na primeira fase, os vinte times foram divididos em cinco grupos com quatro equipes. Diferentemente do que acontece hoje, somente o primeiro colocado de cada chave se classificava para a segunda fase. O Nacional de Montevidéu, campeão no ano anterior, já estava garantido na fase seguinte.

O histórico brasileiro na competição até ali era desanimador. Em 21 edições, o Brasil tinha vencido apenas três. Duas vezes com o Santos (1962 e 1963) e uma com o Cruzeiro (1976). E a disputa da Libertadores começou pelos bastidores. O Atlético Mineiro mostrou força política ao levar o sorteio dos grupos para Belo Horizonte. Na época, os dois representantes de cada país ficavam obrigatoriamente na mesma chave. E, pelo sorteio, coube ao Flamengo e ao Atlético o Grupo 3, junto com os paraguaios Olímpia e Cerro Porteño.

A demonstração de prestígio do Galo ficou pequena perto do primeiro contato do presidente do Flamengo com os poderosos da Confederação Sul-Americana, que na época tinha sede no Peru. O presidente da Fifa, João Havelange, foi pessoalmente a Lima para apresentar Antônio Augusto Dunshee de Abranches à cúpula do futebol da América do Sul.

ANTÔNIO AUGUSTO DUNSHEE DE ABRANCHES
Presidente do Flamengo (1981-1983)

“A atuação do dr. Havelange em proteção ao Flamengo, embora ele seja Fluminense doente, se deve ao fato de que o dr. João tinha como maior amigo da vida dele o meu sogro, o dr. José Osório, grande benemérito do Vasco.

Foi uma soma milagrosa de ajuda: conseguimos através de um vascaíno e um tricolor modificar um pouco aquilo que prevalecia na Confederação Sul-Americana. E o Flamengo então deixou de ser roubado, os juízes tinham mais cuidado com a gente, as tabelas eram feitas de maneira justa, e não... do que eu chamo de "cucaracha", não é? Um país falando português e os outros todos falando "cucaracha".

A estreia rubro-negra na Libertadores foi uma reedição da final do Campeonato Brasileiro de 1980. Outra vez, Flamengo e Atlético Mineiro se encontrariam no Mineirão. Nada menos que seis jogadores que seriam titulares na Seleção de Telê Santana na Copa do Mundo do ano seguinte estavam em campo. Luizinho, Cerezo e Éder pelo Atlético Mineiro; Leandro, Júnior e Zico pelo Flamengo. Treze meses depois da decisão histórica, as duas equipes tinham passado por pouquíssimas alterações. As mais significativas aconteceram no banco de reservas, com Dino Sani e Pepe nos lugares que eram de Cláudio Coutinho e Procópio Cardoso. Mas duas coisas não mudaram: os geniais Zico e Reinaldo continuavam a ditar o ritmo desses duelos, e a rivalidade entre rubro-negros e atleticanos também seguia acirrada.

O Atlético poupou os titulares durante o Campeonato Mineiro e deixou para o time reserva a tarefa de conquistar o tetracampeonato estadual. A prioridade era ganhar a Libertadores, título que só o Cruzeiro tinha em Minas Gerais. O clube se preparou durante dois meses, e o último jogo antes da estreia foi um amistoso contra a Seleção da Colômbia no Mineirão. Na preliminar, os reservas do Galo golearam o Democrata por 4 X 0 pelo estadual, e, na vez do time principal, os colombianos apanharam de 6 X 1. Isso sem Reinaldo, o único titular que ficou de fora para entrar descansado contra o Flamengo.

Além de Adílio, afastado por Dino Sani, o Flamengo também teve os desfalques de Rondinelli e Chiquinho, ambos com dores no tornozelo. Nunes, mesmo com amigdalite e com o joelho machucado, escalou-se para enfrentar o Galo. Como Fumanchu mostrou falta de ritmo no coletivo apronto, Dino convenceu Tita a jogar na ponta-direita. Mozer estava preparado para substituir Rondinelli e seria protegido por dois volantes:

Andrade e Vítor, este convocado por Telê para o amistoso da Seleção contra a Espanha na semana seguinte, em Salvador.

A noite daquela sexta-feira, 3 de julho de 1981, reuniu 63.135 torcedores no Mineirão para o reencontro de Atlético e Flamengo. Após o apito inicial de José Roberto Wright, o Galo foi o primeiro a mostrar iniciativa e partir para o ataque. Júnior tentava segurar Vaguinho, e, do outro lado, Leandro nem sempre conseguia parar Éder. O esteio do time na marcação era Andrade, mas uma entorse de tornozelo obrigou o volante a deixar o jogo com apenas 22 minutos, dando lugar ao ponta-direita Fumanchu. A mudança fez com que Tita fosse deslocado para o meio-campo, e a ausência de Andrade, que seria o responsável por vigiar Palhinha, deixou o time vulnerável. Aos 28 minutos, uma falta de média distância para os atleticanos foi bem aproveitada por Éder, que usou a perna canhota para chutar com violência. A bola passou pela barreira e chegou como um foguete para Cantarele, alta no canto esquerdo. O goleiro rubro-negro ainda encostou na bola, mas não conseguiu desviá-la. Éder tinha seu nome em letras garrafais no placar eletrônico, em que já se lia "Atlético-MG 1 X 0 Flamengo-RJ".

O Flamengo lutava para empatar o jogo, e uma das melhores chances veio através de Vítor, que invadiu a área após entortar Cerezo e Luizinho, mas finalizou com um chute mascado, facilmente defendido por João Leite. O Flamengo também tentou marcar em jogadas aéreas, mas não passou por João Leite. Inexplicavelmente, José Roberto Wright apitou o fim do primeiro tempo com apenas 41 minutos de bola rolando. O árbitro foi avisado do erro por um de seus auxiliares e então chamou os times de volta para jogar os quatro minutos que tinha "esquecido", tempo no qual o placar seguiu com o Galo na frente.

O segundo tempo começou com o mesmo equilíbrio da primeira etapa. Aos 17 minutos, Zico cometeu falta em Cerezo na intermediária. Outra vez, o Atlético teria o canhão de Éder para fazer a diferença. O ponta-esquerda tomou dez passos de distância e voltou a despejar potência na batida. Dessa vez, chute rasteiro e no meio do gol. Cantarele se abaixou para fazer a defesa com as mãos, mas deixou a bola passar. O goleiro abaixou a cabeça ao perceber o frango inacreditável, ao mesmo tempo que Éder era cercado pelos companheiros para festejar seu segundo gol.

MARINHO

"Eu sou muito amigo do Cantarele, a gente brincava muito. Quando o Raul saía, o Cantarele entrava. O Cantarele dava tanto azar, meu! Os caras pegavam, batiam uma falta, ela ia lá em cima. A bola só ia onde o Cantarele não pegava. Ele saía: "Mário, Nossa Senhora! Eu dou um azar danado, hein? É só eu entrar no gol que os caras acertam a bola onde não têm que acertar!".

O torcedor do Flamengo viveu alguns instantes de desânimo, mas em apenas dois minutos os rubro-negros estavam de volta ao jogo. O cronômetro marcava vinte minutos quando Zico avançou pela intermediária e viu a corrida de Nunes, que entrava na área pela direita. A metida de bola encontrou o centroavante entre dois zagueiros, e um leve toque do atacante fez com que o mergulho de João Leite para evitar o gol fosse em vão. Faltavam 25 minutos para o fim do jogo, e o Flamengo diminuía para 2 X 1. A pressão pelo gol do empate durou até os minutos finais. Na Rádio Globo, Jorge Curi aumentava ainda mais a aflição rubro-negra com seu estilo emocionante de narrar:

"Tita levanta na linha dianteira, procurando Nunes para o gol do empate, lá vem transando; prepara agora a jogada o Furacão! Vai à linha de fundo, entra Valença decidido e toca no couro para escanteio. Kleber!"

Entra o repórter de campo Kleber Leite:

"Ô Curi, uma questão de observação. O Danilo informou de lá, não é possível que alguém não veja aqui que o Valença não está legal! Está caindo aos pedaços, pedindo para o jogo acabar!"

Jorge Curi:

"Prepara-se agora Baroninho; vai bater o tiro de canto na ponta-direita de pé canhoto, levanta na boca da meta... É GOL!!! MARINHO!!! GOOOOOOOOOOOOOOOOOOOOOOOOOOOOOOOOOOL!!! MARINHO, CAMIIIIIIIIIIIIIIIIIIIISA NÚMERO 4!!! QUANDO ERAM DECORRIDOS QUARENTA MINUTOS DE LUTA NA ETAPA FINAL! FLAMENGO DOIS, NUNES 9 E MARINHO 4. ATLÉTICO DOIS!"

O grito de gol foi esticado por longos 19 segundos, e o empate fora de casa acabou sendo festejado como uma vitória, em um jogo de muitas faltas e oito cartões amarelos.

MARINHO

"O Baroninho bateu lá no segundo pau. Eu subi. Aquela bola foi difícil, o zagueiro deles me segurando, mas não tinha jeito. Aquela jogada eu treinava muito com o Mozer no Flamengo. Eu vinha do bico da pequena área para a linha de fundo e tinha duas opções. Ou eu tentava fazer o gol ou cabeceava para trás para alguém vir e concluir a jogada. E a cabeçada foi fatal. Acho que aquele gol ali foi a nossa salvação, não foi não?

Era escrito mais um capítulo da rivalidade com o Atlético, que teria a chance de se vingar no Maracanã no mês seguinte, quando as duas equipes se reencontrariam ainda pela primeira fase da Libertadores. O resultado custou a Pepe o emprego na equipe mineira, que escolheu Carlos Alberto Silva para comandar o time na sequência da competição sul-americana.

Conciliando a disputa da Libertadores com o campeonato estadual, o Flamengo encarava uma maratona de jogos. Empate de 2 X 2 com o Atlético na sexta, 3 X 0 sobre o Olaria na segunda seguinte, e, na quinta, jogo da Seleção contra a Espanha em Salvador (com Zico, Júnior e Vítor entre os convocados). A sequência intensa não atrapalhou o desempenho na Taça Guanabara, competição em que o Flamengo decidiria o título no domingo contra o Botafogo. Só que, na véspera da partida, o América venceu o Fluminense por 2 X 1, resultado que deu o troféu de presente ao Flamengo, o tetracampeonato da Taça Guanabara, antes até de entrar em campo.

Mesmo com a conquista assegurada, o jogo com o Botafogo foi bastante tumultuado. A partida terminou sem gols, mas com pancadaria. Aos 44 minutos do segundo tempo, Tita foi empurrado e levou um soco do zagueiro Gaúcho Lima, que acabou expulso. O lance foi dentro da área, mas o árbitro Luís Carlos Félix não deu a penalidade. Ao fim da partida, houve invasão de campo. O policiamento não conteve a massa, e cerca de 3 mil torcedores atravessaram o fosso entre a geral e o gramado. Torcedores tentavam arrancar a camisa de Zico, que abandonou a volta olímpica e correu com os outros jogadores para o vestiário. Só Peu seguiu em campo desfilando com o troféu, mas também teve de fugir após ter seu cordão de ouro roubado no meio da confusão.

Ayer Andrade, funcionário do Flamengo, foi para a porta do vestiário esperar por Peu. Lá, um grupo de torcedores que queria entrar na área restrita aos jogadores abordou Ayer. Ao ouvir a negativa do funcionário do clube, um integrante do grupo sacou uma faca e a encostou na barriga de Ayer Andrade. Sem outra opção, Ayer abriu a porta para o bando, que roubou quatro jogos de camisas, algumas meias e calções. O prejuízo foi de 200 mil cruzeiros, mas, à exceção do cordão de ouro de Peu, os invasores não levaram nenhum pertence dos jogadores, deixando para trás relógios, correntes de ouro e o dinheiro dos ídolos.

O Flamengo teve apenas 48 horas entre a partida contra o Botafogo e seu primeiro jogo internacional na Copa Libertadores. O Maracanã seria o palco da partida contra os paraguaios do Cerro Porteño. O treinador do Ciclón era Robustiano Maciel, um dos heróis da conquista paraguaia na Copa América de 1953. Maciel contava com cinco atletas que disputaram (sem sucesso) as eliminatórias para a Copa de 1982: Aldo Florentín, Ignácio Fernandez, Geronimo Ovelar, Dario Figueiredo e Roberto Gato Fernández, goleiro que seria o titular do Paraguai cinco anos mais tarde, na Copa de 1986. Dino Sani mandou o auxiliar Paulo César Carpegiani para observar o jogo entre Cerro Porteño e Olímpia, a estreia dos paraguaios na Libertadores de 1981. Apesar do 0 X 0 em Assunção, Carpegiani voltou impressionado com a garra do Cerro e com o forte esquema de marcação montado por Robustiano Maciel.

O time paraguaio desembarcou no Brasil com um velho conhecido dos rubro-negros em sua comissão técnica. O supervisor do Cerro era Sinforiano García, goleiro do Flamengo entre 1949 e 1958 e integrante do time tricampeão carioca em 1953, 1954 e 1955. García levou os jogadores do Cerro para um reconhecimento do gramado do Maracanã na véspera do jogo, mas os paraguaios não tiveram autorização para treinar no campo. A solução foi improvisar a atividade no campo do Pinel, atrás do Canecão. Os vice-campeões paraguaios se sentiram prejudicados e reclamaram da falta de atenção do Flamengo.

No dia da partida, a diretoria tentou reparar a indelicadeza com o velho ídolo García e ofereceu uma homenagem ao ex-goleiro rubro--negro antes do jogo. Sem Andrade e Vítor, Dino Sani teve de improvisar Figueiredo na cabeça de área. Leandro e Nunes, mesmo sem estarem 100%, puderam ser escalados. O público foi decepcionante, com 25.967 pagantes para o primeiro jogo do Flamengo em casa na história da Libertadores. À vontade em campo, o Flamengo começou a partida dando bastante trabalho a Gato Fernández. Pouco antes dos vinte minutos, Zico sofreu falta a dois metros da meia-lua. A cobrança seguiu o manual: chute com a parte interna do pé, encobrindo o segundo dos seis homens da barreira e morrendo no canto esquerdo de Fernández, que não esboçou nenhuma reação. O Flamengo já estava na frente, 1 X 0.

Sem diminuir o ritmo, os rubro-negros aumentaram sete minutos depois. Tita iniciou a jogada pela ponta-esquerda e passou para Adílio. O beque paraguaio tentou cortar e a bola voltou para Tita, que de cabeça tentou outra vez entregar a bola para Adílio. Entre dois zagueiros, Adílio tentou dominar, mas caiu. Revendo as imagens do lance, não é possível ver o jogador do Flamengo sendo tocado. O juiz marcou o estranho pênalti, que Adílio jura ter acontecido.

ADÍLIO

"Lembro bem desse lance, e vou falar para você que foi pênalti, sim. Quando você antevê uma jogada, você já chega nela primeiro. Foi isso que aconteceu. Quando o jogador quis reagir, eu já estava na jogada. Foi quando ele bateu comigo e eu caí. Ele me tocou por baixo. Quando ele virou, eu já estava no lance. Eu estava um passo na frente dele, foi quando ele virou, me tocou e eu caí. Foi pênalti mesmo!

Zico foi para a cobrança e escolheu o canto esquerdo de Fernández, que caiu para o outro lado. E o primeiro tempo terminou com vantagem rubro-negra de 2 X 0 no placar, além de um jogador a mais depois da expulsão do meia Benítez aos trinta minutos de jogo.

Com apenas dois minutos após o intervalo, saiu o terceiro gol do Flamengo. Em mais uma falta na entrada da área, Fernández arrumou a barreira com seis homens. Todos esperavam a batida de Zico, que tinha aberto o placar com uma de suas cobranças impecáveis. Mas havia uma surpresa reservada para os paraguaios.

BARONINHO

“Quem treinava mais falta lá no Flamengo era o Zico. A gente ficava depois do treino batendo faltas. E aí, naquele momento do jogo, teve uma falta que era de perto, num ponto que era meio deslocado. O Zico fala para eu chutar.

A batida de perna canhota foi rasteira, passou à esquerda da barreira e venceu o goleiro paraguaio. O Flamengo fazia 3 X 0, mas o Cerro não se entregava. O gol de honra veio aos sete minutos da segunda etapa. Em um escanteio cobrado pela direita, nenhum zagueiro do Flamengo subiu. Cantarele decidiu correr até a marca do pênalti, mas antes que ele socasse a bola, Jiménez cabeceou e marcou.

O gol acordou o Flamengo, que voltou ao ataque e fez mais dois gols com Nunes. No primeiro, Leandro enfiou a bola na ponta-direita para Baroninho, que cruzou para o segundo pau. Nunes subiu mais que os zagueiros, cabeceou para o chão e fez 4 X 1. No segundo gol do João Danado, Zico iniciou a jogada e encontrou Júnior livre dentro da área. Cara a cara com Fernández, o camisa 5 rubro-negro não foi egoísta e passou para Nunes, que só empurrou para o gol vazio. Era o quinto gol do Flamengo. Já aos 45 minutos, o Cerro fez mais um. Em uma falta cobrada com rapidez, Jímenez foi lançado pelo alto, e, de cabeça, ajeitou para Dos Santos. O zagueiro do Cerro finalizou com rapidez, e Cantarele nada pôde fazer. Fim de jogo, e o Flamengo vencia sua primeira partida na Libertadores. Depois do apito final, o técnico do Cerro, Robustiano Maciel, acusou o juiz peruano Carlos Montalván de inventar o pênalti sofrido por Adílio e também classificou como injusta a expulsão de Benítez no primeiro tempo.

A Libertadores vinha sendo disputada simultaneamente ao Campeonato Carioca, no qual o próximo adversário era o Serrano, de

Petrópolis. A vitória de 2 X 0 no Maracanã, com gols de Zico e Renato (contra), ficou em segundo plano. Os repórteres só falavam da reação explosiva de Dino Sani, que se irritou com duas jogadas de efeito de Mozer e substituiu o zagueiro ainda no primeiro tempo.

DINO SANI

“O Mozer era um superjogador, mas contra o Serrano ele fez uma palhaçada lá, não sei que papagaiada que ele fez. Eu falei:

"Não faça a segunda que eu vou te tirar!"

Aí ele fez a segunda, eu tirei fora. Chegou na terça, esculhambei com ele.

"Mais tarde você pode fazer palhaçada. Agora não, você está começando. Não faça, não! E vai treinar que você vai jogar na sexta! Você tem que aprender é agora que você não pode fazer isso. Agora vai treinar e vai jogar na sexta-feira! E não vai me fazer palhaçada!"

MOZER

“O Dino interpretou mal a situação. Houve uma falta na entrada da área e eu fui para a barreira. Em vez de bater direto, o jogador do Serrano tentou uma bola por cobertura, para que entrasse alguém para finalizar. E eu, como estava em pé na barreira, inclinei meu tronco para a frente e levantei a perna assim, para trás, para ver se eu conseguia tocar na bola. E consegui tocar, mas o Dino não gostou. Achou que eu estava brincando em campo. Ele falou de tudo e mais alguma coisa. Ele me chamou de moleque, de irresponsável... Eu não falei nada, fiquei quieto. Na verdade, não houve diálogo. Houve mesmo esporro! (risos).

Antes de conversar com Mozer na terça-feira, Dino tinha chegado a anunciar que o zagueiro seria barrado e não enfrentaria o Olímpia no Maracanã. O clima entre o treinador e alguns jogadores estava azedando. Os conflitos se tornavam diários. Rondinelli foi à imprensa dizer que estava insatisfeito com a reserva e a falta de oportunidades. No dia seguinte ao jogo com o Serrano, Dino repreendeu Leandro publicamente.

“Filho, o que é que falo com você e todos os jogadores antes de o time entrar em campo?”

"O senhor pede para a gente não enfeitar."

"Então por que você tentou dois cruzamentos de efeito e acabou se complicando? Já fica a advertência!"

Leandro riu sem jeito e saiu apressado.

LEANDRO

O Dino era meio bronco, não era muito fã de jogadores muito técnicos, não. Ele pegava no meu pé realmente, chegou até a me barrar, a colocar o Nei Dias para jogar algumas partidas. O pessoal não entendia nada aqui no Flamengo. Uma das coisas que eu não quis aprender com o Dino Sani, é até chato falar... Uma vez, ele me chamou num canto, na Libertadores mesmo. Ele queria me ensinar como fazer falta.

"Ó, você vai assim. Pega meia bola, meio tornozelo."

Aí não tem condições, meu amigo. Treinador querer te ensinar a bater? Aí não dá!

Dino foi bicampeão uruguaio com o Peñarol em 1978 e 1979, tinha comandado o time de Montevidéu na Libertadores e sabia exatamente que tipo de atitude seus jogadores precisavam para ter sucesso na competição. Um centroavante valente era algo fundamental. Dino via Nunes como alguém sem rédeas, um cavalo bravo. Era o atacante ideal para a competição, e foi trabalhado para sobreviver à truculência dos zagueiros da Libertadores nos jogos fora de casa.

NUNES

O Dino nos ajudou muito, ele nos ensinou toda a malandragem da Libertadores. Ele me ensinou que jogar Libertadores é complicado, porque nego dá porrada, nego joga com pedra, joga com alfinete, um monte de coisas! São segredinhos que existem. Hoje não dá mais para fazer porque tem câmera para tudo que é lugar. Eu cansei de passar bastante bálsamo Bengué nas minhas pernas e depois passar na vista dos zagueiros. Passava na vista do cara e o cara ficava desesperado, lavando com água gelada! Começava a chupar pedra de gelo, depois dava "gelada" na cabeça do zagueiro. Nós sempre fazíamos isso.

Em apenas 110 dias passados no comando do Flamengo, Dino já tinha conquistado três troféus: o Torneio de Napoli, o Torneio de Punta del Leste e a Taça Guanabara. O time estava funcionando em campo, e os números provavam isso: em 24 jogos, 13 vitórias, oito empates e apenas três derrotas. Na véspera do jogo com o Olímpia, pela Libertadores, as estatísticas foram para a balança, mas pesaram menos do que a falta de jogo de cintura nos casos envolvendo Adílio e Mozer, somada à resistência dos jogadores aos métodos de trabalho de Dino.

EDUARDO MOTA

Vice-presidente de futebol do Flamengo em 1981

“Disciplina a gente queria, mas não excessiva! Eu estava no Le Coin com o Antônio Augusto. Do telefone do bar, ele ligou para o Kléber Leite, que era repórter da Rádio Globo.

"Estou demitindo o Dino Sani!"

A notícia correu como fogo em rastilho de pólvora. Paulo César Carpegiani, o auxiliar de Dino, diz que ligou imediatamente para a casa do técnico para saber se a demissão era verdade. Segundo Carpegiani, Dino disse que não sabia de nada, falou que Domingos Bosco tinha acabado de chegar à sua casa e pediu para que o auxiliar ligasse mais tarde. Dino recebeu em casa o supervisor do Flamengo, com quem vivia naquele momento uma relação estremecida. O técnico não se recorda de ter recebido a ligação de Paulo César Carpegiani.

DINO SANI

“Não ligou ninguém, não. Não me lembro disso. Fiquei surpreso de ver o Bosco na minha casa, porque eu não conversava mais com ele. Ele já chegou avisando:

"Estou aqui para avisar que você está fora do Flamengo."

"Tudo bem, muito obrigado. Eu vou lá falar com o presidente."

E fui lá saber por quê. Aí o presidente falou:

"Você está na rua."

"Cala a boca, vai... Você não serve para nada!"

Peguei e desci, reuni o pessoal, eles estavam no vestiário para treinar. Aí me despedi.

"Moçada, muito obrigado."

O Zico mesmo fala assim:

"E está ganhando, hein? Imagina se tivesse perdendo..."

"Deixa para lá, Zico. Sorte para vocês. Vão em frente, porque vocês vão ser campeões do mundo."

Dino deixava o Flamengo sem nenhuma mágoa dos jogadores. Para ele, Mozer tinha sido apenas um bode expiatório. O treinador estava decidido a escalá-lo no dia seguinte contra o Olímpia. Rondinelli, que tinha reclamado na imprensa por estar no banco, foi procurar Dino para se desculpar. Do técnico, o zagueiro ouviu que nada tinha a ver com a demissão. Enquanto Dino se despedia dos atletas, a diretoria se mexia em busca de um substituto. Não haveria tempo hábil para contratar alguém antes do jogo contra o Olímpia, e a decisão naquele momento foi colocar o auxiliar Paulo César Carpegiani como comandante interino do time.

Trinta anos depois do episódio que levou à sua demissão no Flamengo, Dino Sani tem a convicção de que foi vítima de um golpe na Gávea, uma conspiração de duas pessoas de dentro do próprio clube. Ele prefere não citar nomes. Só o que se sabe é que ao fim de sua passagem pelo Flamengo, a amizade com Paulo César Carpegiani, seu afilhado de casamento, terminou.

PAULO CÉSAR CARPEGIANI

"Nunca mais tive a oportunidade de conversar com o Dino depois. Hoje é superado. Sou muito grato ao Dino, gosto do Dino, acho que foi um treinador importante na minha vida, na minha formação. Minha titularidade no Internacional começa com o Dino. Ele deu certo no Flamengo, estava dando certo. Só que ele se irritou demais com o Mozer, foi muito temperamental. O Dino era explosivo, não se aguentou. O presidente explodiu também; a imprensa explorou muito isso, criando desgaste. Foi momentâneo, não havia nada programado de o Dino sair, não. Foi uma surpresa.

* * *

Ainda vivendo um ambiente tumultuado pela queda de Dino Sani na véspera, o Flamengo voltaria a campo pela Libertadores contra um adversário forte, o Olímpia. O time paraguaio tinha sido campeão da Libertadores e campeão mundial em 1979, e preservava a base que tinha conquistado os dois títulos. Seguiam na equipe o goleiro Ever Almeida, o lateral Solalinde, os zagueiros Paredes e Delgado, o meia Guasch, os atacantes Isasi e Ortiz, entre outros. O elenco era a base da Seleção Paraguaia, e ainda vivia a ressaca das eliminatórias para a Copa de 1982, quando o time perdeu para o Chile a chance de ir ao Mundial da Espanha. Outro problema no clube de Assunção eram os salários atrasados.

Carpegiani procurou mexer o mínimo na escalação. O interino preferiu preservar Mozer após a confusão com Dino Sani, e compôs a zaga com Figueiredo e Marinho. Vítor começou jogando na cabeça de área, e o ataque com Tita, Nunes e Baroninho foi mantido. O Flamengo fez um bom início de primeiro tempo, mantendo a posse de bola e perdendo algumas oportunidades. A insistência acabou rendendo uma falta próxima à grande área pelo setor direito de ataque aos 22 minutos de jogo. O goleiro Almeida pediu três homens na barreira, que foi formada a uma distância de pelo menos um metro a menos que os 9,15 metros regulamentares. O juiz argentino Abel Gnecco tentava pôr os paraguaios na posição certa, mas tudo o que conseguiu foi que eles voltassem alguns centímetros. Um quarto jogador chegou para a formação enquanto Zico e Baroninho conversavam.

BARONINHO

"Eu chutava forte, procurava bater de fora da área. Toda hora eu pegava de fora da área. O Zico sempre falava para eu bater de fora da área, porque uma hora os goleiros podiam soltar a bola.

Após o apito do argentino, Zico observou a corrida do ponta rubro-negro. A patada de canhota desviou na barreira, passou entre as pernas de outro jogador paraguaio e sobrou limpa para a conclusão de Adílio, que ajeitou com a perna esquerda e bateu fraco com a direita. Um chute que seria fácil para Almeida, não fosse o desvio de Delgado. Enquanto goleiro e zagueiro discutiam, Adílio corria para celebrar com a torcida rubro-negra na geral. O Flamengo estava na frente.

O jogo poderia ter sido resolvido no primeiro tempo, mas Zico não estava bem. Teve uma chance de marcar sozinho, mas cabeceou em cima de Almeida. Os atacantes perderam várias oportunidades claras, e os gols perdidos fizeram falta no segundo tempo. O Olímpia voltou aceso depois do intervalo, e Isasi mandou uma bola na trave com apenas dois minutos. A apatia do Flamengo custou caro, e em uma falta batida por Solalinde aos 15 minutos do segundo tempo, o Olímpia empatou o jogo. Cantarele estava mal colocado e só ficou olhando a bola entrar. Os rubro-negros tentaram reagir na base da vontade. Mas o time de Carpegiani estava desorganizado. Tita, escalado para jogar pela ponta-direita, vinha o tempo todo jogar pelo meio-campo e acabou embolando o setor. O Flamengo perdeu um ponto precioso em casa, e, pior do que o mau resultado, foi a contusão de Marinho. Seriam mais de dois meses sem contar com aquele que no momento era o melhor dos zagueiros do time.

MARINHO

“Eu subi numa bola, ela passou. O centroavante deles me deu um cutucão. Eu caí, virei o pé, aí doía demais. Parecia que tinha um ferro no meio do meu pé! Fraturei o metatarso do dedo mínimo. Dói demais aquilo, você não consegue colocar o pé em lugar nenhum. Engessei o pé. Tive que colocar um gesso até em cima na perna.

Enquanto o interino Carpegiani preparava o time às pressas para enfrentar o Olímpia na sexta, a diretoria do Flamengo já tinha escolhido um nome para substituir Dino Sani. Nelsinho Rosa, campeão carioca de 1980 com o Fluminense, foi procurado na quinta, horas depois da demissão de Dino. Ex-jogador do Flamengo, Nelsinho tinha contrato com o Fluminense até o dia 8 de agosto. O mês de julho estava acabando, e Antônio Augusto Dunshee de Abranches procurou o presidente do Fluminense, Sílvio Kelly, para tentar liberá-lo. Depois de receber autorização do lado tricolor para negociar com o treinador, o Flamengo ouviu de Nelsinho que a resposta viria na segunda-feira. Além do convite para trabalhar na Gávea, Nelsinho tinha sido convidado por Evaristo de Macedo para passar um período no Oriente Médio.

NELSINHO ROSA

Eles tiveram realmente em contato comigo, isso em 1981. Tive um encontro com eles num escritório, mas eu já estava acertado com o Qatar. É sempre um prazer ser lembrado, ainda mais no Flamengo, onde eu já tinha passado como jogador. Seria realmente um prazer, mas às vezes você assume um compromisso e não tem como romper.

O Flamengo não teve como concorrer com a proposta de 120 mil dólares anuais feita a Nelsinho, e, no mesmo dia, Paulo César Carpegiani foi efetivado como novo treinador do Flamengo. Seu primeiro contrato seria válido até 31 de dezembro do mesmo ano, com salários de 400 mil cruzeiros. A primeira medida do novo treinador foi mexer no gol do Flamengo. Cantarele vinha falhando sucessivamente, e, às vésperas de um jogo decisivo contra o Atlético Mineiro pela Libertadores, Carpegiani decidiu promover o retorno de Raul ao time titular. Estabelecer os limites da relação com seus ex-companheiros mais jovens, que agora eram seus comandados, também seria um dos desafios iniciais.

LEANDRO

A gente pegava muito no pé do Carpegiani porque ele falava umas coisas meio erradas. Ele dava preleção para a gente. Eu e Tita, a gente ficava esperando qualquer rata dele em português. Quando acontecia, a gente se olhava, depois olhava para ele. Ele ficava sério, e depois que acabava:

"Vem cá! Quero conversar com vocês dois. Eu não sou mais jogador, não! Vocês me respeitem!" (risos).

"Pô, Carpegiani! Tu fala errado, o que a gente pode fazer?"

TITA

Eu e Leandro éramos garotos. Nós fomos companheiros de quarto durante muitos anos. Raul, Carpegiani, eu e Leandro. E ver essa transição dele de jogador para treinador foi uma situação diferente para nós. A gente ficava sempre esperando uma rata dele para depois pegar no pé. No primeiro dia da apresentação dele lá, ele chamou a mim e ao Leandro no vestiário da Comissão Técnica.

"Olha, quero dizer para vocês. Fui companheiro de vocês como jogador, só que agora minha função é outra, é como treinador."

Só que como a gente era muito garoto, tinha muita amizade, a gente levou na brincadeira quando não deveria.

A relação com medalhões como Zico e Júnior também mudaria depois que Carpegiani assumiu o comando do time. O carteado na concentração em São Conrado era uma tradição após o jantar. O grupo normalmente jogava pôquer de oito e meia às onze e meia da noite, em partidas com quatro ou cinco jogadores. Zico, Raul, Cantarele e às vezes Júnior participavam da jogatina. O agora treinador era figurinha fácil nessas partidas. Era.

ZICO

Depois que o Carpegiani virou técnico, a gente sacaneava:

"Agora você não vai jogar mais! Treinador é do outro lado. Não venha se misturar, não. Aqui é cozinha! Passou para o outro lado? Tu vai para lá agora. Agora é chefe!" (risos).

E a gente não jogava com ele mais, não. Foi excluído.

Ter que regular os horários dos ex-companheiros também causava algumas saias justas. Todo e qualquer excesso que Carpegiani tivesse cometido, por menor que fosse, sempre seria usado contra ele pelos seus contemporâneos.

JÚNIOR

O Carpegiani tinha vivido todo esse processo. Compreender, ser compreendido. Uma vez ele chegou para dizer:

"Pessoal, vamos dormir mais cedo?"

"Não, a gente vai dormir mais cedo quando o jogo for às quatro da tarde. Quando o jogo for às nove da noite, nós vamos dormir às duas da manhã como sempre dormimos. E você também dormia."

Aí, na primeira tentativa, ele desistiu. Porque ele sabia quem a gente era. E o cara teve que mudar mesmo. Você não pode ficar participando como se ainda fosse um jogador, como se ainda fosse um comandado. Você é o comandante, tem que dar exemplo, uma série de coisas.

* * *

Após o empate com o Olímpia, o Flamengo somava quatro pontos em três partidas. O Atlético Mineiro tinha sete em cinco jogos. Ganhar do Galo no Maracanã seria fundamental para decidir a vaga fora de casa contra os paraguaios com tranquilidade. Só que o Atlético estava decidido a vencer o jogo, garantir o primeiro lugar do grupo e eliminar matematicamente o time que no ano anterior tomou-lhe o título brasileiro em uma final controvertida.

O jogo começou com o nervosismo esperado. A primeira chance do Flamengo veio com Rondinelli, que apareceu no ataque para cabecear uma bola alçada por Júnior na área. O zagueiro testou para fora e atrapalhou Leandro, que passava absolutamente desmarcado atrás dele. O Flamengo voltou a buscar o gol em jogada que nasceu com Leandro. Do campo de defesa, o lateral fez um lançamento preciso para Zico na entrada da área. Marcado por Osmar, ele cruzou para Nunes, que dominou no peito dentro da área e bateu de canhota, sem deixar cair. O chute subiu demais.

O Atlético chegou pela primeira vez em uma batida de De Rosis, fora da área. A bola passou bem perto da trave direita de Raul, que mergulhou para conferir. O Flamengo voltou à carga em um lance de bola parada em que Júnior cobrou falta próxima à área pela esquerda. A bola seguia em direção ao ângulo até ser contida por João Leite, que defendeu com a mão trocada. O Atlético só chegou mais uma vez no primeiro tempo, em uma tentativa de Cerezo de fora da área. O primeiro tempo acabou em igualdade e sem gols.

O Atlético voltou melhor do intervalo e foi premiado aos 17 minutos do segundo tempo. Vaguinho lançou ainda do campo de defesa para Palhinha. Rondinelli tinha vantagem para decidir o lance, mas errou o tempo da jogada e deixou a bola passar. Só restava ao zagueiro tentar derrubar Palhinha e matar a jogada, porém Rondinelli não conseguiu conter o atleticano e caiu ridiculamente, enquanto Palhinha seguiu na jogada. Frio, o ponta de lança do Galo foi para cima de Raul e deixou o goleiro do Flamengo sentado após um belo drible. Com o gol vazio, foi só tocar e fazer 1 X 0 Atlético.

O resultado terminava com o sonho do Flamengo na Libertadores ainda na primeira fase. O momento dos mineiros era de ter calma e administrar o resultado, mas De Rosis foi expulso e deixou o Galo em situação delicada, com um jogador a menos. Zico tentava aproveitar os espaços. Aos 22 minutos, depois de receber lançamento de Júnior, o Galinho assumiu a ponta-esquerda, driblou Heleno e cruzou para a área. João Leite se antecipou para cortar o cruzamento, mas soltou a bola. O goleiro deixou que ela escapasse justo nos pés de Nunes, o carrasco atleticano na decisão do Brasileirão de 1980. O jogo estava 1 X 1.

Apenas dois minutos depois, a forte marcação rubro-negra na saída de bola atleticana deu resultados. Heleno recebeu um passe na intermediária, e, em um momento de indecisão, foi desarmado por Tita. O camisa 12 do Flamengo deu apenas mais um toque na bola antes de fuzilar de fora da área com a perna esquerda e virar o marcador. Agora o Flamengo estava na frente: 2 X 1. Muito questionado pela decisão de abandonar a ponta-direita da Seleção para brigar pela posição de Zico, Tita desabafou. O jogador correu em direção ao banco de reservas e comemorou o gol com muita raiva.

TITA

“O presidente do Flamengo tinha me dito que eu ia ser emprestado pra Portuguesa de São Paulo. No final ele disse que não, voltou atrás. E aquela situação ali me chateou muito. Mas mesmo assim fui pro jogo. Como profissional, entrei em campo e dei o meu melhor. Esse negócio já tinha até se concretizado, mas aí o presidente do Flamengo voltou atrás e eu tive que continuar até o final do ano. Foi uma comemoração de desabafo!

O Flamengo jogava contra dez atleticanos, e o jogo parecia estar sob controle. Mas o desfecho das partidas contra o Galo era sempre algo difícil de prever. Faltavam 11 minutos para o fim da partida quando Toninho Cerezo matou a bola no peito, passou por Júnior, ganhou de Andrade e deu para Palhinha; o ponta de lança devolveu de primeira, e a tabelinha continuou com o toque de Cerezo para Reinaldo dentro da área. O Rei do Galo puxou a bola com a perna esquerda e bateu firme com a direita, no ângulo esquerdo de Raul. O gol definiu o resultado em 2 X 2, e agora o Flamengo precisaria de todos os quatro pontos que disputaria em dois jogos no Paraguai. Se ganhasse três, a vaga para a segunda fase seria decidida em uma partida extra contra o Atlético Mineiro em campo neutro.

Em seus três primeiros jogos no comando do Flamengo, Paulo César Carpegiani não tinha conseguido ir além de três empates. Tudo tinha acontecido muito rápido: nova função, novas responsabilidades e pouco tempo para pôr suas ideias em prática. Embora tivesse o respaldo da diretoria e dos ex-companheiros, o novo treinador estava inseguro pela sequência de resultados ruins.

PAULO CÉSAR CARPEGIANI

“Quando eu assumi, nós empatamos com Volta Redonda, Olímpia e Atlético Mineiro. Eu pensei: “Bom, não dou para isso. Não conseguimos o resultado. Acho que não dou para isso”.

ZICO

“Nós começamos mal à beça, empatamos no Maracanã com o Olímpia e com o Atlético. O time estava mal, e a gente teve que fazer uma reunião. Falei:

“A gente tem que ajudar o cara! Um mês atrás, ele estava aqui jogando com a gente. Ó, temos que mudar de alguma forma!”

Esse grupo era bom por causa disso. Quando a coisa apertava, chamava todo mundo na chincha.

JÚNIOR

"A gente queria que o Carpegiani vencesse. O Paulo ajudou a gente pra caramba. Ele já chegou no Flamengo veterano, enquanto a gente estava desabrochando. Carpegiani foi um dos caras mais inteligentes que eu vi jogar.

* * *

O Flamengo faria seus primeiros jogos de Libertadores fora do Brasil, contra Cerro Porteño e Olímpia. Um momento histórico para o clube e também para a Raça Rubro-Negra, que preparava a primeira caravana internacional de uma torcida organizada brasileira. Um ônibus com 42 torcedores partiu do Maracanã em direção a Foz do Iguaçu. A viagem de 1.472 quilômetros até a cidade paranaense era a primeira e mais complicada parte do trajeto, já que a torcida do Flamengo ficaria hospedada em território brasileiro. Só no dia dos jogos contra Cerro Porteño e Olímpia é que os trezentos quilômetros restantes até Assunção seriam percorridos.

Liderado por Cláudio, fundador da Raça Rubro-Negra, o grupo levava ao Paraguai um dos torcedores mais fiéis e apaixonados da história do Flamengo. Francisco Albertino de Moraes, ou simplesmente Moraes, era um funcionário da Embrafilme que seguia o Flamengo mundo afora. Filho de família com boa situação financeira, Moraes estava acostumado a ficar em bons hotéis e sempre viajava de avião para acompanhar o time de coração e cumprir o que definia como missão: levar o pavilhão do Flamengo a todos os lugares onde o time e a Seleção Brasileira jogassem. Acostumado a uma vida de conforto, ele sentia uma ponta de inveja quando chegava à arquibancada e encontrava a galera da Raça, gente que tinha passado por sacrifícios muito maiores para estar na mesma arquibancada que ele. A pedido de um amigo, Gustavo Vilela, Moraes levou a bandeira do Flamengo com o nome da Raça para a Espanha e se tornou uma espécie de embaixador da torcida. A Copa da Argentina, em 1978, foi o primeiro mundial que teve a bandeira da Raça nas arquibancadas.

MORAES
Embaixador da Raça Rubro-Negra

"Eu fui para a Copa pelo Flamengo, não estou ligando para a Seleção Brasileira! O Flamengo é a minha vida. Não é o Moraes que vai estar lá, é o pavilhão do clube. Estou servindo ao meu clube.

Enquanto a turma da Raça rasgava as estradas do Brasil, o Flamengo voava para Assunção. O destino era o Hotel Ita Enramada, às margens do rio Paraguai. O time chegou à capital paraguaia com espírito diplomático. A delegação ofereceu um jantar para os jogadores do Cerro Porteño, condecorou com o título de presidente honorário do Flamengo o general Andrés Rodriguez, sucessor de Alfredo Stroessner, e fez tudo o que era possível para amansar os donos da casa. Também foram homenageados os paraguaios que tinham passado pelo clube, como Modesto Bria, García, Benítez e Reyes, além do técnico Fleitas Solich.

O Atlético já tinha cumprido sua participação em campo, somando oito pontos em seis jogos. O Flamengo tinha cinco em quatro partidas. Como Cerro Porteño e Olímpia somavam apenas quatro e três pontos, respectivamente, e estavam eliminados, não era interessante para os mineiros que os paraguaios jogassem desestimulados e usando jogadores reservas. Por isso, no mesmo voo em que seguiam os jogadores rubro-negros, estavam dois emissários do Galo: o diretor de futebol Marcelo Guzella e o supervisor Wilson Oliveira. Segundo matéria publicada no *Jornal do Brasil*, o Atlético Mineiro oferecia 5 milhões de cruzeiros (cerca de 50 mil dólares) para que o Olímpia derrotasse o Flamengo. A versão oficial do diretor de futebol do Atlético sobre a viagem era fiscalizar as ações dos dirigentes do Flamengo e enervá-los.

EDUARDO MOTA
Vice-presidente de futebol do Flamengo em 1981

"Os jogadores estavam com os salários atrasados. O Atlético foi lá, botou os salários deles em dia, porque não queriam entrar com o time titular. Quem foi lá pagar os salários do time adversário do Flamengo foi o Atlético, que botou o salário em dia lá para eles colocarem o time titular.

Os jogadores se preocupavam com Cerro Porteño, Olímpia, com a mala branca enviada pelo Atlético Mineiro, e ainda tinham de pensar em mais um esquadrão adversário. Um time que não jogava de chuteiras e não entendia nada de futebol, mas estava pronto para esgotar as energias dos craques rubro-negros entre lençóis. Em Assunção, a sedução estava a serviço dos oponentes do Flamengo, que adotaram um dos mais antigos golpes do futebol: fazer com que os atletas se cansassem antes mesmo de a bola rolar.

KLÉBER LEITE
Repórter da Rádio Globo em 1981

"Era um hotel-cassino e teve uma armação, sim, de colocarem umas "primas" lá dentro pra sensibilizar a rapaziada (risos). Rolou! Rolou e o Bosco pegou. Colocou seguranças na porta, tocou as "primas" pra fora e resolveu o problema! (risos). O mais marcante foi isso: a tentativa de forçar um desgaste físico além da expectativa pra que o time chegasse em campo já mais pra lá do que pra cá. A partir daí se adotou um esquema que hoje é muito comum em concentração em hotel, que é colocar a delegação toda no mesmo andar, o que não era comum à época.

LEANDRO

"Eu recebi muitas ligações dessas mulheres. Ficavam falando para excitar a gente mesmo, no telefone. A gente deixava um pouquinho, não é? Era bom tu escutar um pouquinho (risos). Isso aí era demais, sempre. Recado por baixo da porta. "Gostei de você. Estou no quarto não sei o quê, não sei o quê." Para a gente ir lá para o quarto. Tudo isso botavam. Valia tudo, meu filho!

* * *

Chegava o dia de enfrentar o Cerro Porteño, a primeira de duas decisões no Paraguai. Para Tita, Raul e Adílio, o dia começava à beira do rio Paraguai. Os três aproveitaram as varinhas de pescar que ficavam à disposição dos hóspedes no Hotel Ita Enramada. Raul explicava aos dois colegas mais jovens que a maior virtude de um pescador era a tranquilidade e, achando os dois muito agitados, separou-se da dupla. Ficou

1/6/1980
FLAMENGO 3 X 2 ATLÉTICO MINEIRO

Local: Maracanã
Juiz: José de Assis Aragão (São Paulo)
Renda: Cr$ 19.726.210,00
Público: 154.355
Gols: Nunes 7', Reinaldo 8' e Zico 44' do 1º tempo; Reinaldo 21' e Nunes 37' do 2º tempo.
Cartões vermelhos: Reinaldo, Chicão e Palhinha.

Flamengo: Raul, Toninho, Manguito, Marinho e Júnior; Andrade, Carpegiani (Adílio) e Zico; Tita, Nunes e Júlio César (Carlos Alberto). **Técnico:** Cláudio Coutinho.
Atlético Mineiro: João Leite, Orlando (Silvestre), Osmar, Luizinho (Geraldo) e Jorge Valença; Chicão, Toninho Cerezo e Palhinha; Pedrinho, Reinaldo e Éder. **Técnico:** Procópio Cardoso.

Zico recebeu de Andrade e viu o avanço de Nunes. O centroavante rubro-negro tirou de João Leite e abriu o placar no Maracanã.

Júnior tenta a batida, a bola toca em Palhinha e volta para o lateral. O segundo chute encontra Zico, que domina, finaliza e marca 2 X 1.

Nunes tenta cruzar, a bola toca em Silvestre e volta para o atacante. Num lance ousado, o camisa 9 do Flamengo dribla Silvestre e marca com frieza o gol do título.

3/7/1981
ATLÉTICO MINEIRO 2 X 2 FLAMENGO

Local: Mineirão (Belo Horizonte)
Juiz: José Roberto Wright (São Paulo)
Renda: Cr$ 15.623.715,00
Público: 63.135
Gols: Éder 28' do 1º tempo; Éder 18', Nunes 20' e Marinho 40' do 2º tempo.
Cartões amarelos: Jorge Valença, Leandro, Chicão, Tita, Toninho Cerezo, Zico, Éder e Fumanchu.

Atlético Mineiro: João Leite, Orlando, Osmar, Luizinho e Jorge Valença; Chicão, Toninho Cerezo e De Rosis (Paulo Martins); Vaguinho, Reinaldo e Éder. **Técnico:** Pepe.
Flamengo: Cantarele, Leandro, Marinho, Mozer e Júnior; Vítor, Andrade (Fumanchu, depois Figueiredo) e Zico; Tita, Nunes e Baroninho. **Técnico:** Dino Sani.

Perdendo por 2 X 0 para o Galo, o Flamengo diminuiu com Nunes. O centroavante recebeu o lançamento de Zico, ganhou dos zagueiros na velocidade e levou a melhor sobre João Leite, iniciando a reação.

O gol de empate saiu a cinco minutos do fim. Baroninho cobrou escanteio pela direita, e Marinho marcou de cabeça, arrancando um empate no Mineirão.

14/7/1981
FLAMENGO 5 X 2 CERRO PORTEÑO

Local: Maracanã
Juiz: Carlos Montalván (Peru)
Renda: Cr$ 5.613.000,00
Público: 25.967
Gols: Zico 20' e (pênalti) 27' do 1º tempo; Baroninho 2', Jiménez 7', Nunes 17' e 20', Dos Santos 45' do 2º tempo.
Cartões amarelos: Leandro e Dos Santos.
Cartão vermelho: Benítez, 30' do 1º tempo.
Flamengo: Cantarele, Leandro (Carlos Alberto), Marinho, Mozer e Júnior; Figueiredo, Adílio (Chiquinho) e Zico; Tita, Nunes e Baroninho. **Técnico:** Dino Sani.
Cerro Porteño: Fernández, Figueiredo, Dos Santos, Ovelar e Sandoval; Osório, Benítez e Florentín; Pérez (Carmona), Jiménez e Acosta (Eugenio Jiménez).
Técnico: Robustiano Maciel.

Zico abriu a goleada com uma cobrança de falta perfeita. O goleiro Gato Fernández nem se mexeu.

Adílio sofreu pênalti, e Zico cobrou do lado esquerdo, aumentando a vantagem para 2 X 0.

Enquanto os paraguaios esperavam que Zico batesse a falta, Baroninho mandou o chute e marcou 3 X 0.

Leandro lançou Baroninho na direita, o ponta cruzou para Nunes cabecear para o chão e fazer 4 X 1.

Zico viu a subida de Júnior pela esquerda. O lateral rolou para Nunes marcar o quinto gol rubro-negro.

24/7/1981
FLAMENGO 1 X 1 OLÍMPIA

Local: Maracanã
Juiz: Abel Gnecco (Argentina)
Renda: Cr$ 8.693.350,00
Público: 38.718
Gols: Adílio 22' do 1º tempo; Solalinde 15' do 2º tempo.
Cartões amarelos: Baroninho, Benítez e Aquino.
Flamengo: Cantarele, Leandro, Figueiredo, Marinho (Rondinelli) e Júnior; Vítor, Adílio e Zico; Tita, Nunes e Baroninho (Carlos Alberto). **Técnico:** Paulo César Carpegiani.
Olímpia: Almeida, Solalinde, Paredes, Delgado e Giúdice; Guasch, Benítez e Verza (Aquino); Isasi, Pedro Fernández (Dávalos) e Ortiz. **Técnico:** Roque Fernández.

Baroninho cobrou falta, a bola desviou na barreira e Adílio aproveitou o rebote para marcar.

7/8/1981
FLAMENGO 2 X 2 ATLÉTICO MINEIRO

Local: Maracanã
Juiz: Carlos Sérgio Rosa Martins (Rio Grande do Sul)
Renda: Cr$ 14.414.350,00
Público: 62.763
Gols: Palhinha 17', Nunes 22', Tita 24' e Reinaldo 34' do 2º tempo.
Cartões amarelos: Tita, Osmar, Toninho Cerezo, Reinaldo, Palhinha e Heleno.
Cartão vermelho: De Rosis.
Flamengo: Raul, Leandro, Rondinelli, Mozer e Júnior; Vítor, Adílio e Zico; Tita, Nunes e Baroninho (Chiquinho). **Técnico:** Paulo César Carpegiani.
Atlético Mineiro: João Leite, Orlando, Osmar, Luizinho e Miranda (Marcus Vinícius); Toninho Cerezo, De Rosis e Palhinha; Vaguinho (Heleno), Reinaldo e Renato Queirós. **Técnico:** Carlos Alberto Silva.

Jogada de Zico na ponta-esquerda. Após o cruzamento, João Leite vacilou e Nunes empatou a partida.

Tita toma a bola de Heleno e avança em velocidade. De fora da área, chuta com força e vira o placar para 2 X 1.

11/8/1981
CERRO PORTEÑO 2 X 4 FLAMENGO

Local: Defensores del Chaco, Assunção (Paraguai)
Juiz: Roque Cerullo (Uruguai)
Público: 1.927
Gols: Baroninho 7' do 1º tempo; Zico 13' e 20', Acosta 24', Zico 25' e Jiménez 37' do 2º tempo.
Cerro Porteño: Fernández, Figueiredo, Dos Santos, Sandoval e Rivas; Osorio, Florentín e Acosta; Ignacio Fernández (Carmona), Jiménez e Franco. **Técnico:** Robustiano Maciel.
Flamengo: Raul, Leandro, Rondinelli (Figueiredo), Mozer e Júnior; Vítor, Adílio e Zico; Tita, Nunes e Baroninho (Chiquinho). **Técnico:** Paulo César Carpegiani.

Marcado na esquerda, Zico percebe a subida de Baroninho e passa para o ponta chutar forte e abrir o placar.

Zico ilude a marcação da defesa paraguaia e chuta por cobertura para vencer Fernández e fazer 2 X 0.

Baroninho cobra escanteio para Tita, que cruza para a área. Zico pega de voleio a faz um golaço.

Em um contra-ataque, Adílio recebeu de Zico, atraiu a marcação e devolveu para o camisa 10 marcar o quarto.

14/8/1981
OLÍMPIA 0 X 0 FLAMENGO

Local: Defensores del Chaco, Assunção (Paraguai)
Juiz: José Martínez Bazán (Uruguai)
Público: 18.000
Cartões amarelos: Paredes, Ortiz, Chiquinho e Zico.
Olímpia: Almeida, Solalinde, Paredes, Delgado e Giúdice; Sosa, Guasch e Verza; Dávalos, Michelagnoli e Ortiz. **Técnico:** Roque Fernández.
Flamengo: Raul, Leandro (Carlos Alberto), Figueiredo, Mozer e Júnior; Vítor, Adílio e Zico; Tita, Nunes e Baroninho (Chiquinho). **Técnico:** Paulo César Carpegiani.

21/8/1981
FLAMENGO 0 X 0 ATLÉTICO MINEIRO

Local: Serra Dourada (Goiânia)
Juiz: José Roberto Wright (São Paulo)
Renda: Cr$ 13.503.150,00
Público: 71.157
Cartões amarelos: Toninho Cerezo, Palhinha, Vaguinho, Éder, Mozer.
Cartões vermelhos: Reinaldo, Palhinha, Éder, Chicão e Osmar.

Flamengo: Raul, Carlos Alberto, Figueiredo, Mozer e Júnior; Leandro, Adílio e Zico; Tita, Nunes e Baroninho. **Técnico:** Paulo César Carpegiani.
Atlético Mineiro: João Leite, Orlando, Osmar, Alexandre (Marcus Vinícius) e Jorge Valença; Chicão, Toninho Cerezo e Palhinha; Vaguinho (Fernando Roberto), Reinaldo e Éder. **Técnico:** Carlos Alberto Silva.

2/10/1981
DEPORTIVO CALI 0 X 1 FLAMENGO

Local: Pascual Guerrero (Cali, Colômbia)
Juiz: Mario Lira (Chile)
Público: 50.000
Gol: Nunes 10' do 1º tempo.
Cartões amarelos: Romero, Solarte e Baroninho.
Cartão vermelho: Tita

Deportivo Cali: Valencia, Pachón, Romero, Capiello (Romero) e Solarte; Valverde, Alvarez e Moreno; Torres (Agudelo), Ortiz e Benítez. **Técnico:** Edilberto Righi.
Flamengo: Raul, Leandro, Figueiredo, Mozer e Júnior; Andrade, Adílio e Zico; Tita, Nunes (Lico) e Baroninho. **Técnico:** Paulo César Carpegiani.

Júnior lança Nunes entre três zagueiros. O atacante domina, gira e faz de perna esquerda o gol da vitória.

13/10/1981
JORGE WILSTERMANN 1 X 2 FLAMENGO

Local: Félix Capriles (Cochabamba, Bolívia)
Juiz: Enrique Labó (Peru)
Público: 30.000
Gols: Baroninho 13' do 1º tempo; Melgar 8' e Adílio 19' do 2º tempo.
Cartões amarelos: Baroninho, Villaroel, Navarro e Mozer.

Jorge Wilstermann: Issa, Trigo, Navarro, Villalon e Bengolea; Villaroel, Aveiro e Enríquez (Melgar); Bendelack, Taborga e Salguero. **Técnico:** Carlos Sanabria.
Flamengo: Raul, Leandro, Figueiredo, Mozer e Júnior; Andrade, Adílio e Zico; Chiquinho (Lico), Nunes e Baroninho (Nei Dias). **Técnico:** Paulo César Carpegiani.

Falta de longa distância. Baroninho pega bem e conta com a colaboração de Issa, que cai atrasado.

Lico bate escanteio, Mozer e Adílio sobem juntos. O zagueiro acerta a cabeça de Adílio, que por sua vez cabeceia a bola e marca o gol da virada.

23/10/1981
FLAMENGO 3 X 0 DEPORTIVO CALI

Local: Maracanã
Juiz: Juan Daniel Cardellino (Uruguai)
Renda: Cr$ 6.659.300,00
Público: 28.847
Gols: Zico 9' do 1º tempo; Chiquinho 12' e Zico 37' do 2º tempo.
Cartões amarelos: Capiello, Pachón e Baroninho.

Flamengo: Raul, Leandro (Nei Dias), Figueiredo, Mozer e Júnior; Andrade, Adílio e Zico (Peu); Chiquinho, Nunes e Baroninho. **Técnico:** Paulo César Carpegiani.
Deportivo Cali: Valencia, Pachón, Chiappe, Capiello e Otero; Castro, Félix Quiñonez e Campo; Jairo Rincón (Angulo), Agudelo e Correa. **Técnico:** Eduardo Retat.

Chiquinho volta a jogada a Leandro, que cruza para Zico. O camisa 10 mata no peito, fuzila e faz 1 X 0.

Baroninho vê a passagem de Júnior. O lateral recebe na ponta e cruza para Chiquinho marcar de peixinho.

Zico cobra a falta com um chute colocado. Valencia se atrapalha ao fazer a defesa e leva um frango.

30/10/1981
FLAMENGO 4 X 1 JORGE WILSTERMANN

Local: Maracanã
Juiz: Jorge Orellana (Equador)
Renda: Cr$ 1.587.500,00
Público: 7.520
Gols: Taborga 2', Nunes 18' e Adílio 39' do 1º tempo; Anselmo 42' e Chiquinho 45' do 2º tempo.
Flamengo: Cantarele, Nei Dias, Figueiredo, Marinho e Júnior (Lico); Andrade, Adílio e Tita; Chiquinho, Nunes (Anselmo) e Baroninho. **Técnico:** Paulo César Carpegiani.
Jorge Wilstermann: Pérez, Trigo, Villalon, Navarro e Bengolea; Arías, Aveiro e Enríquez; Bendelack (Melgar), Taborga e Salguero. **Técnico:** Carlos Sanabria.

Adílio viu Chiquinho com espaço pela direita. O ponta foi à linha de fundo e cruzou para Nunes marcar.

A virada veio no escanteio cobrado por Baroninho. Chiquinho desviou e Adílio fez o gol.

Tita lançou Anselmo. A zaga tentou cortar, mas o atacante aproveitou a bola alta e chutou forte. 3 X 1.

Nei Dias sobe pela direita e cruza para Tita, que divide com a zaga. Na sobra, Chiquinho fecha a goleada.

13/11/1981
FLAMENGO 2 X 1 COBRELOA

Local: Maracanã
Juiz: Carlos Espósito (Argentina)
Renda: Cr$ 29.208.800,00
Público: 93.985
Gols: Zico 11' e 30' (pênalti) do 1º tempo; Merello (pênalti) 22' do 2º tempo.
Cartões amarelos: Jiménez e Andrade.

Flamengo: Raul, Leandro, Figueiredo, Mozer e Júnior; Andrade, Adílio e Zico; Lico, Nunes e Tita. **Técnico:** Paulo César Carpegiani.
Cobreloa: Wirth, Tabilo, Rojas, Mario Soto e Escobar; Jiménez, Alarcón e Merello; Puebla, Siviero e Muñoz (Rúben Gómez). **Técnico:** Vicente Cantatore.

Tita inicia a jogada. Zico tabela com Adílio, que devolve no tempo certo para o Galinho abrir o placar no Maracanã.

Pênalti sofrido por Lico. Na cobrança, Zico desloca o goleiro chileno Wirth e consolida a vantagem rubro-negra.

20/11/1981
COBRELOA 1 X 0 FLAMENGO

Local: Estádio Nacional (Santiago, Chile)
Juiz: Ramón Barreto (Uruguai)
Público: 61.721
Gols: Merello 33' do 2º tempo.
Cartões amarelos: Mozer, Nunes, Mario Soto, Lico e Andrade.

Cobreloa: Wirth, Tabilo, Jiménez, Mario Soto e Escobar; Alarcón, Merello e Rúben Gómez (Muñoz); Puebla, Siviero e Olivera. **Técnico:** Vicente Cantatore.
Flamengo: Raul, Leandro, Figueiredo, Mozer e Júnior; Andrade, Adílio e Zico; Tita, Nunes (Nei Dias) e Lico (Baroninho). **Técnico:** Paulo César Carpegiani.

23/11/1981
FLAMENGO 2 X 0 COBRELOA

Local: Estádio Centenário (Montevidéu, Uruguai)
Juiz: Roque Cerullo (Uruguai)
Público: 30.200
Gols: Zico 17' do 1º tempo; Zico 31' do 2º tempo.
Cartões amarelos: Nei Dias, Júnior, Escobar e Siviero.
Cartões vermelhos: Anselmo, Andrade, Alarcón, Jiménez e Mario Soto.

Flamengo: Raul, Nei Dias, Marinho, Mozer e Júnior; Leandro, Andrade, e Zico; Tita, Nunes (Anselmo) e Adílio. **Técnico:** Paulo César Carpegiani.
Cobreloa: Wirth, Tabilo, Páez (Muñoz), Mario Soto e Escobar; Jiménez, Merello e Alarcón; Puebla, Siviero e Olivera. **Técnico:** Vicente Cantatore.

Adílio roubou a bola. Andrade tocou para Zico girar na área e bater forte para abrir o placar em Montevidéu.

O maior de todos os gols de Zico. A cobrança de falta perfeita garantiu o título inédito da Libertadores.

13/12/1981
FLAMENGO 3 X 0 LIVERPOOL

Local: Estádio Nacional (Tóquio, Japão)
Juiz: Mario Rúbio Vázquez (México)
Auxiliares: Toshio Asami (Japão) e Vijit Getkaew (Tailândia)
Público: 62.000
Gols: Nunes 13', Adílio 34' e Nunes 41' do 1º tempo.

Flamengo: Raul, Leandro, Marinho, Mozer e Júnior; Andrade, Adílio e Zico; Tita, Nunes e Lico. **Técnico:** Paulo César Carpegiani.
Liverpool: Grobbelaar, Neal, Thompson, Hansen e Lawrenson; Ray Kennedy, McDermott (David Johnson), Souness e Lee; Johnston e Dalglish. **Técnico:** Bob Paisley.

Zico ergue a cabeça e vê Nunes disparando entre os zagueiros do Liverpool, que jogavam em linha. O atacante é mais rápido que Grobbelaar e faz 1 X 0.

Zico cobra a falta. Grobbelaar bate roupa, Lico briga pelo rebote e Adílio chega na sobra. O chute ainda bate em Thompson antes de entrar.

Nunes não toma conhecimento da marcação em linha dos zagueiros ingleses e aproveita outro lançamento de Zico. O chute cruzado é o gol do título.

sentado em silêncio, enquanto Adílio e Tita tagarelavam à espera de uma história de pescador.

ADÍLIO

"Aquilo ali era mais um relaxzinho para fugir um pouco do trabalho que tinha que ser feito. A gente deu uma relaxada, foi muito legal! O Raul não conseguiu pescar nada! Ele falou:

"Adílio, só consegue pescar quem é tranquilo."

"Então está bom, eu sou nervoso e vou tentar pescar ali, eu e Tita."

Nós deitamos e rolamos nele! Ele ficou lá, sentadinho, tentando pescar. Não conseguiu. Nós conseguimos pescar um peixe deste tamanho (abre os braços e mostra que o peixe teria um metro)! Pescador mentiroso! (risos).

O estádio Defensores del Chaco, em Assunção, estava às moscas para Cerro Porteño e Flamengo. Menos de 2 mil pagantes, número explicado pelo total desinteresse da torcida do Cerro, uma vez que só o primeiro colocado do grupo avançaria, e o time paraguaio já estava fora do páreo. A pequena mas animada galera rubro-negra era quem falava mais alto nas arquibancadas vazias. O primeiro grito de gol da noite não demoraria a sair. Em apenas sete minutos, o Flamengo já assumia a dianteira no placar. Em uma trama inteligente pela esquerda, Zico caiu pela ponta e atraiu a marcação de Sandoval. Após um corte bem executado, enfiou a bola na área, onde estava Baroninho. Enquanto os paraguaios tentavam entender o posicionamento dos atacantes, uma bomba de pé esquerdo vencia o goleiro Fernández e Baroninho corria para abraçar Júnior. Flamengo 1 X 0, único gol da primeira etapa.

No segundo tempo, em jogada de Tita pela direita, Nunes recebeu na área e entregou de primeira para Zico. Apertado por dois zagueiros, o camisa 10 ajeitou, enganou os marcadores ao fingir o chute e encobriu Fernández com um leve toque. Era o segundo gol do Flamengo, aos 13 minutos da etapa final. Tita continuava a aprontar das suas pela direita. Em brilhante jogada individual, driblou Rivas e cruzou para a pequena área. Zico, sozinho, emendou de sem-pulo e aumentou para 3 X 0 aos vinte minutos.

O Cerro conseguiu diminuir aos 24 minutos, quando Franco passou por Chiquinho na ponta-esquerda e cruzou no segundo pau. Ninguém acompanhava Acosta, que só teve o trabalho de escorar a bola e fazer o primeiro dos paraguaios. Apenas um minuto depois, Zico tomou a bola de Carmona no círculo central e fez o passe para Adílio. O camisa 8 do Fla avançou pela intermediária e esperou que Sandoval tentasse o desarme para devolver a Zico. Livre, o Galinho ajeitou e bateu com firmeza na saída de Fernández. O Flamengo liderava o placar por 4 X 1 e ainda permitiu mais um gol de honra de Jiménez, que aproveitou cruzamento de Figueiredo pela direita.

A vitória foi comemorada no cassino do Hotel Ita Enramada. Nunes e Peu foram para a mesa de 21 gastar alguns guaranis. Júnior foi só como observador e ficou responsável por controlar as fichas dos companheiros de time. Ao redor da roleta não havia mais espaço. Os repórteres e radialistas brasileiros cercavam Zico. Autor de três gols em cima do Cerro, Zico testava agora se a sorte no jogo também se estendia para a roleta. As fichas iam todas em cima do número 10, mas a maré positiva parecia ter ficado no gramado do Defensores del Chaco.

ZICO

Eu estava perdendo lá. Aí veio um daqueles crupiês me pedir uma camisa do Flamengo.

"Dar uma camisa? Você está levando meu dinheiro todo! Se der o dez aí, amanhã tu passa lá no hotel de manhã e pega!"

Falei brincando! Eu sei que eu estava jogando no dez, deixei lá. Botava tudo cercadinho. Passaram lá umas três rodadas e... "Dez!". Deixei tudo lá. "Dez!"

Sei que deu o dez três vezes seguidas! (risos). Oito horas da manhã, e já estava o crupiê lá! (risos). Esperando a camisa!

"Toma a camisa, está aí!"

Muito engraçado foi ver os repórteres. O Ronaldo Castro estava lá com o falecido Doalcei Camargo e apelou com o cara.

"Ah, quer dizer que eu tenho que dar camisa aqui para ganhar nesse cassino?" (risos).

Eu sei que deu três vezes o dez lá. Recuperei tudo!

* * *

Em Foz do Iguaçu, quartel-general da Raça para os jogos do Flamengo no Paraguai, alguns dos torcedores já não tinham mais dinheiro. Cláudio e os outros integrantes da torcida pensavam em algum jeito de levantar um trocado. Ao passar em frente a uma pequena casa de shows em Foz do Iguaçu, Cláudio se apresentou como representante de uma escola de samba carioca e ofereceu ao dono do lugar uma grande roda de samba, com ritmistas da Portela, da Mangueira, do Império. A ideia de ter a elite do samba do Rio de Janeiro agradou em cheio o proprietário da casa, que fechou o valor do cachê com Cláudio e contratou um carro de som para divulgar o maior show de samba que Foz do Iguaçu já tinha visto.

"Hoje, Carnaval do Rio de Janeiro!"

CLÁUDIO CRUZ
Fundador da Raça Rubro-Negra

"Quando chegamos lá para fazer a roda de samba, os caras enfeitaram a casa toda. Confete, serpentina... Ninguém sabia cantar samba direito, ninguém sabia fazer nada. Só o que o nosso pessoal sabia bater era "Meeeeeeengooooo! Tum--dum-dum-dum-dum-dum".

E começou a dar problema. Um cara bêbado pega o nosso microfone, na hora da gente fazendo a festa, e vomita no palco. A porrada estancou. Tivemos que sair de lá corrido! Um monte de segurança dos caras querendo quebrar a gente de porrada.

"Sai logo! Corre! Larga!"

Ninguém recebeu um tostão, quebraram cadeira, fomos correndo para o hotel. Depois, a polícia baixou lá, imagina o desgaste...

* * *

Dois dos quatro pontos que o Flamengo precisava já tinham sido conquistados. Contra o Olímpia, uma vitória classificaria o time para a segunda fase; a derrota significaria o fim da caminhada na Libertadores, e um empate forçaria um novo jogo contra o Atlético Mineiro em campo neutro. O Olímpia já não tinha pretensões, mas assim que o uruguaio José Martínez Bazán apitou o início da partida, os paraguaios mostraram um interesse incomum pelo jogo para um time já eliminado. Logo aos três minutos, Raul rebateu um escanteio para a entrada da área e Delgado ameaçou o Flamengo pela primeira vez, chutando para fora. A primeira boa chance do Flamengo veio aos oito minutos, quando Zico recebeu na meia-lua, atraiu dois zagueiros e rolou na direita para Leandro. O lateral emendou um chute cruzado, e o goleiro Almeida só mexeu os olhos, o suficiente para ver a bola raspando a trave direita.

O Olímpia crescia na partida e era melhor nos primeiros 15 minutos, chegando a perder duas oportunidades seguidas com Ortiz e Giúdice. O juiz José Martínez Bazán foi atingido por frutas arremessadas da arquibancada, mas sequer fez menção de parar o jogo e agiu como se nada estivesse acontecendo. O jogo era morno, e o Flamengo tinha dificuldades na criação. Em um time desarticulado; o melhor em campo era Figueiredo, soberano nas disputas com os atacantes paraguaios.

O Flamengo só voltaria a enfrentar perigo aos 33 minutos. A tentativa foi de Vítor, que bateu de longe e mirou no canto direito de Almeida. O goleiro do Olímpia desviou para escanteio. Adílio estava muito recuado, e Nunes não recebeu uma só bola decente no ataque. Já aos 42 minutos, Baroninho tentou um chute cruzado de dentro da área, mas o bom goleiro Almeida evitou que o Flamengo abrisse o marcador. O primeiro tempo acabava sem gols.

Carpegiani mexeu no intervalo, pondo Carlos Alberto no lugar de Leandro. O lateral entrou bem, acelerando o jogo pela direita. Zico finalmente conseguiu um bom lançamento para Nunes, mas a finalização de canhota foi para fora. O Flamengo jogava muito espaçado, sem integração entre seus setores, e Zico errava vários passes. O técnico rubro-negro voltou a mexer no time, dessa vez sacando Baroninho para a entrada de Chiquinho. O ponta-direita vindo do Olaria segurava a plaquinha com o número 11 pintado e, assim que Baroninho saiu de campo pela linha de fundo, Chiquinho deu um pique para dentro de campo. O árbitro ainda não tinha autorizado a entrada dele, e o ponta teve de sair de campo para poder voltar. A pressa custou a ele um cartão amarelo.

A multa de cem dólares pela advertência não seria a única lembrança que Chiquinho levaria do jogo. O atacante prendia muito a bola e tomou uma dura de Zico pelo comportamento egoísta. Até os 42 minutos do segundo tempo, tudo tinha dado errado para ele. Parecia que a sorte estava virando quando Tita desceu pela ponta-esquerda e mandou uma bomba para o gol. Almeida, adiantado, espalmou. A bola quicou na pequena área a um metro de Chiquinho. Gol iminente, consagração a um toque para a rede... mas, inexplicavelmente, o ponta-direita conseguiu o mais difícil e chutou para fora.

A classificação direta para a segunda fase tinha sido desperdiçada. E, um minuto depois, o Flamengo corria sério risco de ser eliminado. O Olímpia teve uma falta bem próxima à grande área. O lateral direito Solalinde se posicionava para bater, o mesmo jogador que tinha vencido Cantarele no primeiro jogo entre as equipes no Maracanã. A batida rasteira não foi suficente para passar por Raul.

LEANDRO

“Foi um jogo muito difícil, uma pressão danada. A gente estava para perder o jogo, e não sei... A gente estava muito preocupado com esse jogo aí. Quando a gente passou por esse jogo, deu uma aliviada. Eles tinham um time forte, um time bom. Realmente foi o jogo assim da arrancada para a Libertadores.

Se não tinha se classificado de maneira direta para a próxima fase, pelo menos o Flamengo estava vivo na Libertadores. O voo de volta para o Brasil sairia no dia seguinte ao jogo, logo no começo da tarde. Alguns jogadores aproveitaram a manhã livre para disputar um campeonato de tênis entre eles. O torneio aconteceria entre sete e meia e nove e meia da manhã. Adílio sobrou na turma e saiu como campeão. Enquanto a turma recolhia as raquetes para entregar na recepção do hotel, Nunes, que tinha acabado de acordar, apareceu na quadra.

LEANDRO

“Chega o Nunes, com uma cara de sono danada.

"Pô, cadê o pessoal?"

"Nunes, você acordou tarde pra caramba. Já acabou."

"Sacanagem isso! Ninguém me esperou, estava afinzão de jogar um tênis!"

Adílio, um *gentleman*, com sua tradicional paciência, disse:

"Nunes, está a fim de jogar mesmo? Se você quiser, eu jogo uma partidinha contigo."

"Estou a fim, sim. Vamos jogar!"

"Sabe jogar, Nunes?"

"Sei! Lógico que eu sei."

O Adílio deu a raquete para ele e foi para o outro lado.

"Vamos aquecer, Nunes?"

"Não, pode jogar!"

O Adílio foi, deu o saque. Sacou, a bola quicou, passou direto. *Ace*. O Adílio grita de lá:

"15-0"

"Peraí, Adílio! Posso não saber jogar direitinho, você está com pressa, mas é 1 X 0! 15-0 não, pô!"

"Ah, Nunes. Vam'bora que tu não sabe nada!"

* * *

Em uma semana, Flamengo e Atlético Mineiro fariam mais um jogo histórico. Faltava decidir o local da partida e o trio de arbitragem. Nos bastidores, a briga pelo primeiro lugar do Grupo 3 e a vaga na próxima fase da Libertadores já tinha começado.

O JOGO QUE NUNCA TERMINOU

★★★★★★★★★★★★★★★★★★★★★★★★

O Brasil aguardava ansioso por mais um confronto entre os dois melhores times do país. O jogo estava marcado para sexta, 21 de agosto, e até terça ainda não tinha sido decidido o local da partida. O Flamengo indicou o Serra Dourada, em Goiânia, e ainda ofereceu como alternativas o Castelão, em Fortaleza, e a Fonte Nova, em Salvador. Os dirigentes rubro-negros também topavam fazer um sorteio entre Maracanã e Mineirão. O clube mineiro indicou o Morumbi, e, ironicamente, disse que aceitava jogar a partida no Mineirão. Um impasse estava formado, e começava a se especular que a CBF e a própria Confederação Sul--Americana poderiam indicar o local da partida. A única certeza, pelo regulamento, é que o jogo iria para a prorrogação em caso de empate. Se a igualdade permanecesse após o tempo extra, a vaga seria do Flamengo pelo saldo de gols.

Após uma hora de reunião entre os dirigentes dos dois clubes e Abílio de Almeida, representante da Confederação Sul-Americana, não houve acordo sobre o palco da "negra". Para resolver o impasse, Abílio enviou um telex para o presidente da Confederação, Teófilo Salinas. A resposta chegou rapidamente, com a confirmação de Goiânia como local do jogo de desempate. O presidente do Atlético, Elias Kalil, ficou contrariado com a decisão, que classificou de "jogo de cartas marcadas". A única boa notícia para os mineiros foi o sim do Flamengo quanto ao trio de arbitragem indicado pelo Galo: José Roberto Wright, Romualdo Arppi Filho e Oscar Scolfaro.

O saldo da reunião agradou os rubro-negros. O gramado do Serra Dourada era um dos melhores do país, e o prestígio do Flamengo em Goiás deveria garantir mais torcida do que o Atlético, além de uma ótima renda. Carpegiani já pensava em como montaria o time. Vítor, que vinha sendo titular desde o início da Libertadores, tinha sofrido uma distensão e estava fora do jogo. Leandro seria improvisado como volante, já que Andrade voltava de contusão e não conseguiria jogar os noventa minutos.

Do lado atleticano, o maior problema era Toninho Cerezo. O contrato dele com o Galo terminava na quarta-feira, dois dias antes do jogo com o Flamengo. Como o jogador tinha sido suspenso pelo Tribunal de Justiça Desportiva de Minas por dois jogos em 1979, o Atlético se disse prejudicado e recorreu para que o contrato dele fosse prorrogado por duas partidas. O recurso foi homologado uma hora antes do vencimento do contrato e Cerezo teria de jogar.

Na véspera do jogo, o mesmo voo levou rubro-negros e atleticanos para o Centro-Oeste. Adílio foi procurar um amigo que tinha jogado com ele no Flamengo e agora estava no Galo. Em vez de um abraço, ganhou um aviso.

"Olha, Adílio, o presidente do Atlético não quer que a gente converse com ninguém do Flamengo."

Os dois times também ficaram hospedados no mesmo lugar, onde o silêncio dos mineiros continuou.

JÚNIOR

"Nós estávamos no mesmo hotel e os jogadores do Atlético eram proibidos de falar com a gente. Eles criaram esse clima todo. Os dirigentes do Atlético insuflaram os jogadores, dizendo que o Flamengo era beneficiado, que roubavam o Atlético porque não era de um grande centro, sabe? Aquelas coisas que não existem.

O ar pesado que tomava conta hotel foi amenizado por uma visita inesperada. Nunes tinha acordado tarde, e, enquanto descia para a recepção, ouviu uma voz conhecida em meio a risadas e muito falatório. Quando chegou ao *hall* dos elevadores, deu de cara com o pai, seu Eronildes. O velho caminhoneiro tinha saído de Santa Rita de Cássia, no interior da Bahia, e rodado 1.500 quilômetros para ver o filho Joãozinho jogando. A imprensa já tinha descoberto quem era aquele sergipano falante e começava a extrair dele histórias sobre a infância de Nunes. Eronildes se lembrou da primeira chuteira improvisada que deu ao filho, das dificuldades em Feira de Santana, do início da trajetória daquele menino que tinha se tornado um dos atacantes mais importantes do Brasil, batizado de João Danado pelo radialista Washington Rodrigues.

Um a um, os jogadores do Flamengo iam passando e cumprimentando seu Eron. Fazia tempo que pai e filho não se encontravam. Naquele instante, Nunes não era mais o atacante folgado que aterrorizava goleiros e zagueiros. Muito menos o jogador consagrado, que tinha levado o Flamengo ao primeiro título brasileiro. Ali, ele era só Joãozinho, menino que sempre respeitou o pai.

"A bênção, pai."

"Deus te abençoe."

Rapidamente, os dois foram cercados por Adílio, Zico e Júnior, trio que já conhecia o pai de Nunes. A animada roda de bate-papo acabou atrasando o almoço. Os dois se despediram com um abraço, e Nunes prometeu ao pai a camisa 9 que usaria no jogo.

* * *

Nem Maracanã, nem Mineirão. Nem era um domingo, dia sagrado do futebol. Era uma noite de sexta-feira, o jogo era no Serra Dourada, campo neutro. Mas os 71.157 pagantes que lotavam o estádio em Goiânia compraram seus ingressos com a certeza de que presenciariam o jogo do ano. O Galo não teria Luizinho, com o joelho engessado após uma torção, nem o lateral esquerdo Miranda, também machucado. O Flamengo jogaria sem Rondinelli, contundido. Tita, mesmo com o joelho dolorido após uma pancada sofrida no jogo contra o Olímpia, iria para o jogo. Raul tinha amanhecido com torcicolo, e o Flamengo mandou buscar no Rio de Janeiro o terceiro reserva, Luís Alberto. Ele ficaria no banco e Cantarele jogaria caso Raul não melhorasse, mas o goleiro titular foi para o sacrifício.

Aquele não era um jogo comum, e seria disputado em um campo excelente, porém a grama tinha sido cortada de um jeito bizarro, como um grande tabuleiro quadriculado com círculos dentro de cada quadrado. Era um cenário mais que apropriado para um homem que transformaria os dois maiores times do Brasil em meros coadjuvantes de seu espetáculo. O nome dele é José Roberto Wright, árbitro carioca, filiado à Federação Gaúcha de Futebol.

Wright pediu que a linha divisória fosse pintada de amarelo, para que fosse vista melhor em meio ao campo cheio de desenhos. Muita gente ainda estava do lado de fora do estádio quando a bola rolou, e a torcida rubro-negra era absoluta. Era como se o Flamengo estivesse em casa. Em menos de um minuto Toninho Cerezo teve a primeira chance do jogo. O chute passou por cima do gol de Raul. A primeira oportunidade do Flamengo foi com o lateral Carlos Alberto. Ele avançou pela ponta-direita e cruzou para Nunes na grande área. João Leite saiu e fez a defesa, bem diferente da falha cometida pelo goleiro do Galo nos 2 X 2 do Maracanã. Em cobrança de falta, agora pela esquerda, Baroninho levantou na área; Zico recebeu e chutou, a bola bateu em Orlando e sobrou para Nunes. O chute do atacante rubro-negro saiu rasteiro, e João Leite defendeu.

A primeira participação de Nunes no jogo não deve ter empolgado seu Eronildes. O atacante escorregou no meio-campo, deixando a bola de presente para Cerezo. Éder pediu na intermediária, recebeu e cruzou para a área. Ao tentar cortar, Mozer acabou ajeitando para o adversário Vaguinho. O ponta-direita do Galo chutou com força, mas a bola bateu no próprio Mozer e saiu da área, onde ficou com Adílio. O meia saiu jogando errado e cometeu falta em Éder. Nunes reclamou do juiz contidamente, e José Roberto Wright deu talvez o primeiro sinal de que não estivesse em um bom dia. O árbitro correu de maneira espalhafatosa até o atacante e praticamente colocou o dedo no rosto de Nunes.

Aos dez minutos de jogo, seu Eronildes ficaria de pé na arquibancada. Após falta cobrada por Baroninho na esquerda, Zico ajeitou no peito dentro da área e bateu; a bola tocou no zagueiro e sobrou para Nunes. O centroavante chutou com a perna esquerda, mas a batida rasteira não trouxe problemas para o goleiro João Leite. O jogo parecia ter se acalmado, com os dois times procurando tocar a bola. Wright deu mais uma de suas broncas de maneira afetada, agora em cima de Palhinha, que tinha cometido falta em Tita e reclamou da marcação.

Telê Santana, o técnico da Seleção Brasileira, era o convidado especial da Rede Globo para comentar o jogo e sentiu cheiro de pólvora naquela disputa. "Essa briga do Palhinha com o Tita é uma briga antiga. O Palhinha agora teve uma oportunidade e deu uma de leve no Tita, para começar. Eles já começaram, e o Wright tem que ter cuidado, porque senão isso piora." Antes que os dois se reencontrassem, quem cruzou o caminho de Palhinha foi Leandro, que saiu driblando desde a defesa. O primeiro ficou na saudade, o segundo era Reinaldo, que tentou atingi-lo sem sucesso com um carrinho por trás. Palhinha chegou forte e derrubou o camisa 2 do Flamengo. Era a quarta falta do camisa 10 do Galo, que tomou cartão amarelo, o segundo do Atlético.

Aos 21 minutos, Éder lançou Reinaldo na área. O atacante do Galo matou no peito, e a bola na sequência tocou no braço de Figueiredo. Reinaldo teve a certeza do pênalti e pegou a bola com as mãos. Wright marcou toque de mão do atleticano, que ficou em silêncio. O jogo esquentou com uma sequência de carrinhos ríspidos. Orlando visou a bola, mas acertou Baroninho; na sequência, Mozer arrepiou na dividida com Vaguinho, que imediatamente depois entrou de sola em Júnior. Wright mostrava o terceiro cartão amarelo para o Atlético Mineiro.

O Galo teve mais uma chance de marcar. Mozer fez falta na entrada da área e Éder bateu com violência. A bola passou perto do travessão. No ataque do Flamengo, Tita estava apagado. Um passe dele interceptado por Chicão colocou os rubro-negros em apuros. O volante passou para Éder, que tinha total liberdade pela esquerda e lançou Vaguinho na ponta-direita. O atacante do Galo ficou mano a mano com Mozer, que não teve alternativa: empurrou o camisa 7 do Atlético e recebeu cartão amarelo. Na cobrança de falta, Éder despejou uma de suas patadas e atingiu em cheio Leandro. A bolada no estômago levou o lateral a nocaute.

O cronômetro marcava 32 minutos. Até ali um jogo equilibrado, com o Atlético Mineiro ligeiramente melhor. Uma decisão de José Roberto Wright mudaria completamente o rumo da partida, e, consequentemente, da Libertadores de 1981.

Zico veio até a intermediária rubro-negra para ajudar na saída de bola. Reinaldo veio dar combate, e, após ser driblado, deu um carrinho e acertou Zico de lado. José Roberto Wright veio correndo em direção ao atacante do Atlético e mostrou o cartão vermelho.

ZICO

Aconteceram duas porradas lá, uma de cada lado, e o Wright chamou a mim e ao Cerezo, os dois capitães.

"Vão lá e falem para os seus times que o primeiro cara que fizer uma falta por trás eu vou dar cartão vermelho direto. Pode avisar!"

Eu nunca vi isso, primeira vez. Reuni o Flamengo e avisei. Mas não deu cinco minutos. Eu peguei uma bola, o Reinaldo veio por trás e me deu uma tesoura. Aí ele vermelhou.

Os jogadores do Galo fizeram menção de se dirigir ao juiz, mas nem precisaram forçar o encontro. Desgovernado, o homem de preto veio para cima dos jogadores gesticulando como o maestro de uma sinfonia cujas partituras só ele mesmo poderia interpretar. Na cabine da Globo, Telê dava sua opinião: "Lamentável! Achei que o Wright está mais nervoso que os jogadores, quando devia ser o homem de maior tranquilidade em campo. Acho que ele errou, estragando o espetáculo que até então estava muito bom, e até sendo jogado com lealdade".

Observando a falta de Reinaldo sobre Zico trinta anos depois da partida, a expulsão seria absolutamente razoável pelos critérios de arbitragem atuais. É discutível se a falta foi por trás, já que o atleticano atinge Zico lateralmente. Levando-se em consideração que o atacante do Galo ainda não tinha sido advertido com cartão amarelo, talvez a expulsão direta tenha sido um exagero. Até aquele momento da partida, tinham sido cometidas 23 faltas, 13 pelo Atlético e outras dez pelo Flamengo, nenhuma delas desleal. Wright errou a mão.

A torcida do Atlético ainda homenageava a mãe do árbitro quando Wright sacou o cartão vermelho outra vez. Agora, em direção a Éder. Após uma falta sofrida por Vaguinho na intermediária rubro-negra, Éder pegou a bola para fazer a cobrança e tentou colocá-la um pouco mais adiante. Wright travou a bola com o pé, e Éder passou batido. Ao retornar em direção à bola, Éder deu uma trombada no juiz, que o expulsou imediatamente. O ponta-esquerda do Atlético levou as mãos à cabeça e caiu de joelhos no gramado, sem acreditar no que acontecia.

LEANDRO

"Eles achavam que o juiz estava favorecendo o Flamengo. O problema é que, quando o primeiro foi expulso, eles se desesperaram. Com 11 já ia ser difícil para eles, com dez eles se sentiram praticamente perdidos. Aí, se desesperaram, começaram a agredir o juiz, dizendo que o Wright estava querendo beneficiar os cariocas na Libertadores.

A medida de Wright deixou o time mineiro indignado. Um diretor do Galo invadiu o gramado e tentou agredir o árbitro. Do lado de fora, Reinaldo dava entrevista ao repórter Raul Quadros, da Rede Globo.

"Não estou entendendo o Zé Roberto até agora! Um juiz completamente intranquilo dentro da partida, ele está fazendo uma palhaçada! E num jogo desse, que poderia ser decidido tranquilamente, início de partida... Os juízes brasileiros não estão tendo equilíbrio emocional. Eles transmitem uma insegurança, um nervosismo a todas as duas equipes. Até a torcida fica exaltada!"

O diretor de futebol do Atlético, Marcelo Guzzela, e o técnico Carlos Alberto Silva pediam que os jogadores do Atlético saíssem de campo. O jogo seguia paralisado. Enquanto a polícia formava um cordão de isolamento para tentar garantir a sequência da partida, Palhinha também foi expulso. Chicão foi até Wright e perguntou se o árbitro expulsaria alguém do Flamengo para compensar o que tinha feito, e, em vez da compensação, também recebeu cartão vermelho. Ao sair de campo, Chicão aplaudiu ironicamente o banco de reservas do Flamengo. Esfregando o polegar e o dedo médio, fez o gesto de que o juiz estaria comprado.

PAULO CÉSAR CARPEGIANI

"Impressionante o que os caras estavam dando de pontapé! Chicão era brincadeira, tchê! Que Deus o tenha, mas o Chicão merecia sair dali direto para um presídio! Até o Reinaldo! Eles estavam transtornados, não sei por quê. Não queriam jogar futebol.

Éder, o segundo atleticano a ser expulso, também foi ouvido por Raul Quadros. "Foi uma covardia! É um circo, já estava tudo armado! Uma palhaçada! Um bando de palhaços que armaram isso, esses caras de preto que apitam. Eu não fiz nada, Reinaldo não fez nada. Não tem condições!" O diretor de futebol do Atlético, Marcelo Guzzela, dizia que o Atlético ia se retirar de campo em protesto ao que ele chamou de manobra baixa de José Roberto Wright. E conclamou o presidente da República, João Figueiredo, a tomar providências com relação ao que tinha acontecido. "Pela grandeza que eu sei que ele tem de brasileiro, que ele pratique dentro do futebol brasileiro o que, felizmente para a salvação nacional, foi praticado na revolução de 1964! Porque infelizmente o futebol brasileiro não foi atingido por essa revolução salvadora. Mas ainda é tempo, presidente! Vamos cuidar disso!"

JÚNIOR

Eles criaram esse clima todo. Os caras estavam destemperados, estavam pilhados. O Wright falou no começo do jogo:

"Vocês estão querendo perturbar o jogo? Não vão perturbar o jogo! Eu vou mandar embora! Se começar com entrada violenta, eu vou mandar embora."

Ele acabou de falar, o jogo reiniciou, o Reinaldo deu um carrinho no meio do Zico. O Reinaldo! Então ele mandou um embora. Aí o Éder:

"Vai se foder!"

"Bom, vou acabar o jogo. Vocês estão querendo, eu vou acabar o jogo."

Os jogadores do Flamengo aguardavam pacientemente no gramado. A partida ficou interrompida por trinta minutos, período em que Wright também expulsou todo o banco de reservas do Atlético Mineiro, com exceção de Fernando Roberto, que entrou no lugar de Vaguinho, e Marcus Vinícius, que substituiu Jorge Valença. O jogo recomeçou com apenas sete atletas do Galo em campo, o limite mínimo permitido pelas regras do futebol. As duas alterações já tinham sido feitas, e, se algum jogador se machucasse e não pudesse continuar, o jogo terminaria.

Em trinta segundos, o Atlético adotou a estratégia do cai-cai. João Leite já tinha desabado na grande área aguardando atendimento, e

Wright não parou o jogo, mandando a partida seguir. A bola foi lançada em direção ao ataque do Atlético, e Figueiredo atropelou Fernando Roberto, em uma falta bem mais dura que a cometida por Reinaldo. Nem amarelo o zagueiro do Flamengo levou. João Leite continuou caído por três minutos, esperando para ser retirado de maca. Wright mandou médico e massagista do Atlético para fora de campo e ordenou que Osmar reiniciasse o jogo, mesmo com o goleiro caído. O zagueiro segurou a bola, negou-se a entregá-la e também foi expulso. Chegava ao fim um dos jogos mais controvertidos da história da Libertadores. Depois que encerrou a partida, ainda exaltado, Wright tentou explicar o que tinha acontecido.

"O Atlético Mineiro fazer o que fez, com instrução vinda de fora, isso é o fim do futebol brasileiro. Um espetáculo que todos compareceram, o público veio em massa para ver o antifutebol. Uma vergonha! Isso só faz denegrir a imagem do nosso futebol! Lamentavelmente, isso já não é a primeira vez que acontece. Essa equipe vem a campo a fim de não jogar futebol. Lamentavelmente. Eu tentei levar o espetáculo até o fim, fazendo com que os jogadores respeitassem minha autoridade. Não quiseram jogar, dando pontapé, ofensas e outras coisas mais. E, ainda no fim, culminando com essa palhaçada que tentaram fazer, o jogo acabou. Isso é uma vergonha para o futebol do Brasil, e eu não tenho mais nada a fazer. Muito obrigado."

Depois que Wright deu a entrevista e desceu para o vestiário, os jogadores do Atlético Mineiro voltaram ao campo de jogo para saudar a torcida que tinha encarado novecentos quilômetros para apoiar o time. Revoltados, os torcedores dos dois times xingavam o árbitro e pediam o dinheiro do ingresso de volta. A partida tinha terminado em campo, mas a batalha seguiria no tapetão.

A primeira medida atleticana após o jogo no Serra Dourada foi entrar com um recurso na Confederação Sul-Americana para pedir a anulação do jogo. O presidente do Galo, Elias Kalil, acusou a CBF de fazer parte de uma "máfia carioca", e cobrou até do presidente João Figueiredo uma atitude contra o que ele classificou de "bandalheira" que tomava conta do futebol brasileiro. A confusão repercutiu até na bancada mineira do Congresso Nacional. O senador Murilo Badaró, torcedor do Galo, pediu a transferência da CBF e do CND para Brasília, para "acabar com as pressões que as entidades sofrem dos dirigentes dos clubes do Rio". O governador Francelino Pereira defendia a realização de um novo jogo: "A causa que os atleticanos abraçaram é a própria causa dos mineiros".

No dia seguinte ao polêmico jogo, José Roberto Wright estava na praia do Leblon jogando vôlei e deu sua opinião ao jornal *O Globo* sobre o pedido dos mineiros de anulação da partida.

"Não tenho dúvidas, o jogo não será anulado. Mas se, por forças estranhas, Flamengo e Atlético tivessem que jogar novamente, eu voltaria a campo. E tem mais: repetiria todos os meus atos caso os jogadores do Atlético atuassem como fizeram no Serra Dourada."

Foram duas semanas até que fosse marcado o julgamento sobre a validade ou não da partida. O recurso do Atlético pedindo a anulação da partida era baseado em um erro de direito. A alegação era de que José Roberto Wright tinha dado o jogo por encerrado e depois voltou atrás. Além disso, expulsou todos os atletas do banco de reservas atleticano e permitiu que o Atlético fizesse duas alterações depois disso. E a alegação mais forte: falta de segurança, provada pela invasão de campo por imprensa, torcedores e dirigentes do próprio Atlético. Se não conseguisse a anulação, o Atlético tentaria ao menos afastar Wright do quadro da Fifa.

A CBF isentou-se das acusações do presidente do Atlético Mineiro e prometeu processá-lo por injúria. Em nota, a CBF afirmou que apenas tinha emprestado sua sede para entendimentos finais entre os dois times. Quem definiu o local do jogo foi a Confederação Sul-Americana, e a indicação do árbitro tinha sido uma escolha dos dirigentes dos dois clubes. O Flamengo estava confiante no resultado do julgamento, e o responsável pela defesa rubro-negra seria o próprio presidente do clube. Antônio Augusto Dunshee de Abranches era advogado e, nos bastidores, contava com a orientação do homem mais poderoso do futebol mundial.

ANTÔNIO AUGUSTO DUNSHEE DE ABRANCHES
Presidente do Flamengo (1981-1983)

"Eu fui para Lima com um conselho do presidente da Fifa que deu muito certo. O dr. João Havelange me disse uma coisa:

"Meu filho, quando chegar na Confederação Sul-Americana, você fala português. Não entra na história de querer falar espanhol. Você não sabe falar espanhol, eles não vão te entender. Se você falar português, eles vão fazer um esforço para te entender."

E toda a sustentação oral das razões do Flamengo foi feita em português e foi perfeitamente aceita.

Cinco homens decidiriam o futuro de Flamengo e Atlético Mineiro na Confederação Sul-Americana. Além do peruano Teófilo Salinas, presidente da entidade, o comitê era formado pelo paraguaio Nicolas Leóz, o uruguaio Eduardo Roca, o venezuelano René Hermes, e pelo boliviano Edgardo Pena. A decisão foi unânime, e, por cinco votos a zero, o Flamengo foi declarado o vencedor do Grupo 3 da Libertadores.

Na segunda fase, o Flamengo se juntava ao atual campeão, Nacional de Montevidéu, e aos outros quatro classificados: Cobreloa, do Chile, Peñarol, do Uruguai, Jorge Wilstermann, da Bolívia, e Deportivo Cali, da Colômbia. Os seis times seriam divididos em duas chaves com três equipes, e os vencedores de cada grupo jogariam a decisão da Libertadores. Os dirigentes rubro-negros já tinham chegado a um entendimento com Peñarol e Nacional para ficar no mesmo grupo dos uruguaios. O acordo, costurado por Márcio Braga, agradou a Carpegiani e ao supervisor Domingos Bosco, e tinha por meta voos mais curtos e baratos, e principalmente a possibilidade de bilheterias maiores ao enfrentar times mais tradicionais. O Cobreloa não aceitou a proposta e exigiu que fosse feito um sorteio. A bolinha rubro-negra passou longe dos uruguaios, e os dois próximos adversários seriam os bolivianos do Jorge Wilstermann e os colombianos do Deportivo Cali. Os chilenos, que insistiram no sorteio, ficaram com o lugar que o clube da Gávea queria, ao lado dos uruguaios Peñarol e Nacional.

Enquanto a segunda fase não começava, o Flamengo disputava o segundo turno do Campeonato Carioca. No calendário, o clube também preparou uma grande festa para a despedida oficial de Paulo César Carpegiani. Agora treinador, Carpegiani seria o coadjuvante do duelo entre Zico e Maradona. Os filhos do técnico lhe entregaram uma placa de prata, e o volante Batista, do Internacional, veio de Porto Alegre somente para trazer uma homenagem do clube em que Carpegiani dera os primeiros passos.

Foram apenas oito minutos vestindo a camisa 8 do Flamengo e a tarja de capitão pela última vez. Os últimos minutos de um dos maiores jogadores brasileiros dos anos 1970. O jogo de despedida era fundamental para que Paulo César vivesse o rito de passagem e compreendesse melhor as mudanças que tinham acontecido em sua vida. Ao ser substituído, deixou o campo do Maracanã escoltado por Zico e Maradona, e atirou a camisa para a torcida. A lembrança foi disputada pelo público na geral até se rasgar em vários pedaços.

Flamengo e Boca Juniors se enfrentaram no Maracanã, e Zico não deixou dúvidas de quem estava melhor naquele dia: 2 X 0, dois gols do Galinho. No primeiro, jogada de Nunes pela ponta-direita, Zico se antecipou aos zagueiros e ao goleiro e abriu o placar. Em vez de comemorar, o camisa 10 saiu mancando, trazendo no rosto uma terrível expressão de dor.

ZICO

“Naquele jogo, tínhamos que jogar eu e Maradona. Eu estava com um furúnculo, e quando eu faço o primeiro gol, o cara me dá uma porrada justamente onde estava o furúnculo, na canela. Então eu joguei com a minha canela toda coberta, e na hora que o Nunes cruza, que eu antecipo do goleiro, ele vem junto e pega bem em cima.

Recuperado, Zico aumentou a vantagem sobre Maradona no duelo dos dois maiores jogadores do mundo naquele momento. Tita conduzia a bola pela direita, pouco depois da linha central. Em meio a uma cortina de argentinos, viu a passagem do camisa 10 na corrida e o deixou cara a cara com o goleiro, o cabeludo Hugo Gatti. A definição foi tranquila, um leve toque e nenhuma reação de Gatti. Naquele dia, nem furúnculos, muito menos Maradona, parariam Zico. O Flamengo venceu o Boca por 2 X 0.

O momento na Gávea era de mudanças. Além da despedida oficial de Carpegiani, também chegava ao fim o ciclo de Rondinelli na Gávea. O Deus da Raça se despedia depois de 11 anos de clube. O negócio não teve o aval de Carpegiani, mas o técnico cedeu aos pedidos do zagueiro, interessado nos 15% a que teria direito na negociação. Ao mesmo tempo que Rondinelli deixava o Flamengo, Leandro era convocado por Telê pela primeira vez para a Seleção Brasileira. O lateral vinha jogando improvisado na zaga ao lado de Mozer e impressionou Telê não só pela habilidade, mas também pela versatilidade.

LEANDRO

"A gente estava concentrado. A galera estava jogando pôquer, nosso poquerzinho que a gente jogava. Nessa época, eu ficava só olhando, não é? Carpegiani, Zico, Rondinelli, Júnior, Toninho Baiano, quando recebi um recado.

"Leandro, telefone para você lá embaixo!"

Eu fui lá atender.

"Alô?"

"Leandro? É o Zildo Dantas. É o Zildo. Eu fui o primeiro?"

"Foi o primeiro de quê, Zildo?"

"Pô, você foi convocado!"

"Caraca, Zildo! É mermo? Caraca! Que legal!"

Aí subi, falei com o pessoal numa euforia danada. Só que ali praticamente todo mundo já tinha jogado na Seleção.

"Pô, galera! Acabei de ser convocado!"

Aquele silêncio na mesa de pôquer, todo mundo concentrado no carteado. O máximo que saiu foi:

"Parabéns."

"Valeu."

Eles já estavam carecas de ir para a Seleção, já estavam cascudos, e eu crente que eles iam fazer a maior festa (risos).

Seriam dois jogos pela Seleção: o primeiro contra um combinado irlandês em Maceió, e o segundo contra a Bulgária em Porto Alegre. Contra os irlandeses, Telê escalou Perivaldo como titular na vitória por 6 X 0. Leandro entrou a vinte minutos do fim e jogou bem. Contra a Bulgária, o lateral rubro-negro foi titular. Em sua estreia oficial pela Seleção, Leandro marcou um gol e foi o destaque da vitória por 3 X 0. Uma atuação de gala na mesma cidade em que tinha sido reprovado nos exames médicos e devolvido pelo Internacional apenas um ano antes.

* * *

Já classificado para a fase final do Campeonato Carioca, Carpegiani decidiu escalar um time misto no terceiro turno do estadual. A prioridade era a segunda fase da Libertadores, e a estreia seria em uma sexta-feira contra o Deportivo Cali, base da seleção da Colômbia. O time alviverde tinha sido o responsável pela eliminação dos argentinos River Plate e Rosário Central, além do outro colombiano do grupo, o Júnior de Barranquilla. Sete jogadores da Seleção Colombiana que disputou as eliminatórias para a Copa de 1982 faziam parte do time, entre eles o goleiro Zape e o atacante Willington Ortiz.

Após oito horas e meia de viagem, contando a escala em Manaus, o Flamengo chegava a Cali. Zico foi recebido pelos colombianos como o melhor jogador do mundo. Ainda empolgados com a exibição do craque contra o Boca, os jornais locais destinavam suas manchetes à presença do principal jogador do Flamengo na cidade. No *Diário Ocidente*: "Zico, o melhor e mais simples do mundo"; no *El País*: "Sou simplesmente Zico". O Flamengo ficou hospedado no Hotel Intercontinental, onde vários torcedores da cidade se aglomeravam em busca de fotos e autógrafos dos jogadores brasileiros.

Carpegiani ainda não sabia se poderia contar com Tita, que tinha sentido fortes dores na virilha durante o treino de reconhecimento do gramado no estádio Pascual Guerrero. Chiquinho, que seria o reserva imediato, estava com o tornozelo machucado e não viajou. Quem aparecia como opção para a posição era Lico, que estava havia muito tempo sem jogar, mas vinha agradando Carpegiani nos treinos.

LICO

“O Carpegiani me conhecia. Foi o cara que me alertou para não esmorecer, disse que a minha oportunidade ia chegar. O Paulo foi realmente a pessoa que me motivou. Eu fui contratado como meia, mas jogava na ponta-esquerda, na ponta-direita, já tinha jogado em todas as posições na frente. Só que no Flamengo eles não sabiam.

O estádio Pascual Guerrero, em Cali, recebeu 50 mil *hinchas* do Deportivo, vice-campeão da Libertadores de 1978. O jogo era à noite, mas, antes das três da tarde, milhares de torcedores já estavam na fila para garantir um bom lugar. *Outdoors* com a foto de Zico estavam espalhados pela cidade, e pelo menos um jogador adversário foi dormir sonhando com o Galinho. O volante Arce Valverde foi escolhido pelo técnico argentino Edilberto Righi para ser o carrapato do principal jogador do Flamengo. A missão do cão de guarda era não desgrudar de Zico durante os noventa minutos.

A preocupação excessiva com Zico permitiu que outros talentos rubro-negros aproveitassem os espaços. Júnior começou a partida avançando bastante ao ataque. Em uma dessas descidas pela esquerda, aos dez minutos de jogo, o lateral lançou Nunes, que estava na meia-lua. O atacante do Flamengo dominou com a perna direita, e, mesmo cercado por três marcadores, girou e bateu com a perna esquerda. O chute rasteiro, sem muita força, passou pelo goleiro Valencia e entrou rente à trave esquerda.

NUNES

“No lance do gol, entrei cortando para dentro porque era o único jeito que eu tinha. Se eu fosse para o outro lado, o zagueiro ia vir e cortar. Fui para dentro e bati com a perna esquerda. Ela entrou no cantinho, 1 X 0. Foi um dos jogos mais difíceis da Libertadores. Um jogo bem disputado; o time deles era muito bom.

Estava caindo um tabu de dez anos, período em que o Deportivo Cali estava sem perder pela Libertadores jogando em casa. Após o gol, o Flamengo se retraiu e permitiu que os colombianos passassem a pressionar de maneira intensa. Raul teve naquela noite uma das maiores atuações de sua carreira. O time de Cali bombardeou com seus três atacantes, especialmente Willington Ortiz. Em duas oportunidades claras de gol, a defesa do Flamengo deu espaços e Raul não teria o que fazer. Nesses lances capitais, os atacantes colombianos desperdiçaram gols incríveis. A pressão aumentou com a expulsão de Tita, mas a sorte, definitivamente, estava ao lado do Flamengo.

Quando o chileno Mario Lira encerrou a partida, todos os jogadores do Flamengo ergueram os braços, completamente extenuados. Uma vitória importantíssima fora de casa sobre o time mais forte do grupo, que começou a ser festejada com champanhe no vestiário e se prolongou pela madrugada no Hotel Intercontinental. Era um resultado que deixava a classificação do Flamengo para a decisão da Libertadores muito bem encaminhada.

Enquanto estavam na Colômbia, Júnior e Adílio fizeram amizade com um menino apaixonado pelo Flamengo, um colombiano que tinha por volta de 16 anos. Júnior presenteou o garoto com uma camisa do clube. O fã não cabia em si de alegria e insistiu para que Júnior e Adílio fossem conhecer a casa dele. Os dois rubro-negros toparam e seguiram com o motorista do menino. O lateral percebeu que o carro fazia parte de um comboio.

JÚNIOR

“Eu vi mais dois carros atrás. Estranhei aquilo. Quando nós chegamos na casa do cara, um bairro assim meio afastado, a casa parecia uma fortaleza, com guarita e tudo o mais. Aí, eu me toquei, o cara devia ser filho de algum chefão. Nós entramos, ele apresentou o pai, que estava numa sala daquela com mesão tipo italiano da máfia. Ele levantou, veio falar que gostava muito de futebol. Aí ficamos conversando, e, antes de ir embora, o garotão chega para mim:

“Ó, vou te dar um presente.”

Aí me deu uma sacola, tipo de supermercado. Quando eu abri, tinha uma pistolinha pequenininha!

“Pô, cara! Para que eu quero isso?”

“Tu me deu um presente, tua camisa. Estou te dando um presente!”

"Isso aqui não vai me servir para nada!"

"Não, leva, leva!"

Era uma pistolinha pequenininha. E meu irmão era polícia, decidi levar para ele. Armei um cara lá para botar na bagagem, dentro de uma chuteira. Cheguei e dei para o meu irmão. Quando chegou aqui, o revólver era tão velho que não teve nem recuperação. Era como se fosse um revólver de brinquedo. Era uma coisa mais de colecionador, e eu não entendi! Achei que ele estava me dando uma arma. Era só um revólver de colecionador.

O dia seguinte à suada vitória sobre o Deportivo Cali foi de descanso no Hotel Intercontinental de Cali. À beira da piscina, a turma da Rádio Globo estava reunida. Kléber Leite, Jorge Curi e João Saldanha conversavam animadamente com outros companheiros de imprensa e com o lateral Leandro até que a chegada de um cantor brasileiro mudou o rumo da prosa.

KLÉBER LEITE
Repórter da Rádio Globo em 1981

De repente, o João Saldanha percebeu que Nélson Ned estava chegando à piscina, com uma loura linda, esposa dele. E o João olhou e começou a falar com a gente:

"Olha, esse cara é um exemplo de vida! O talento desse cara fez dele uma das maiores celebridades do continente. Não tem ninguém que venda mais discos nas Américas do que ele! Isso é um fenômeno! Superou a tudo e a todos!"

O Nélson Ned vem caminhando, para e vê o João.

"João! Que saudade, há quanto tempo!"

"Eu tava falando em você aqui! E não vou dizer que você é nota dez, vou lhe dar 9,9 porque você só será dez quando gravar uma música do Chico Buarque de Hollanda!"

"Chico Buarque? Deus me livre! Gravar uma música desse comunista?"

Aí o João olhou pra ele, enlouquecido:

"Anãozinho filho da p... !"

Ninguém sabia o que fazer (risos). Todo mundo ficou com vergonha do João e mergulhou na piscina!

Próxima parada: Cochabamba. Depois de viajar até o Paraguai, a Raça estava decidida a encarar uma nova aventura na Bolívia. A ideia empolgou a galera, e quase cem integrantes da torcida demonstraram interesse em viajar. Chegando o dia de embarcar, as desistências foram se acumulando, e, no final, só Moraes manteve a palavra. Cláudio queria ir, mas estava duro. Todo o dinheiro que ganhava como policial civil era investido em bandeiras, instrumentos de percussão e tudo o mais que a Raça precisasse. Uma paixão que custou até o casamento do líder de torcida.

A ideia de Moraes era ir de avião, mas Cláudio não teria como pagar. Moraes detestava viajar sozinho, então topou ir para a Bolívia por terra para ter a companhia do amigo. César, o irmão de Cláudio, estava morando no Piauí, mas topou participar da saga e completou o trio, capaz de qualquer loucura para acompanhar o Flamengo.

Moraes era o mais viajado dos três e ficou encarregado de organizar a viagem. Havia um ônibus direto da linha Rio-Campo Grande, mas perder Flamengo e Olaria pelo Campeonato Carioca? Nem pensar! Cláudio, Moraes e César sairiam do Maracanã logo depois da vitória rubro-negra por 4 X 0 direto para a rodoviária Novo Rio. O grupo pegou um ônibus até São Paulo, onde chegaram na manhã seguinte, às seis horas. Depois de uma breve parada para esticar as pernas e tomar café da manhã, era hora de seguir viagem em mais um ônibus, agora para Mato Grosso do Sul. Após 16 horas de estrada, o pernoite seria em Campo Grande, onde o chefe de Moraes na Embrafilme tinha oferecido a eles pouso na casa de parentes.

CLÁUDIO CRUZ
Fundador da Raça Rubro-Negra

O Moraes disse para a gente ficar sossegado, que a gente ia dormir na casa de um amigo. Quando nós chegamos na casa do cara, de noite, eu vejo aquela nuvem. Parecia que eu estava no Woodstock em Mato Grosso, rapaz! Aquela fumaça, meu irmão... que maresia! Tu não conseguia ficar lá dentro! Uma maconhada! Cada um faz o que quiser, mas não comigo ali, rapaz! E eu não conseguia dormir.

"Moraes! Olha o lugar que tu me trouxe!"

MORAES
Embaixador da Raça Rubro-Negra

"Nós estávamos em três caras. O Cláudio, policial; eu era careta; e o irmão dele, bancário do Banco do Brasil. Se a polícia chega, os maconheiros éramos nós! Os cariocas! Eu não posso nem ver cigarro. Dormi a noite inteira "fumando" maconha. Porque a gente "fumou"; não pararam a noite inteira.

Na manhã seguinte, Cláudio, César e Moraes pegaram carona na larica alheia e tomaram um senhor café da manhã. O próximo pontinho no mapa traçado por aqueles malucos era Corumbá. A viagem seria pela Transpantaneira, rodovia que corta o Pantanal. Além dos três, só o motorista e mais duas pessoas estavam no ônibus. Foram quase 15 horas de uma experiência selvagem, com animais que eles só tinham visto nas páginas da revista *Geográfica Universal*. Cláudio ficou encantado com uma revoada de tuiuiús e se identificou com as aves assim que percebeu o pescoço vermelho e preto. Uma delas se destacou do grupo, deu um rasante e subiu com uma cobra no bico.

Depois de duas horas de viagem, a paisagem, antes deslumbrante, já era mais do mesmo. E, com o cair da noite, os três foram alvo dos mosquitos, ávidos por sangue novo. O jeito foi fechar as janelas do ônibus, apesar do calor sufocante. Ainda faltava atravessar um rio de balsa para chegar a Corumbá, e o segundo dia na estrada terminou à noite. Os três foram procurar um hotel para descansar, mas só acharam um Otel, com O mesmo. Não demorou muito para que eles percebessem que o lugar era um bordel disfarçado. O único quarto disponível só tinha duas camas, com lençóis usados e um cheiro insuportável de orgia no ar. O bem-nascido Moraes estava horrorizado, e só mesmo o cansaço e a falta de opção melhor fizeram com que ele conseguisse cair no sono. Cláudio teve de dividir a cama com o irmão, mas achou melhor dormir ali do que envolto em uma nuvem de maconha.

A saga chegava ao terceiro dia, e finalmente era hora de cruzar a fronteira com a Bolívia. Logo pela manhã, o trio pegou um táxi de Corumbá até Quijarro. Moraes, o viajante experiente, tinha planejado tudo. Avisou os outros integrantes do grupo que era necessário tomar vacina contra febre amarela; deixou claro que o mínimo de dinheiro para a viagem era de duzentos dólares, mas se esqueceu de um "pequeno" detalhe.

MORAES
Embaixador da Raça Rubro-Negra

A Polícia Federal viu aqueles três malucos no táxi com a camisa do Flamengo e parou a gente.

"O visto de vocês está em dia, não é?"

Não tinha visto. O Cláudio quase me mata de porrada!

Os policiais deram aos três o endereço do Consulado da Bolívia em Corumbá. Eles voltaram no mesmo táxi, rezando para que o serviço diplomático estivesse funcionando, já que era fim de semana. Com a ajuda de São Judas Tadeu, a consulesa estava dando expediente e o grupo conseguiu os vistos para o país vizinho, amenizando a vontade que Cláudio e César tinham de cortar Moraes em pedaços e jogar para os jacarés do Pantanal.

Fronteira cruzada, na estação de Quijarro, era hora de comprar as passagens para Santa Cruz de la Sierra. Talvez a pior parte da saga estivesse começando: Cláudio, César e Moraes estavam prestes a embarcar no Trem da Morte. A composição era formada por velhos vagões de madeira e dividida em três classes. Na primeira, os bancos de madeira tinham um estofado quase imperceptível. Na segunda, os passageiros sentavam em bancos de madeira. E na terceira, todos de pé, misturados a cargas e animais. No próximo trem, que partia ao meio-dia, só havia lugar na terceira classe.

CLÁUDIO CRUZ
Fundador da Raça Rubro-Negra

E, naquele dia, tinha jogo do Flamengo: Flamengo e Madureira. Nós ouvimos no trem de Quijarro para Santa Cruz de la Sierra. Aquele trenzão antigo de madeira, uma nojeira! Quando o trem fazia uma curva, a onda do radinho de pilha sumia. "Lá vai o Flamengo..." E, de repente, o Jorge Curi sumia. E a gente ficando desesperado!

A alimentação começa a ser um problema para os três da Raça. Moraes tinha levado uma mochila com biscoitos, e o estoque já tinha acabado. Cláudio não tinha frescura alguma e se deliciava com as iguarias servidas nas paradas do trem. O *asadito*, pedaço de asa de frango espetado em um graveto de árvore, era servido junto a uma papa de arroz amarelado e engordurado. Não havia pratos ou talheres: a comida era servida em sacos plásticos e comia-se com as mãos. Cláudio aproveitou para conhecer mais da cultura andina. A limonada fazia muito sucesso nos pontos de parada do Trem da Morte. Os garotos que vendiam o suco carregavam uma caneca e dois baldes: um com limonada; outro com água.

CLÁUDIO CRUZ
Fundador da Raça Rubro-Negra

"Quando você pedia a limonada, ele pegava aquele balde com água. Na mesma água que ele lavou a caneca de todo mundo, ele lava a tua caneca. Depois, ele atochava a caneca na limonada e te dava. Toda a hora que o trem parava eu bebia, rapaz! E o meu irmão:

"Vai beber essa nojeira?"

Aí, num determinado momento, meu irmão já não aguentava mais. Na parada, ele chamou o menino da limonada:

"Ei, *chico*! Limonada!"

"No hay más, señor. No hay más."

Comecei a rir.

"Estão vendo, seus babacas? Ficaram com nojinho? Se ferraram!"

A cada parada, soldados do Exército boliviano entravam nos vagões e revistavam os passageiros. Entre idas e vindas do sinal da Rádio Globo, Cláudio, César e Moraes descobriram que o Flamengo tinha vencido o Madureira por 3 X 0, e ganharam ânimo novo para a reta final da viagem. O Trem da Morte finalmente chegou a Santa Cruz de la Sierra no fim da tarde de domingo, véspera do jogo entre Flamengo e Wilstermann. Mas a saga ainda não tinha terminado. Faltava arranjar uma maneira de chegar a Cochabamba, local da partida.

Ainda na estação de Santa Cruz, o trio da Raça conheceu um ex-jogador brasileiro chamado Cabrita, que era de São Paulo e vivia na Bolívia. O ônibus que fazia o trajeto a Cochabamba só chegaria lá na terça, dia do jogo, à tarde. A ideia era receber o time do Flamengo no aeroporto e mostrar aos jogadores que eles não estavam sozinhos nessa batalha. Cabrita sugeriu que eles fossem ao posto federal da cidade e tentassem pegar uma carona para chegar ao destino pela manhã. Chegando ao posto, Cláudio, Moraes e César conseguiram um caminhão de banana e açúcar que ia subir os Andes. Cada um pagou dois dólares ao caminhoneiro.

CLÁUDIO CRUZ
Fundador da Raça Rubro-Negra

"Um frio do cão e a gente na carroceria. Nós três e um garoto que ajudava no transporte da banana. O menino fedia demais! E só tinha banana verde. A gente, com fome, começou a comer banana verde. O caminhão parou às dez da noite, porque o país tinha toque de recolher. Paramos e esperamos até às cinco da manhã.

De manhã, o caminhoneiro fez uma parada para que todos pudessem descansar. Aqueles homens apaixonados pelo Flamengo já estavam no limite das forças, viajando havia cinco dias para levar a bandeira do clube e presenciar o time do coração fazendo história. As energias, quase no fim, reacenderam-se por uma situação improvável. Naquele cantinho escondido da Bolívia, Cláudio, César e Moraes receberam um sinal de que aquela aventura tinha valido a pena.

MORAES
Embaixador da Raça Rubro-Negra

"Um menino, de uns dez anos, viu a gente com a camisa do Flamengo e veio perguntar:

"Ustedes son brasileños? Son de Flamengo? Zico! Adónde está Zico?"

A gente estava no meio da cordilheira dos Andes, num lugar ermo, e aquela criança conhecia o Flamengo e o Zico! A alegria voltou, a gente juntou o restinho de força que ainda tinha para aguentar o rojão, até porque não tínhamos como voltar.

O grupo passou mais alguns minutos com o pequeno fã de Zico e depois foi em busca de algo para comer. À beira da estrada, só havia uma barraca. Cláudio estava faminto, foi até o balcão, e deparou com uma coxinha esverdeada que parecia estar ali desde os tempos de Simón Bolívar. César e Moraes se olharam, pensando a mesma coisa: "Ele não vai fazer isso!". O líder da Raça fez jus ao cargo e atacou no portunhol:

"*Señor*, uma coxinha de carne! Me dá isso aqui!"

Ao partir o primeiro pedaço, Cláudio sentiu um forte cheiro de comida estragada. A fome era maior que o nojo, e mais uma iguaria da cozinha boliviana era devorada por aquele ogro rubro-negro. Duas horas depois, a cordilheira dos Andes era testemunha de uma das maiores diarreias já registradas na América do Sul.

© Eduardo Monsanto

Trinta anos depois da aventura: Cláudio Cruz, fundador da Raça Rubro-Negra, e Moraes, embaixador da Raça. O terceiro integrante da aventura pela América e também fundador da Raça, César Lúcio Cruz, morreu de câncer em 2008.

A saga de Cláudio, César e Moraes chegava ao fim às nove da manhã, quando leram a placa "Bienvenidos a Cochabamba". Vencidos pelo cansaço, os três se permitiram pagar um bom hotel. Lá, tomaram banho e tiraram um cochilo até meio-dia, quando foram para o aeroporto receber a delegação rubro-negra. Os jornalistas brasileiros ficaram sabendo da odisseia daqueles malucos, e, no dia seguinte, uma das maiores loucuras já feitas por amor a um time de futebol ganhava as páginas do *Jornal do Brasil* e de *O Globo*, que deu à história dos três fanáticos rubro-negros o título "Uma faixa estendida na raça".

* * *

A viagem da delegação rubro-negra até a Bolívia não passou nem perto dos percalços vividos por seus torcedores, mas também teve alguns momentos de tensão. Os jogadores já estavam embarcados no avião da LAB, aguardando autorização para decolar, quando policiais federais entraram na aeronave e retiraram Baroninho do voo. O nome do ponta-esquerda constava em uma lista de pessoas impedidas de deixar o país.

BARONINHO

"Eu estava com um processo de quando eu ainda jogava no Palmeiras. Era um jogo contra o Juventus; eu nem joguei. Um torcedor deu um tapa na minha cara e eu revidei. Tinha esse processo correndo em São Paulo e eu não podia sair do Brasil.

Baroninho deixou a aeronave constrangido. O ponta tinha sido hostilizado na saída do Parque Antarctica, quando estava com César, Ivã e Gilmar, também jogadores do Palmeiras. Um grupo de menores parou os quatro e começou a ofendê-los. O pai de um dos menores entrou na justiça, acusando Baroninho de ter agredido o filho dele. O departamento jurídico do Flamengo teria pouco tempo para resolver a situação. Carpegiani deixou Lico de sobreaviso.

Consciente das dificuldades de jogar a 2.560 metros acima do nível do mar, o Flamengo levou para Cochabamba quatro balões de oxigênio portátil e seis máscaras de oxigênio. Por precaução, quarenta garrafas de água mineral do Brasil também estavam na bagagem. O problema com Baroninho atrasou o voo em uma hora, e uma troca de avião em Santa Cruz de la Sierra também retardou o horário de chegada. No desembarque, além do carinho dos três malucos que viajaram mais de 3.300 quilômetros por terra para vê-los, os jogadores do Flamengo também receberam colares de flores entregues por meninas bolivianas.

O adversário em Cochabamba era o Jorge Wilstermann, bicampeão nacional em 1980 e 1981. Teoricamente, o time boliviano era o mais fraco no grupo do Flamengo. O clube tinha sido fundado em 1949 por funcionários do Lloyd Aereo Boliviano (LAB), que batizaram o time com o nome do primeiro piloto comercial do país andino. A favor do Wilstermann jogava a altitude, que transformava o estádio Felix Capriles em uma arapuca para os visitantes desacostumados a jogar naquelas condições. Nas 13 partidas disputadas em casa nas edições anteriores da Libertadores, o Wilstermann venceu 11 jogos e perdeu apenas dois.

Passar de fase já tinha sido um grande feito. O Wilstermann era o primeiro clube da Bolívia a se classificar para a segunda fase nos 21 anos da competição sul-americana. Quem comandou o time na fase de grupos foi um velho conhecido dos rubro-negros, o atacante Jairzinho. O Furacão da Copa marcou quatro gols na primeira fase, mas deixou o clube boliviano para voltar ao Botafogo. Outro brasileiro foi trazido para substituí-lo: Bendelack, atacante que se destacou jogando pelo Nacional de Manaus e foi emprestado ao clube de Cochabamba por oito meses.

Tinha chegado o dia do jogo, e Baroninho continuava no Brasil. Depois que o ponta foi retirado do avião, o departamento jurídico correu contra o tempo para conseguir uma autorização para a viagem. O juiz Célio Estal foi procurado, e expediu um *habeas corpus* para Baroninho. Às duas da manhã, o ponta ligou de um orelhão para Dunshee atrás de notícias, e ficou sabendo que viajaria às 9:15 horas para Santa Cruz de la Sierra. Em algumas horas, um funcionário do Flamengo pegou Baroninho e o levou para o aeroporto. Dessa vez, o embarque foi autorizado. Na chegada a Santa Cruz, mais três horas de espera até o voo para Cochabamba. E, a menos de uma hora de o jogo ter início, Baroninho finalmente chegou ao estádio Félix Capriles e foi confirmado entre os titulares por Paulo César Carpegiani.

Os dois times foram para o gramado, mas o jogo demorou a começar. A banda do Exército caprichava na trilha sonora para o desfile do general Celso Torrelio. O militar, presidente da Bolívia, caminhava pela pista de atletismo acenando para os 30 mil torcedores que lotavam o estádio Félix Capriles. Ao parar diante dos microfones dos repórteres, Torrelio apelou ao nacionalismo, dizendo que o Wilstermann era o próprio país e deveria dar tudo pela vitória. O presidente boliviano era mais um político que pegava carona no futebol para se promover, cena que já tinha acontecido com o ditador paraguaio Stroessner, figurinha fácil nos jogos do Olímpia, e ainda se repetiria em outros países sul-americanos até o final da Libertadores.

ZICO

"A grande diferença desse jogo aí é que parecia que a gente estava num quartel. Era o estádio todo verde: todo mundo foi fardado para o jogo! Tinha um monte de gente de farda no estádio.

A bola rolou depois do cerimonial dos militares, e, no início da partida, a postura do Flamengo era esperar o Wilstermann e jogar nos contra-ataques. Júnior tentava apoiar o ataque, e a cada subida o ponta brasileiro Bendelack jogava em suas costas, e o lateral rubro-negro se via obrigado a fazer algo que não era de sua natureza: marcar. Aos 13 minutos de partida, Nunes partiu em jogada individual. Ao tentar dar o drible da vaca em Aveiro, levou um carrinho do jogador boliviano, que desviou a bola com a mão. Falta de longa distância para o Flamengo. Zico ajeitou a bola e chamou Baroninho. Era uma questão de força, não de jeito.

No gol do Wilstermann estava José Issa, 37 anos. O calvo e barrigudo goleiro boliviano vivia o final da carreira e tinha entrado porque o titular Pérez estava suspenso e o reserva, o brasileiro Ricardo, tinha rescindido o contrato. O time boliviano sequer tinha outro goleiro no banco para o jogo contra o Flamengo. Vestindo uma camisa verde-água, Issa mandou apenas dois homens para a barreira. Ele não conhecia Baroninho.

O camisa 11 do Flamengo tomou 15 passos de distância e disparou uma pedrada em direção ao gol do Wilstermann. O chute rasteiro passou à esquerda da barreira e viajou até o canto esquerdo de Issa. A bola passou por baixo do goleiro boliviano, que caiu atrasado. O voo em *slow motion* de Issa fez com que ele parecesse um saco de batatas sendo descarregado de um caminhão em dia de feira.

O Flamengo estava na frente, e os bolivianos aumentaram ainda mais a correria. Os brasileiros sentiam cada vez mais os efeitos da altitude, e, para os zagueiros rubro-negros, a tarefa de segurar os rápidos atacantes do Wilstermann começava a se complicar.

MOZER

Lá na Bolívia, todo mundo ia para a frente. Para trás, só se voltasse de táxi (risos). Ô lugarzinho ruim para se jogar bola! Nossa Senhora... No fundo, o Wilstermann não era tecnicamente muito forte, mas nós tínhamos muita dificuldade pelo comportamento defensivo de retorno. A gente conseguia chegar à área adversária com facilidade, mas o time tinha muita dificuldade de retornar.

Apesar do sufoco, o Flamengo levou a vantagem de 1 X 0 até o final do primeiro tempo. Na volta do intervalo, o técnico paraguaio do Wilstermann, Carlos Sanabria, sacou Aveiro e colocou Melgar. Os rubro-negros começavam a sentir os efeitos da altitude. Júnior teve um leve sangramento no nariz, e o rendimento físico do time já não era o mesmo. Aos oito minutos do segundo tempo, Zico errou um passe de calcanhar no meio-campo. Villalon tomou a bola, ergueu a cabeça e lançou para Bendelack na direita. O passe foi milimétrico e parou no peito do ponta brasileiro. Mozer, que o marcava, escorregou. Júnior tentou cobrir o zagueiro e tomou a bola nas costas. O passe de Bendelack mirou a área, onde Melgar entrou na corrida e ficou sozinho com Raul. O chute cruzado ainda tocou na trave antes de entrar. O jogo estava empatado: 1 X 1 em Cochabamba.

Carpegiani sentiu que era hora de mudar. Chiquinho não vinha produzindo bem na ponta-direita e não conseguiu permanecer em campo depois de levar uma pancada do zagueiro argentino Navarro. O técnico olhou para o banco e viu o olhar concentrado de Lico. A orientação era para que o catarinense atuasse como um falso ponta, fazendo a função de quarto homem de meio-campo. Aquela substituição mudaria não só a história do jogo, mas também a trajetória de Lico no Flamengo.

Na primeira bola que pegou, Lico tabelou com Adílio e avançou pela ponta-direita. Com um corte seco, deixou um zagueiro para trás e testou o pesadão Issa. O goleiro mandou para escanteio. O próprio Lico foi buscar a bola, ajeitou no quarto de círculo e fez a cobrança. A bola alçada caiu entre a marca do pênalti e a pequena área. Adílio e Mozer estavam na jogada.

ADÍLIO

O Mozer subia muito alto, e eu também tinha uma impulsão muito boa. Quando eu subo para cabecear essa bola, que vinha desenhada mesmo, o Mozer vem, cabeceia minha cabeça e eu cabeceio a bola! (risos). Brincadeira? E ele veio com tudo! Mas quando eu vi que a bola tinha entrado, não senti nem dor. Só saí vibrando! Depois deu uma dor de cabeça enorme (risos).

Em pouco tempo, Lico tinha conseguido mudar a história do jogo. Com ele, o Flamengo encontrou o equilíbrio necessário para segurar a pressão dos bolivianos e garantir o resultado. Os demais jogadores sentiram a importância tática daquele catarinense magrinho, que errava pouquíssimos passes, tinha grande vocação ofensiva e ainda ajudava a marcar no meio-campo.

LICO

Eles estavam fazendo uma pressão muito grande. Faltava uns vinte, 25 minutos. Estava 1 X 1, e o Flamengo sendo pressionado. O Carpegiani me colocou, eu segurei bem o jogo. Dei o passe para o Adílio fazer o segundo gol e fui muito elogiado por todos. Então ali comecei a sentir, e eles começaram a perceber, que eu era jogador da altura de qualquer outro que estava na equipe. O Carpegiani virou para mim e disse:

"Pô, você devia ter me falado antes que jogava de ponta!"

O Flamengo voltava ao Brasil com duas vitórias em suas duas partidas fora do país. No voo de volta ao Brasil, três convidados ilustres pegavam carona com a delegação: Cláudio, Moraes e César. Por todas as loucuras que fizeram pelo Flamengo, ganharam ingressos para ver o jogo na Tribuna de Honra do estádio Félix Capriles, e, ao lado da Tribuna Especial, colocaram a faixa que tinham trazido.

"RAÇA RUBRO-NEGRA – SEMPRE PRESENTE"

Vendo a faixa estendida, os três se abraçaram e tiveram a certeza de que todo o sacrifício tinha valido a pena. A classificação para a final da Libertadores estava praticamente assegurada.

O Deportivo Cali, que derrotou o Wilstermann por 1 X 0 na Colômbia, chegava ao Rio de Janeiro com chances remotas de classificação. Para que os colombianos se classificassem, teriam de devolver ao Flamengo a derrota sofrida no estádio Pascual Guerrero três semanas antes. O Maracanã passou longe de ficar lotado naquela sexta-feira à noite, em que o jogo atraiu um público modesto para os padrões rubro-negros: 28.847 pagantes.

Pressionando desde o começo, o Flamengo só levou nove minutos para fazer 1 X 0. Chiquinho iniciou a jogada na ponta-direita e fez o passe para Leandro na intermediária adversária. O camisa 2 recebeu, olhou para a área e fez o cruzamento. A bola parecia ir em direção a Nunes, mas caiu rapidamente para encontrar o peito de Zico. Da altura da marca do pênalti, o camisa 10 deixou que a bola quicasse uma vez e bateu forte com a perna direita. O goleiro Valencia não teve o que fazer. Enquanto Zico era abraçado por Baroninho, os jogadores do Deportivo Cali foram para cima do bandeirinha uruguaio Roque Cerullo para reclamar de impedimento no lance do gol. Nunes estava adiantado, mas não participou da jogada. O zagueiro Capiello, do Deportivo Cali, dava condições a Zico. O gol era legítimo.

No segundo tempo, a classificação para a final da Libertadores se tornaria realidade. Aos 12 minutos, Baroninho prendeu a bola na ponta-esquerda e chamou dois marcadores. Estava criado o espaço para a passagem de Júnior, que teve liberdade para receber na frente e depois levantar a bola na área. Chiquinho, no primeiro pau, mergulhou e fez, de peixinho, 2 X 0. Com o jogo praticamente definido, aos 37 minutos, o Flamengo marcou mais um em um lance de bola parada. O goleiro Valencia armou a barreira com sete homens, enquanto Nunes e Andrade atrapalhavam a visão dos adversários. Júnior e Zico estavam na bola, e o chute saiu dos pés do camisa 10. A bola encobriu a barreira e era defensável para Valencia. Mas o goleiro do Deportivo Cali se atrapalhou com a bola, que passou entre as suas mãos. Os rubro-negros, estreantes na competição, estavam classificados para a final com uma rodada de antecedência.

Uma semana depois da vitória sobre os colombianos, o Flamengo ainda teria de cumprir tabela contra o Jorge Wilstermann no Maracanã. Em vez de escalar um time misto, Carpegiani só deixou de fora Raul, Leandro e Zico. O pequeno público de 7.520 pagantes levou um susto logo aos dois minutos de jogo. Em um contra-ataque dos bolivianos, Taborga recebeu na entrada da área e chutou colocado no canto esquerdo de Cantarele. Wilstermann em vantagem e ao nível do mar.

A certeza da superioridade técnica sobre os bolivianos garantia a calma do Flamengo, que chegou ao empate 16 minutos depois. Chiquinho avançou pela ponta-direita, entortou o lateral Arías e cruzou no primeiro pau. Nunes, desmarcado, cabeceou sem sair do chão. No placar, 1 X 1. A virada veio ainda no primeiro tempo, aos 39 minutos. Baroninho cobrou escanteio pela direita. Chiquinho desviou, a bola bateu na cabeça de Adílio e entrou. Um gol meio sem querer, comemorado discretamente pelo camisa 8.

No segundo tempo, o Flamengo jogou com a preguiça típica de um time já classificado e castigado pelo interminável calendário de jogos. A vitória só foi transformada em goleada nos minutos finais. Tita tentou a enfiar a bola para o centroavante Anselmo na área. A bola desviou na marcação e subiu; Anselmo, entre dois zagueiros, bateu com força. O goleiro Pérez ainda tocou na bola, mas não conseguiu evitar o terceiro gol rubro-negro. O gol saiu aos 42 minutos, e três minutos depois foi a vez de Anselmo iniciar a jogada. Do meio-campo, fez um belo lançamento para Nei Dias na ponta-direita. O lateral cruzou para a área, Tita fez um lindo passe de calcanhar para Chiquinho, que soltou uma bomba de perna esquerda e definiu o placar. Flamengo 4 X 1 Jorge Wilsterman.

Tudo certo na Libertadores, com invencibilidade mantida e vaga na final assegurada. O momento era de voltar as atenções para o campeonato estadual. A disputa estava no terceiro turno, e no dia 6 de novembro o adversário seria o Botafogo. O Flamengo teria uma novidade entre os titulares: Lico. Há dois meses sem contrato, o catarinense continuava a buscar um lugar ao sol no Flamengo. Primeiro, chamou a atenção contra o Wilstermann, criando a jogada do gol da vitória. Depois, com uma atuação memorável, salvou o Flamengo de uma derrota contra o Campo Grande. Lico veio do banco a 15 minutos do fim do jogo. Em sua primeira jogada, deu um passe para Tita empatar o jogo. E, aos 42 minutos do segundo tempo, marcou um gol de bicicleta e garantiu a vitória.

PAULO CÉSAR CARPEGIANI

Eu tinha resolvido que o Lico ia jogar. Tita de um lado, Lico do outro. Estava na hora dele. O Lico foi contratado só para entrar de vez em quando no lugar do Zico. Só que o Zico queria jogar sempre. Faltava chance, e o Lico não jogava nunca. Só ficava treinando. E aos pouquinhos, comigo, eu fui colocando. Entrava nos jogos, alguns importantes, e me chamou muito a atenção.

ZICO

O Carpegiani tinha isso na cabeça, não estava mais chegado naquela coisa de usar pontas. Os dois laterais nossos avançavam muito, e ele sentiu que o Lico tinha acertado o time. E o Carpegiani queria uma voz de apoio para fazer aquilo, e veio conversar comigo nesse dia, na concentração para o jogo com o Botafogo.

"Pô, Paulo. Bota, cara! Se é isso que você quer, vai firme. É tua decisão? Vai embora!"

Os jogos contra o Botafogo eram especiais para Zico. Durante a infância, acostumou-se a ver o Flamengo sofrer nas mãos de Garrincha e companhia. O rubro-negro era tão freguês, que o goleiro alvinegro

Manga costumava dizer que gastava antecipadamente o bicho pelas vitórias sobre o Flamengo. Quando se tornou jogador, Zico ganhou um motivo a mais para ter bronca do Botafogo. Em 15 de novembro de 1972, dia em que o Flamengo completava 77 anos, o time de General Severiano deu um presente de grego aos aniversariantes: uma goleada de 6 X 0. Zico já estava entre os profissionais naquela época. Era reserva e tinha a expectativa de enfrentar os alvinegros, substituindo o titular Doval, suspenso. Zagallo era o técnico do Flamengo, e, quando divulgou a escalação, Zico sequer estava relacionado para o banco de reservas. O Galinho escapou por pouco de participar do vexame.

Nove anos depois, o resultado ainda era motivo de gozação. Nos dias de clássico entre os dois times, era comum ver faixas dos torcedores botafoguenses lembrando o massacre de 1972. Uma em especial irritava Zico: "Nós gostamos de Vo6".

LEANDRO

O Zico sempre fala que toda vez que ele entrava contra o Botafogo ele queria dar de 6 X 0. Aquela faixinha deixava ele louco! Mas, naquele dia, as coisas correram tão naturalmente que fizemos 4 X 0 no primeiro tempo. Depois do quarto, a torcida começou a achar que dava para devolver os 6 X 0.

Nunes abriu o placar com apenas seis minutos de bola rolando. A bola mal tinha estufado a rede quando a torcida do Flamengo começou o coro:

"Queremos seis, queremos seis!".

O desejo de vingança e os gritos da arquibancada serviam de combustível para os rubro-negros, que em 39 minutos de partida abriram impressionantes 4 X 0. Além de Nunes, Zico, Lico e Adílio marcaram os gols que incendiaram a torcida. Ganhar não era o bastante: o que todos queriam era acertar contas com o Botafogo.

JÚNIOR

Esse jogo foi uma das vezes em que eu vi o Zico mais nervoso na vida dele! (risos). Ele entrou no vestiário com aquela veia do pescoço estufada, o que só acontecia quando alguma coisa estava fora de controle. Ele entrou alterado! Pedi para ele ficar calmo, mas lembrei que ele era o único remanescente de 1972. Deve ter sofrido muito mais do que todo mundo com aquela faixinha que tinha um "Vo6".

Paulinho de Almeida, técnico do Botafogo, tentou surpreender o Flamengo com a entrada do veterano Jairzinho, autor de três dos seis gols no chocolate alvinegro de 1972. Mas àquela altura, Jair era apenas um fantasma que não assustava mais. A vontade de vingança deixou o Flamengo afoito no início do segundo tempo. Depois de muita pressão, o quinto gol saiu aos 29 do segundo tempo. Adílio foi derrubado por Rocha dentro da área. Zico bateu o pênalti no canto esquerdo de Paulo Sérgio, que encostou na bola, mas não evitou o gol.

Faltavam somente três minutos para o fim da partida, e os gritos de "queremos seis, queremos seis" ecoavam cada vez mais fortes no Maracanã. Andrade viu Adílio correndo pela ponta-esquerda e lançou com precisão. Adílio ficou frente a frente com Perivaldo, e, em vez de tentar o drible, cruzou para a área.

ADÍLIO

"Eu tinha a mania de ir até a linha de fundo, dar aquela rabiscada e cruzar. Peguei a bola, o lateral do Botafogo, o Perivaldo, falou assim:

"Para de sacanagem! Cruza essa bola. Não vem de sacanagem para cima de mim, não! Não vem para cima de mim, não!"

A bola alta foi na direção de Zico, que subiu com Jorge Luís para tentar o cabeceio. O camisa 10 caiu de joelhos. A bola rebatida pelo botafoguense sobrou na entrada da área. O jogador mais próximo à bola era Andrade. O volante rubro-negro veio na corrida, bateu com força e colocou no placar o número da camisa que estava vestindo: 6.

ANDRADE

"Eu garoto, em Juiz de Fora, era botafoguense. E aconteceu de eu ser o cara para fazer o sexto gol! Quando veio a rebatida, peguei de bate-pronto. Nem senti no pé: ela já saiu com aquela pressão, reta, como se fosse um foguete. A bola foi tão rápida que, quando o Paulo Sérgio esboçou um movimento, a bola já passou por ele. Uma sensação difícil até de narrar. Parece que você sai do corpo, entra em órbita. Por alguns segundos, você não sabe nem onde está. Entra em transe e volta aos poucos. Aí que você vai perceber que está dentro do Maracanã. Por alguns segundos, é um vazio na tua cabeça, é um silêncio que dá... É como se você tivesse em algum outro lugar, sozinho. E daqui a pouco você ouve aquele barulho. "Pô, estou no Maracanã. É a torcida comemorando, cara."

ADÍLIO

"Aí, peguei a bola e cruzei para a área.

Quando o Perivaldo viu a bola na rede, colocou a mão na cabeça e olhou pra mim. Eu falei:

"Tá vendo? O jogo ia terminar aqui, você mandou eu cruzar... 6 X 0!" (risos).

O gol de Andrade era um gol para a história. Talvez um título não tivesse a mesma importância daquele troco esperado por nove anos. Apenas ganhar deles não adiantava. "Só 2 X 0? Só 3 X 0?" Não era possível discutir com os botafoguenses: o 6 X 0 era uma humilhação que valia como supertrunfo. Nada do que um rubro-negro pudesse dizer valeria mais que os seis dedos da mão de um torcedor do Botafogo. Mas aqueles nove longos anos sofrendo com as gozações tinham terminado.

Em cinco dias, começariam as finais da Libertadores. O adversário do Flamengo na decisão já estava definido. O Cobreloa, do Chile, desbancou os favoritos do grupo: os uruguaios Peñarol e Nacional.

ZICO

"A primeira vez que eu ouvi falar do Cobreloa foi lá no Paraguai. A gente ia jogar com o Cerro Porteño, e, antes de o jogo começar, eu estava batendo papo com um juiz uruguaio, o Roque Cerullo. E falou comigo assim:

"Pô, tem um time do Chile aí que não é mole. Como bate!"

O time do qual ele falava era o Cobreloa.

A BATALHA DE SANTIAGO

★★★★★★★★★★★★★★★★★★★★★★★

Em 1981, a pequena cidade chilena de Calama deixou de ser conhecida apenas por abrigar a mina de cobre de Chuquicamata, a maior do mundo a céu aberto. O novo motivo de orgulho do município de apenas 80 mil habitantes era o Club de Deportes Cobreloa. Aos quatro anos de idade, o jovem Cobreloa (união das palavras cobre e Loa, nome do rio que cruza Calama) conseguiu acesso à primeira divisão chilena em 1977, mesmo ano em que foi fundado. Em 1978 e 1979, foi vice-campeão nacional. O primeiro título chileno veio em 1980, resultado que garantiu a participação na Libertadores. A escalada rápida da equipe pode ser explicada por dois fatores: o poder econômico da Codelco, mineradora de cobre da cidade, e a ajuda mensal dos 10 mil sócios do clube.

O dinheiro da mineração ajudava o clube a contar com três jogadores da Seleção Chilena, classificada para a Copa de 1982: o goleiro Wirth, o lateral Escobar e o zagueiro Mario Soto. Na Libertadores de 1981, os times visitantes sofreram em Calama, enfrentando a altitude de 2.800 metros. Mas os chilenos também conseguiram resultados expressivos fora de casa, como as vitórias sobre Peñarol (1 X 0) e Nacional (2 X 1) dentro do estádio Centenário, em Montevidéu, e chegaram de maneira invicta à decisão.

O uniforme alaranjado do Cobreloa lembrava o da Seleção Holandesa, mas o estilo de jogo dos chilenos passava longe do futebol total pregado pelo treinador Rinus Michels. A receita para chegar à final da Libertadores foi aproveitar todos os pontos disputados em casa, sufocando os adversários na saída de bola e impondo o máximo de velocidade contra os visitantes desacostumados à altitude. Fora de casa, o time era bem diferente. A postura adotada era um pouco mais cautelosa. Dirigido pelo argentino Vicente Cantatore, o Cobreloa tinha um meio-campo habilidoso, com Alarcón, Gomez e Merello, além de dois pontas velozes, Puebla e Muñoz. Siviero, atacante da Seleção Uruguaia, era outro nome conhecido na equipe chilena.

* * *

Nos bastidores, Flamengo e Cobreloa negociavam onde seriam disputadas as duas partidas decisivas. O Flamengo, obviamente, mandaria seu jogo no Maracanã. O estádio Municipal de Calama era uma das armas do Cobreloa, apesar da média de público do time chileno na Libertadores não chegar a 10 mil pagantes. Só que o presidente do clube, Sérgio Stoppel García, estava interessado em ter uma renda maior, e propôs tirar o jogo da altitude em troca de fazer o segundo jogo em casa.

ANTÔNIO AUGUSTO DUNSHEE DE ABRANCHES
Presidente do Flamengo (1981-1983)

O presidente do Cobreloa era um médico. Um sujeito muito educado, muito inteligente. Ele mesmo me ligou e disse:

"Olha, eu não quero jogar esse jogo em Calama porque não vai dar nada. Eu quero passar esse jogo para Santiago."

"Pois não, sem problema nenhum."

Depois, quando ele divulgou que tinha aceitado, ou ele tinha proposto passar o jogo para Santiago, é que caíram na pele dele.

"Você é maluco! Você está jogando fora a possibilidade de ter a Libertadores!"

"Não quero saber! O público chileno merece ver esse jogo no Estádio Nacional!"

Então parece que fomos nós que fizemos alguma coisa, que o cara bancou o otário. Não foi. Foi ele mesmo quem teve essa grandeza de querer fazer o melhor para o clube dele: ganhar dinheiro. Essa é a verdade. Bilheteria, profissionalismo. Ele foi profissional.

Só que a pressão da torcida e da imprensa levou o presidente do Cobreloa a voltar atrás na decisão de jogar em Santiago. O recuo dos chilenos fez com que o vice-presidente administrativo do Flamengo, Adoniran Araújo, ameaçasse levar o jogo do Maracanã para a Gávea em represália. O impasse foi resolvido pela Confederação Sul-Americana, em Lima. A decisão de fazer a segunda partida em Santiago foi mantida, e, se houvesse a necessidade de um terceiro jogo para desempate, o confronto seria disputado em local neutro: o estádio Centenário, em Montevidéu. O argumento da Confederação foi de que o estádio Municipal de Calama seria pequeno para um público de grande arrecadação como o da final da Libertadores.

EDUARDO MOTA

Vice-presidente de futebol do Flamengo em 1981

> A decisão foi baseada no regulamento. Não podia botar a final em um estádio pequenininho; conseguiu tirar de lá por causa disso. Mas teve pressão, é lógico. O prestígio do Flamengo era maior que o do Cobreloa. Nisso aí, o Antônio Augusto é que funcionou muito. Porque o Antônio Augusto tinha uma ligação com o Havelange. Então ele tinha caminhos, pelo Havelange, para ajudar.

O título de campeão sul-americano de clubes começou a ser decidido em uma sexta-feira, 13 de novembro de 1981. Apesar da importância histórica daquela partida, a barreira de 100 mil torcedores não foi ultrapassada. O Maracanã recebeu 93.985 pagantes, e quem deixou de ir ao estádio perdeu um primeiro tempo sublime do Flamengo. Os rubro-negros aprontaram pela primeira vez aos cinco minutos, quando Zico fintou Jiménez no círculo central e entregou para Adílio. Endiabrado, o camisa 8 avançou no meio de cinco marcadores, que se esqueceram de Zico. O Galinho acompanhou a jogada, recebeu de Adílio na marca do pênalti e chutou desequilibrado. O goleiro Wirth evitou o primeiro do Fla, defendendo em dois tempos.

Aos 11 minutos, Andrade interceptou pelo alto um passe de Puebla. A bola sobrou para Júnior, que, de primeira, acionou Tita na intermediária. Em dois segundos, a bola já estava nos pés de Zico. O camisa 10 rasgou pela intermediária e passou para Adílio, que, de costas para dois zagueiros, fez o trabalho de pivô e girou para deixar Zico na cara do gol. Wirth se jogou para tentar a defesa e foi encoberto com um toque inteligente do Galinho. Flamengo 1 X 0.

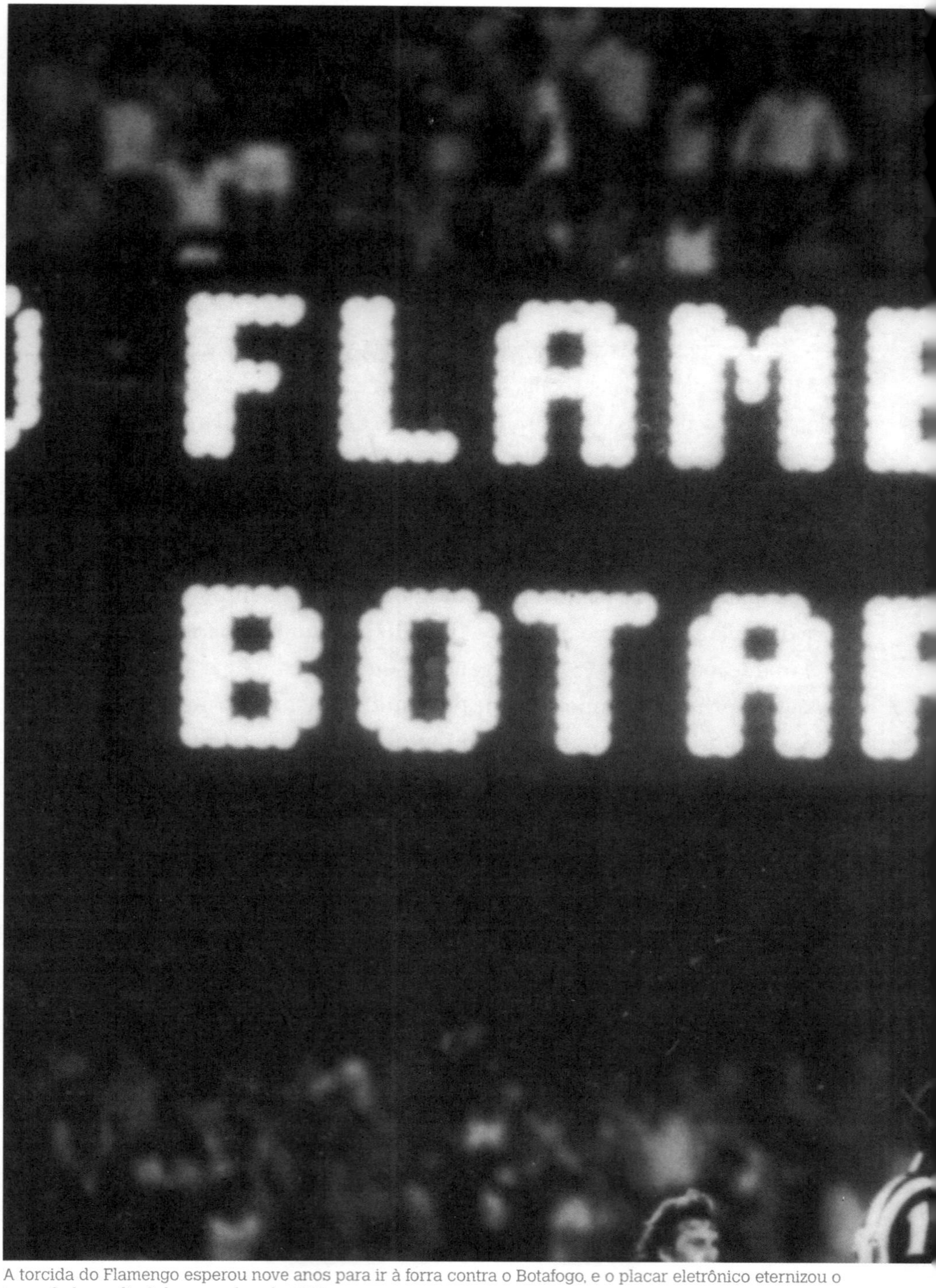

A torcida do Flamengo esperou nove anos para ir à forra contra o Botafogo, e o placar eletrônico eternizou o troco dado no dia 6 de novembro de 1981.

NGO 6
OGO 0

ADÍLIO

"A gente sempre trocava de posição. O Zico bem marcado, ele vinha aqui para trás fazendo a minha função e eu fazia a função dele. Daqui a pouco ele tocava para mim, eu arrumava um jeitinho de tocar para ele chegar em velocidade e fazer o gol. Eu dei aquela proteçãozinha de futebol de salão que a gente aprende quando é criança. Tirei dois zagueiros da jogada, ele bateu e fez o gol.

O gol não diminuiu o apetite rubro-negro. Zico e Adílio continuavam não guardando posição e confundiam a marcação chilena. Júnior passava a maior parte do tempo atacando. Em uma investida pela diagonal, o lateral do Flamengo passou por dois marcadores e arriscou de fora da área, em um chute cheio de efeito. A bola passou raspando a trave esquerda de Wirth. O primeiro bom ataque do Cobreloa só aconteceu aos 28 minutos, quando Júnior deixou o lado esquerdo da defesa descoberto e permitiu a subida de Muñoz. O ponta cruzou para a área, onde o uruguaio Siviero dominou frente a frente com Raul, mas chutou por cima.

Pouco antes dos trinta minutos de jogo, Lico recebeu de Zico, tocou entre as pernas de Tabilo e passou para Adílio, que, antes de ser derrubado, devolveu pelo alto. Lico ajeitou de cabeça e continuou na corrida, deixando Alarcón para trás. Quando o catarinense se preparava para cruzar, foi atropelado por Mario Soto. O capitão do Cobreloa tentou o desarme, furou, e caiu de costas em cima do jogador do Flamengo. Carlos Espósito marcou o pênalti.

A voz da arquibancada pedia Zico. Enquanto o camisa 10 se preparava para a cobrança, o goleiro chileno batia insistentemente com o calcanhar da chuteira na trave, fazendo barulho para tentar desconcentrar o batedor. Não satisfeito, Wirth caminhou até a marca do pênalti, pegou um tufo de grama e jogou sobre a bola. A torcida vaiou a mandinga do goleiro de uniforme zebrado. De pé, próximo à linha da grande área, Zico esperava pelo apito. Ao ser autorizado, correu para a bola e chutou rasteiro, no canto esquerdo de Wirth. O goleiro chileno escolheu o lado direito e não saiu na foto. Flamengo 2 X 0.

O terceiro gol esteve perto de acontecer ainda no primeiro tempo. Em nova arrancada de Adílio, Zico recebeu, tabelou com Leandro e teve espaço para mais um chute dentro da grande área do Cobreloa. A batida foi fraca e não exigiu muito esforço de Wirth para a defesa. Aos 43 minutos, o Cobreloa teve mais uma de suas raras chances. Merello jogou a bola na área; Mozer e Figueiredo não subiram e Mario Soto cabeceou à direita do gol de Raul. No rebote de um escanteio, Júnior tentou mais uma vez de fora da área, mas um tapinha de Wirth desviou a bola para fora. Ao final do primeiro tempo, Paulo César Carpegiani deu entrevista para a Rede Globo. O técnico disse que 2 X 0 era o resultado mais perigoso do futebol e que o jogo não estava definido.

A opinião de Carpegiani fez sentido no segundo tempo. O jogo mudou bastante. Cansado, o Flamengo teve menos oportunidades de gol. Os chilenos cresceram na partida e foram em busca do empate. Merello cruzou da direita e Mozer, na marca do pênalti, desviou de cabeça. A bola foi em direção a Lico, que tentou dominar na entrada da área com a coxa, mas deixou que ela escapasse. Antes que o atacante Siviero chegasse na bola, Lico tentou o desarme e derrubou o adversário. Carlos Espósito, outra vez, apontou para a marca de pênalti.

LICO

"Fui tirar uma bola, na hora ele deu um toquezinho e eu peguei o pé dele sem intenção. Foi um lance meio esquisito para dar um pênalti. Tem umas cavadas que às vezes o juiz dá porque quer, sabe? Essa foi uma delas. Acho que se estivesse 0 X 0 ele não daria o pênalti.

Os jogadores do Flamengo questionaram a decisão do árbitro argentino. Raul, em cima da linha, abriu os braços e encarou Merello. Quando o chileno se aproximou da bola, o goleiro rubro-negro deu dois passos para a frente e se jogou no canto esquerdo. Em uma fração de segundo, Merello esperou a escolha de Raul e colocou a bola no outro canto. A vantagem diminuía. Flamengo 2 X 1 Cobreloa.

O gás do Flamengo já não era o mesmo e a partida começou a ficar catimbada, com cara de Libertadores. Em um dos avanços de Júnior pela esquerda, o lateral levou um carrinho forte de Rojas, e, quando caiu no gramado, Tabilo chutou a bola com força e acertou de propósito o rosto do jogador brasileiro. Os jogadores dos dois times chegaram a trocar empurrões, mas o tumulto não passou disso.

Tita recebeu na ponta-direita e fez grande jogada individual. O camisa 12 avançou pela diagonal, driblou Jiménez e chutou com força. A bola desviou em um zagueiro e sobrou para o apagado Nunes. O centroavante estava um pouco antes da pequena área e não esperava a bola. Na primeira tentativa, chutou o chão e Wirth rebateu. No rebote, Nunes bateu prensado com o goleiro e mandou para fora a última chance de fazer o terceiro gol. O jogo terminava com vitória rubro-negra, mas o resultado apertado não deu ao torcedor, nem aos jogadores, a certeza do título.

ZICO

“A gente, ganhando de 2 X 0, podia ter feito um caminhão de gols em cima deles. Danamos a perder gols, e no final os caras fizeram um gol e a gente ainda sofreu um pouquinho. Acontecia o seguinte: nós estávamos numa fase de jogar de dois em dois dias, cara! Não tinha descanso.

JÚNIOR

“Eles mostraram naquele dia no Maracanã que eles tinham um time que não tinha medo de jogar. Você tinha Merello, você tinha Alarcón. O próprio Mario Soto jogava bem, tinha um supergoleiro que era o Wirth... Então a gente sabia que o jogo lá ia ser difícil.

Sexta-feira, 20 de novembro de 1981. Faltam duas horas para o início do segundo jogo da final da Libertadores. O ônibus que leva os jogadores do Flamengo se aproxima do Estádio Nacional de Santiago. O velho ônibus passa devagar por um corredor de torcedores adversários, que batem de maneira ritmada na lataria para intimidar os brasileiros. O sufoco para chegar ao palco da decisão continuou após a descida do ônibus. Duas filas de policiais chilenos formavam um corredor para escoltar os atletas rubro-negros.

NEI DIAS

O túnel em Santiago era comprido à beça no Estádio Nacional. Os guardas ficavam com as metralhadoras ali, e, se você não desviasse, batia com a barriga na metralhadora dos caras! Tu sentia aquele bico da arma do cara batendo na tua barriga! Olha a situação! Nós passávamos no meio. Não sei se faltou luz, se eles tiraram a lâmpada, estava uma escuridão danada.

MARINHO

Os caras queriam brigar! Parecia que o jogo já tinha começado ali! Eles xingando a gente, colocando a maior pressão. Os próprios policiais de lá bateram na gente! Com cacetete, dando chute, dando tapa!

MOZER

Nós estávamos à espera de tudo, e tinha corredor polonês para entrar e para sair. Levamos uns tapas dos PMs. Mas também não foi nada que a gente não estava à espera. Só sei que eu levei um pescoção. A gente não tinha condição de reclamar de nada. Eram só eles que estavam lá, que mandavam em tudo.

* * *

O Chile atravessava os dias sombrios da ditadura de Augusto Pinochet. O golpe militar que derrubou o governo socialista de Salvador Allende em 1973 chegou a transformar o próprio Estádio Nacional de Santiago em um centro de interrogatórios e tortura nos dois primeiros meses daquele regime truculento. Mais de 12 mil prisioneiros políticos foram confinados no estádio, dos quais cerca de mil eram estrangeiros. Cinco brasileiros que estavam no Chile desapareceram naquele período: Jane Vanini, Luiz Carlos Almeida, Nelson de Souza Kohl, Tulio Roberto Cardoso Quintiliano e Wânio José de Matos. Pelo menos 7 mil pessoas foram torturadas no estádio com choques elétricos nos joelhos, peito, cabeça e testículos. Em uma avenida vizinha ao Nacional, um alto-falante tocava músicas dos Beatles e dos Rolling Stones a todo volume para que os estudantes de uma escola vizinha não ouvissem os gritos desesperados das vítimas dos militares.

O futebol fez com que as atividades do campo de concentração de Pinochet fossem suspensas após dois meses. Chile e União Soviética jogariam pela repescagem das eliminatórias para a Copa de 1974. A URSS se recusou a ir ao país sul-americano, alegando que o Estádio Nacional vinha sendo usado como campo de concentração. Inspetores da Fifa visitaram o estádio no dia 24 de outubro de 1973. Enquanto a vistoria era feita no gramado, os presos ficaram confinados nas dependências internas do estádio. Incrivelmente, a Fifa considerou a situação no país normal. A União Soviética não foi jogar, e os chilenos entraram em campo sozinhos. Um patético gol simbólico foi marcado em um chute para a rede de um gol vazio.

O estádio foi evacuado na primeira semana de novembro de 1973. Mais de 5 mil prisioneiros foram libertados. Cerca de novecentos continuaram detidos e foram transferidos para outros centros de detenção. Oficialmente, 38 pessoas foram executadas no Nacional, onde alguns presos políticos entalharam nas paredes as iniciais de seus nomes e a data em que foram presos, na esperança que seus entes queridos soubessem que eles tinham passado por ali.

* * *

Se a delegação do Flamengo teve sérias dificuldades para chegar ao Estádio Nacional, seus torcedores também entraram em apuros. O ônibus da Raça saiu do Maracanã em direção a Santiago com 28 torcedores dispostos a tudo para ver o Flamengo campeão no Chile, a começar por Cláudio. Para pagar o sinal de 50% para a empresa que alugou o ônibus, o fundador da Raça vendeu o próprio carro, um Passat.

MORAES
Embaixador da Raça Rubro-Negra

“Fomos bem até Mendoza, na Argentina. Subindo a cordilheira dos Andes, nosso ônibus quebrou. Voltamos para Mendoza, consertaram o ônibus e fomos embora. O jogo era às 20:45 horas em Santiago, nós chegamos às 19:50. O ingresso estava lá na bilheteria do estádio. O Domingos Bosco tinha arranjado para gente.

CLÁUDIO CRUZ
Fundador da Raça Rubro-Negra

"Nosso lugar era no meio da arquibancada. Os chilenos compravam lata de refrigerante e cerveja e não abriam. Compravam para tacar inteira na gente. Imagina aquele peso! E começaram a dobrar jornal, fazer tochas e tacar na gente! E a porrada estancou!

O Flamengo entrou em campo com seu uniforme número dois. Algumas daquelas camisas brancas seriam tingidas de sangue ao longo do jogo. O som alto e estridente de uma sirene colaborava para a atmosfera hostil criada no Estádio Nacional, tomado por 61.721 pagantes. Nas arquibancadas, torcedores dos principais times da capital chilena se uniram e levaram faixas de incentivo ao Cobreloa, que aos quatro anos de história ainda não tinha rivalidade nenhuma com os grandes clubes do país. O general Pinochet também estava no Estádio Nacional. Dessa vez, para torcer.

JÚNIOR

"Quando o Pinochet chegou, o locutor do estádio coloca o microfone para ele, e ele fala:

"Cobreloa es la patria com zapatos de fútbol!"

Ele disse isso, o Pinochet. O Cobreloa é a pátria de chuteiras. Ele diz essa frase incentivando, motivando os caras. Parece que antes de ir para o estádio, o Pinochet visitou os caras do Cobreloa. Então, se para a gente ganhar a Libertadores era importante esportivamente, para eles, politicamente, era uma coisa assim inimaginável. Não dá nem para a gente ter uma ideia do que representaria, muito menos para o clube, do que propriamente para o país.

O futebol estava em segundo plano naquela noite. Torcedores jogavam de tudo no gramado para acertar os jogadores do Flamengo. Com três minutos de partida, Leandro tentava cobrar um escanteio e não conseguia. Laranjas voavam na direção do lateral. O Flamengo iniciava o jogo se expondo pouco. Aos 11 minutos, Nunes criou a primeira chance atacando pela direita. O centroavante fez passe para Lico na meia-direita, mas o chute rasteiro saiu à direita do goleiro Wirth.

Os chilenos chegaram perto do primeiro gol aos 14 minutos, quando o atacante grandalhão Olivera ficou sozinho com Raul, tirou o goleiro do Flamengo da jogada, mas parou em Mozer, que usou a coxa direita para evitar que a bola entrasse. Nunes continuou insistindo pela direita, mas logo percebeu que não teria vida fácil. O atacante tentou bater para o gol, porém foi abafado por Mario Soto, que, além de rebater a bola, agrediu o centroavante. Na sequência da mesma jogada, Soto pegou Tita e ainda teve fôlego para correr atrás de Adílio. O zagueiro chileno acertou com violência o rosto do meia do Flamengo. O lance, ocorrido dentro da área, foi ignorado pelo juiz uruguaio Ramón Barreto. O jogo ainda estava no primeiro tempo e Adílio já tinha o supercílio direito aberto e a camisa branca ensanguentada.

ADÍLIO

"Quando a gente entrou em campo, vi logo que tinha um jogador lá, o Mario Soto, com uma pedra na mão. Quando passei por ele, o Mario Soto jogou a mão na altura do meu olho direito e rasgou meu supercílio. Foi dentro da área, teria que ser um pênalti! Só que o juiz fez vista grossa. Era uma pedra grande, mais ou menos do tamanho de um limão. Quando ia bater o escanteio, a gente já via a pedra na mão dele. O Soto ameaçava todos nós com a pedra na mão. E o juiz vendo! O juiz olhando. Eu ia reclamar com ele, e ele dizia:

"Revida!"

Ele queria que eu revidasse! Ele estava comprado, vamos dizer assim. A marca da pedra está aqui no meu supercílio até hoje. Tomei quatro pontos no intervalo do jogo.

Mario Soto não demorou a fazer nova vítima. Cinco minutos depois de cortar o rosto de Adílio, o zagueiro foi para cima de Lico. Em uma dividida com o truculento chileno, o catarinense foi atingido com um soco no rosto. Enquanto Lico tentava entender de onde tinha vindo o golpe, Adílio corria para cima de Ramón Barreto, que sequer deu a falta. O árbitro foi até o bandeirinha para apurar o que tinha acontecido. Em vez de dar voz de prisão a Mario Soto, o juiz uruguaio deu apenas cartão amarelo para o chileno e para Nunes, que tomou as dores do companheiro.

LICO

"Eu digo que Libertadores você tem que se preparar como homem se quiser ganhar. Eles acham que se apertar, muitos jogadores brasileiros dão uma afrouxada. E o Mario Soto por pouco não me cegou! Ele furou a parte de cima do olho. Aquilo ficou arranhando e eu tive que fazer um curativo; não conseguia abrir o olho. Aí acharam melhor me tirar depois.

TITA

"Os jogadores do Cobreloa entraram com pedras na mão. Eu vi o número 11, Puebla, colocando a pedra no chão. Era uma pedra de fogo. O que aconteceu com o Adílio e com o Lico não foi de um soco. O soco deixa o olho roxo. O soco não corta o olho e o supercílio. Só que eles jogavam com pedras na mão.

Intimidado, o Flamengo não jogava uma boa partida. Uma das raras chances no primeiro tempo veio em um chute de longe de Andrade, que Wirth defendeu sem esforço. O empate ainda era do Flamengo, e a inflamada torcida chilena empurrava o time de laranja: "CHI-CHI-CHI, LE-LE-LE, CO-BRE-LOA DE CHI-LE!".

O ponta Puebla veio no embalo da torcida, pegou a sobra da zaga do Flamengo e bateu. A bola resvalou em Mozer e só não entrou porque Júnior chegou a tempo e afastou o perigo. Ramon Barreto encerrou o primeiro tempo, e até a volta para o vestiário foi complicada para os jogadores do Flamengo. Alvo de tudo o que se pudesse ser arremessado pelos torcedores, o macete era contar até três e dar um pique. Os primeiros 45 minutos tinham sido assustadores, dentro e fora de campo. O comportamento dos adversários não era normal.

LEANDRO

"Eles jogaram dopados, com certeza. Nego babava, era olho arregalado, entendeu? A gente via que os caras estavam babando!

No segundo tempo, o Flamengo assumidamente passou a tentar administrar o empate para assegurar o título. O time esperava o Cobreloa em seu campo, e quase pagou caro por isso cinco minutos depois do intervalo, quando Olivera bateu à queima-roupa. Raul salvou o Flamengo. Ainda revoltado por ter sido agredido por Mario Soto, Lico também chegou firme em uma dividida com Jiménez, em que entrou de sola e acertou o jogador chileno. Menos de um minuto depois foi a vez de Mozer ser atingido na coxa e sair de maca.

Aos 13 minutos do segundo tempo, o Flamengo fez sua melhor jogada em toda a partida. Tita lançou pelo alto e deixou Zico sozinho com Wirth. A jogada era absolutamente legal, mas o apito de Ramon Barreto matou o lance que poderia originar o gol do título.

ZICO

"O Ramón Barreto roubou a gente pra caramba! Estava 0 X 0, o Tita dá a bola para mim, eu entro de trás, sozinho. Eu e o goleiro. Eles dão impedimento... A gente sabia que ele era problemático.

Se não marcava, pelo menos o Flamengo segurava o empate que garantiria o título. Os chilenos mostraram que, além de Soto, tinham outros jogadores violentos em campo. Um deles, o atacante Puebla, disputou uma jogada com Júnior e derrubou o lateral rubro-negro. Enquanto Júnior estava caído no gramado, Puebla cravou as travas da chuteira na coxa do jogador do Flamengo. Ramón Barreto viu, e, outra vez, não tomou nenhuma atitude.

Faltavam pouco mais de vinte minutos para o fim do jogo quando Carpegiani decidiu mexer no time. A troca de Nunes por Nei Dias não foi bem recebida pelo atacante, que saiu irritado. A ideia do técnico era pôr Nei na lateral direita e improvisar Leandro no meio para ajudar na marcação. Lico, que resistiu enquanto pôde à deslealdade da defesa chilena, foi substituído por Baroninho. A pressão do Cobreloa era cada vez maior, e o time da casa conseguiu ótima chance em uma falta bem perto da área. Merello partiu para a cobrança e chutou forte. No caminho, Leandro tentou desviar a trajetória da bola de cabeça e atrapalhou Raul. A 12 minutos do fim do jogo, o Cobreloa fazia 1 X 0.

LEANDRO

"O cara bateu a falta, fui tentar tirar. A bola resvalou em mim, o Raul já estava embaixo, ela foi para cima. Eu acho que eu fiz bem para o jogo, para a segurança nossa ali. Porque eu não sei como ia acabar aquele jogo. Realmente, não sei. Se a gente é campeão lá...

JÚNIOR

"Na hora do gol, os fotógrafos invadiram o campo e eu tive um problema com um deles. O cara colocou a bolsa dele no chão e começou a rir da gente.

"Hahahahaha!"

Eu já tinha tomado uma pisada, já estava bravo, o cara ali sacaneando todo mundo, eu dei um bico na máquina do cara. Assim que dei o chute, um carabineiro engatilhou a metralhadora e veio para cima de mim!

O cara queria dar queixa de agressão e foi lá no hotel no dia seguinte. O Bosco pagou a máquina dele lá. Ele disse que não pagou, mas tenho certeza que ele pagou.

© Conmebol

O momento do gol do Cobreloa em Santiago: após desviar chute de Merello, Leandro se vira para trás e vê a bola passar por Raul.

Antes que o jogo acabasse, Júnior conseguiu dar o troco em Puebla. O ponta chileno sofreu falta, e, enquanto estava caído, o lateral rubro-negro pisou na mão dele. Mais um lance que a arbitragem omissa de Ramon Barreto deixou passar. O Flamengo perdia a invencibilidade, e a vitória dos chilenos forçava um jogo extra para decidir o campeão da Libertadores de 1981.

No hotel em Santiago, Tita e Leandro esperavam em vão que o sono chegasse após a derrota para o Cobreloa. Os dois estavam em claro e decidiram ir ao quarto vizinho, onde estava o jogador mais experiente do grupo. Encontrar Raul, único atleta no elenco que já tinha sido campeão da Libertadores, talvez fosse capaz de trazer de volta a confiança perdida.

LEANDRO

"A gente já não tinha tanta certeza de que ia ser campeão. Chegamos lá no quarto do Velho, batemos na porta.

"Entra, entra."

Quando a gente abriu a porta, estava o Velho lá deitado, com o cobertor até aqui na testa. Quando a gente entrou, ele abaixou um pouquinho o cobertor e só deixou os olhos de fora.

"O que houve, Raul? Está doente?"

Ele abaixava o cobertor só para falar.

"Não vejo condições de a gente ganhar essa Libertadores..."

"Está maluco, Raul? Que é isso, rapaz? Você é experiente!"

O Tita deu logo uma bronca. Aí ele fechava de novo, abaixava.

"Estou até agora vendo laranja na minha frente. Todo mundo vindo para cima, vocês não passavam do meio de campo!"

Ele falava e cobria a cabeça de novo, de sacanagem.

"Eu não vou jogar esse jogo não."

"Que é isso, rapaz! Vamos ganhar, sim!"

Mas ele também estava apreensivo. A gente ver isso do Raul era uma coisa meio assustadora. Mas aí o Zico conversou muito com a gente, nos reunimos:

"Vamos esquecer tudo, passar uma borracha e jogar bola. Porque, na bola, vai dar a gente!"

No dia seguinte ao jogo, os jogadores do Flamengo acordaram cedo e foram visitar Lico logo pela manhã. O catarinense, protagonista de uma fantástica volta por cima no Flamengo, tinha saído do Estádio Nacional direto para o hospital. O olho direito estava inchado como o de um lutador de boxe nocauteado, e o grupo sentia que dificilmente poderia contar com Lico no terceiro jogo contra o Cobreloa, em Montevidéu.

LICO

Eu tirei o curativo, mostrei a eles. Eu não conseguia abrir o olho. Aquilo ali acho que deu uma mexida neles, uma vontade maior ainda de vencer o terceiro jogo, tanto é que o Zico falou para mim:

"Nós vamos sentir a tua falta, mas vamos buscar esse título para você e vamos comemorar juntos."

Foi muito bom ouvir isso.

Adílio tinha levado quatro pontos no supercílio, mas seu estado clínico era bom. Júnior trazia na coxa esquerda as marcas da chuteira de Puebla, ponta do Cobreloa. Cortes, hematomas e arranhões para todos os lados faziam o andar da delegação do Flamengo parecer um ambulatório. A preocupação dos jogadores mais experientes era evitar que os mais novos entrassem em campo pensando em vingança e se esquecessem de jogar bola. As provocações dos adversários continuaram depois do jogo, e o Flamengo era acusado de ter amarelado em Santiago.

ANDRADE

Eles mandaram recado pela imprensa, dizendo que os brasileiros eram pipoqueiros, não punham o pé em dividida. Disseram que o time deles era mais aguerrido. A semana que antecede o jogo já foi uma semana de provocações. Eles sabiam que tinham um time inferior ao nosso, então tentaram partir para o lado psicológico, o lado emocional.

ADÍLIO

A nossa preocupação era mostrar para o povo brasileiro que o Flamengo não era o time de medrosos que eles falavam. Vamos revidar, vamos dar o troco! Vamos ganhar dentro e fora de campo também, porque, naquela época, diziam que os brasileiros não iam para a final da Libertadores porque brasileiro era medroso.

ZICO

O ambiente estava muito ruim. Muita gente só pensando em revanche, em porrada. Tive que armar uma reunião, chamar os jogadores e o Carpegiani.

"A gente tem que ir para lá com outra cabeça. Nosso time é melhor? É melhor. Agora, se a gente for pensando em briga, não vamos arrumar nada. A gente tem que ir para jogar bola. Tem que ganhar, jogar bola e acabou. A resposta que a gente tem que dar é jogando bola. Levantou voo, acabou. Esquece o que passou aqui. Briga? Nada de briga."

A arbitragem infeliz de Ramón Barreto no segundo jogo da final tinha deixado os dirigentes do Flamengo inseguros sobre a escolha do juiz para a partida em Montevidéu. A desconfiança aumentou depois que o vice-presidente de futebol, Eduardo Mota, foi procurado por um homem que se apresentou como intermediário do árbitro uruguaio Roque Cerullo e colocou os "serviços" do juiz à disposição do Flamengo.

EDUARDO MOTA
Vice-presidente de futebol do Flamengo em 1981

Esse camarada procurou o Flamengo pedindo dinheiro. A gente mandou alguém ir atrás dele e o cara entrou no hotel do Cobreloa. Ele estava tentando tirar dinheiro do Flamengo e do Cobreloa para comprar o juiz. Ele ia comprar o juiz? É folclore, não é isso? Duplicidade, banditismo. E esse cara ainda chegou para mim, e falou:

"Quando você for ao vestiário ver lá o sorteio, o juiz vai chegar para você e vai dizer: 'Como va su família?'. Quando ele falar isso, você sabe que ele é meu amigo".

Quando eu cheguei perto do juiz, entreguei uma camisa de lembrança do Flamengo. Ele não aceitou! Quase me empurrou. Não aceitava nada de presente. Era uma camisa do Flamengo, uma recordação para ele! Do jogo que ele apitou. Vê se o cara falou "su família"? Falou nada! Isso tudo é folclore, quem é marinheiro de primeira viagem vai e se entrega. E outra coisa: quem tinha aquele time não precisava ter juiz.

A agitação dos bastidores não chegava a Paulo César Carpegiani, que na véspera do jogo estava concentrado em resolver sua grande questão: como montar o time para a final sem Lico, definitivamente vetado pelo departamento médico? O treinador estava indeciso e chegou a pensar em três formações diferentes. Depois de fundir a cabeça, Carpegiani finalmente se decidiu. A decisão foi comunicada ao supervisor Domingos Bosco, que acompanhou o técnico pelo corredor do hotel até o quarto do homem que viveria uma prova de fogo em Montevidéu.

NEI DIAS

"Estávamos eu e Marinho no quarto. Eles bateram na porta, mandei entrar. Era o Carpegiani e o Bosco. Eles pediram para o Marinho sair. Aí o Marinho saiu, e eu nem imaginava o que fosse.

"Você vai para o jogo. Não fala nada para ninguém, ninguém sabe dessa modificação. Eu vou colocar você na lateral direita, o Leandro vai para a cabeça de área, o Andrade vai para a meia-direita e o Adílio vai para a ponta-esquerda."

"Tudo bem, cara. Tudo bem."

Ele e o Domingos Bosco falaram assim:

"O Flamengo só vai te contratar se for campeão da Libertadores. E essa é a tua oportunidade."

Eu não dormi, cara! Eu joguei aquele jogo praticamente sem dormir. Eu cochilava dez minutos, acordava. Se eu não ganhasse, a perda do título seria por minha causa, entendeu? Foi um troço complicadíssimo.

Lico não seria o único desfalque de Carpegiani. No dia da partida, o médico do Flamengo, Célio Cotecchia, foi examinar Figueiredo, que tinha levado uma pancada na partida de Santiago. As dores atrapalhavam a movimentação do zagueiro, que vinha fazendo uma excelente Libertadores como titular. Cotecchia não viu alternativa a não ser vetá-lo para a negra em Montevidéu. Prata da casa, apaixonado pelo Flamengo, não acreditava que ficaria fora do momento máximo da competição. Durante uma hora, Figueiredo chorou, inconsolável. A opção para o lugar dele seria Marinho, que tinha voltado recentemente de uma contusão e ainda estava longe da forma ideal. Raul, Zico e Júnior foram visitar o homem que entraria na fogueira da final.

MARINHO

Estou no quarto tranquilo, entra aquela turma.

"Marinho, você vai ter que jogar. Pode ser com uma perna só, não adianta: você vai ter que jogar!"

Eu tinha sofrido uma fratura uns meses antes, e, quando eu tirei o gesso e vi minha perna, achei que não fosse mais jogar bola na minha vida. Era uma coisa tão fininha... Fiz tratamento na piscina do Flamengo, comecei a nadar e fui voltando aos poucos. A minha perna ainda estava meio fina, mas eles não queriam nem saber.

"Não tem jeito, você vai jogar! Você viu o que aconteceu lá? Você tem seu tamanho, seu respeito. E nós precisamos de você."

Estádio Centenário, Montevidéu. Campo neutro para o terceiro e decisivo jogo da Libertadores. O novo campeão sul-americano sairia naquela noite de segunda-feira, 23 de novembro de 1981. O Cobreloa tinha a confiança em alta depois da vitória em Santiago, e as entrevistas dos jogadores chilenos nos jornais do dia traziam provocações aos rubro-negros. Merello, que tinha marcado gols nas duas primeiras partidas, dizia que o Flamengo enfrentaria um time formado por 11 jogadores com o espírito do uruguaio Obdúlio Varela evocando a maior de todas as tragédias do futebol brasileiro, o Maracanazo de 1950. O meia do Cobreloa dizia que o Flamengo tinha tido sorte em Santiago e merecia ter sido goleado.

O treinador Vicente Cantatore disse que Ramón Barreto não tinha influenciado o resultado e classificou como "normais" as agressões aos jogadores do Flamengo. O treinador do Cobreloa afirmou que os cariocas não conseguiram se fazer temer. “Somos tecnicamente inferiores, mas bem mais valentes.” Perguntado sobre as cenas de violência em Santiago, Mario Soto afirmou que os zagueiros se defendem como podem. “O Cobreloa cresceu com a torcida e eles não aguentaram a pressão.” O sangue rubro-negro fervia a cada declaração dos chilenos. Estava cada vez mais difícil conter o desejo de vingança.

ANTÔNIO AUGUSTO DUNSHEE DE ABRANCHES
Presidente do Flamengo (1981-1983)

O problema no terceiro jogo foi conseguir evitar que os nossos jogadores revidassem as agressões sofridas no Chile. O Carpegiani teve uma ideia brilhante, genial. Ele falou com os jogadores:

"Vamos fazer uma coisa: vamos jogar futebol? Vamos ganhar o jogo, e aos quarenta minutos do segundo tempo, eu prometo para vocês que nós vamos dar uma forra pública para desmoralizar esses chilenos."

Os jogadores perguntaram o que seria, mas ele não disse.

"Vocês confiam em mim?"

"Confiamos!"

"Então vamos jogar futebol."

O time do Flamengo subiu ao gramado do estádio Centenário carregando a bandeira do Uruguai, um afago à torcida local. Jogadores “mordidos”, tentando manter o equilíbrio. Antes de a partida começar, Raul pediu a Adílio que se concentrasse apenas em jogar futebol, e que passasse os noventa minutos tentando mostrar em campo que merecia um lugar na Seleção Brasileira de Telê Santana. Mas era difícil apagar a ideia fixa que lhe atormentava.

ADÍLIO

Eu vou ser o primeiro a dar um murro no Mario Soto! Só que, quando foi começar o jogo, o juiz veio em cima de mim e disse:

"Se você ameaçar dar um soco nele, já vou expulsar você."

"Fica tranquilo, só vou jogar futebol."

Eu já sabia que a gente ia fazer alguma coisa. Já estava premeditado.

Nos primeiros minutos de jogo, o Flamengo foi no Uruguai aquilo que costumava ser no Maracanã. Um time que trocava passes com calma, não rifava a posse de bola e esperava o momento certo para dar o bote. A primeira chance de gol na partida foi do Cobreloa, em uma falta cobrada com violência por Olivera, que assustou Raul com um chute de perna canhota. Na sequência da jogada, Raul foi cobrar o tiro de meta com pressa e conseguiu a proeza de jogar o próprio chute para escanteio.

Aos 17 minutos, Adílio canalizou a vontade para aquilo que fazia melhor: jogar bola. Tita, na ponta-direita, tentou passar para Zico na grande área, mas o passe foi interceptado. Com um só toque, Adílio tirou do chileno e entregou para Zico. No meio de três marcadores, Zico perdeu a bola. Outra vez, Adílio surgiu para roubar a bola, Andrade apareceu tocando de bico para Zico na grande área. Entre dois zagueiros, o camisa 10 girou e chutou com força para colocar o Flamengo na frente, levantando os cerca de 1.500 torcedores rubro-negros no Centenário. Os gritos de "MENGO! MENGO!" ecoavam pelo palco da Copa do Mundo de 1930.

O gol tranquilizou o Flamengo, mas o time continuou pressionando. Adílio, com um toque de cabeça, deixou Zico a dois passos da pequena área, sozinho com Wirth. A batida, dessa vez, foi para fora. Adílio continuava endiabrado pela ponta-esquerda, onde deixou dois marcadores na saudade e cruzou para a área. Páez desviou a bola e Zico emendou de primeira. Wirth espalmou a bola alta para escanteio. O segundo gol esteve perto mais uma vez após escanteio cobrado por Júnior. Wirth saiu mal e Tita, na pequena área, cabeceou para fora. A *blitz* rubro-negra seguia com Zico, que enfiou na área para a chegada de Nunes. O centroavante bateu rasteiro e Wirth defendeu com os pés.

O cenário ficou ainda mais favorável ao Flamengo quando Alarcón entrou de sola em uma dividida com Andrade, falta desleal punida com cartão vermelho. Cinco jogadores do Cobreloa cercaram o juiz para reclamar da expulsão. Naquele lance, ficava claro que a truculência dos chilenos não encontraria com Roque Cerullo a mesma complacência de Ramón Barreto em Santiago. Adílio continuava atormentando os chilenos pela ponta-esquerda e levou um pontapé de Puebla no joelho.

A vantagem numérica de um jogador acabou junto com a paciência de Andrade. Júnior tentava recuperar a bola por baixo quando tomou um carrinho violento de Jiménez. Assim que o chileno se levantou, foi duramente atingido pelo volante do Flamengo. Os critérios de Cerullo eram os mesmos para os dois lados.

ANDRADE

"Foi a primeira expulsão da minha carreira. Nosso time estava tranquilo, nós tínhamos o jogo na mão. Aí o cara veio e deu uma entrada forte no Júnior. Eu vinha no embalo e cheguei comprando a briga do Júnior. Cheguei forte no cara. Quando o cara deu a entrada no Júnior, eu já vim no embalo e deixei o cotovelo nas costas dele. Deu lá, vai tomar aqui. Fui expulso, saí. E fiquei lá do banco rezando para o time ganhar. Se perdesse, ia cair tudo nas minhas costas!

Eram dez contra dez, e a igualdade animou o Cobreloa. Em uma falta de Nei Dias pelo lado direito da defesa, Merello levantou na área. Olivera cabeceou, Mario Soto deu um leve toque e Raul não se moveu. A bola só não entrou porque Júnior vigiava o gol e tirou em cima da linha. O técnico do Cobreloa decidiu mexer na equipe e colocou o ponta Muñoz em busca do empate. O time sentiu a saída de Andrade e teve uma leve queda da produção. Leandro, deslocado de sua posição de origem, tinha de se desdobrar para dar conta do meio-campo. A primeira etapa terminou com vantagem rubro-negra: 1 X 0.

A conversa com Carpegiani e Bosco na véspera parecia viva na cabeça de Nei Dias, que não admitia perder nenhuma bola. Já no segundo tempo, em uma disputa com o atacante Olivera, a bola saiu pela linha de fundo. Na dúvida, o lateral reserva do Flamengo não poupou o carrinho, jogando o adversário em cima de um fotógrafo e derrubando ambos. Nos primeiros 15 minutos depois do intervalo, o Flamengo diminuiu o ritmo e teve dificuldade em ameaçar o gol dos chilenos. A primeira tentativa de Zico foi aos 17 minutos, em um chute de fora da área que ainda quicou no gramado antes de bater na trave direita de Wirth, que não se mexeu. As tabelas de Tita e Nei Dias pela direita deixavam os chilenos sem saber a quem marcar. Em uma dessas jogadas, Nei entrou pela diagonal, deu para Zico, que, de calcanhar, deixou Nunes de frente para o gol. Mas João Danado furou na primeira chance, e, já marcado, chutou mal na segunda tentativa.

A defesa do Cobreloa não conseguia segurar o Flamengo. Em um lançamento de Tita para Adílio, Wirth teve de sair da área e meter a mão na bola para impedir o gol. Ou, no mínimo, adiá-lo.

ADÍLIO

"Eu vinha na ponta-esquerda, o Zico fingia que ia entrar na área e voltava. E eu dava essa bola para ele. Era uma jogada desenhada. O Tita jogou por cima do zagueiro. Eu fui no facão para poder driblar o goleiro, e o goleiro, fora da área, deu um tapa na bola. O juiz marcou.

A falta era um pouco antes da meia-lua. Wirth colocou cinco homens na barreira e se posicionou no centro do gol. Zico deu dois passos e, no terceiro, chutou com efeito. A bola alta contornou a barreira e foi parar no canto esquerdo de Wirth, que sequer esboçou uma reação. A pequena massa vermelha e preta em Montevidéu outra vez comemorou com o coração disparado. Aos 31 minutos do segundo tempo, a América do Sul estava cada vez mais perto de se tornar rubro-negra.

Sentindo o Cobreloa baqueado, o Flamengo foi para cima e continuou atacando. Em uma ótima trama de Júnior pela esquerda, Nunes deixou passar e Tita quase fez 3 X 0. A raiva pela deslealdade no segundo jogo das finais ainda era latente entre os jogadores do Flamengo. Antes do jogo, Zico pedia que a resposta fosse dada na bola. Mas Mario Soto tinha ido longe demais. Com o jogo resolvido, o zagueiro chileno teria de acertar contas com o Flamengo.

ANTÔNIO AUGUSTO DUNSHEE DE ABRANCHES
Presidente do Flamengo (1981-1983)

"Estava combinado antes do jogo. Foi a forra que o Carpegiani montou com a minha aprovação. Ele me consultou, a mim e ao Bosco. Carpegiani falou:

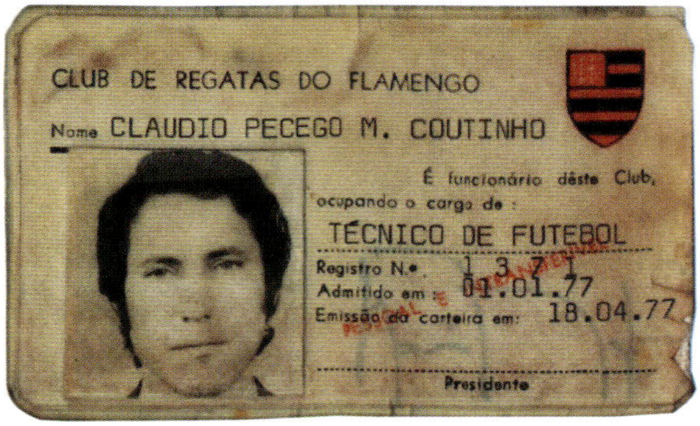

© Paulo Cesar Coutinho

Carteira de técnico do Flamengo de Cláudio Coutinho. Nos primeiros meses do clube, o treinador era "emprestado" pela CBD. A admissão oficial só aconteceu em 1977.

© Eduardo Vinícius

O Flamengo de 1976. Detalhe do álbum *Campeonato Nacional – Copa Brasil*.

O Flamengo de 1977 já com Carpegiani e Cláudio Adão no álbum *Supercampeonato Nacional – Copa Brasil.*

C.R. FLAMENGO

No século passado: remo era o esporte que dominava o Rio de ıneiro. O futebol começava a aparecer em algıs clubes, mas ainda era olhado com certo teor, pois não estava sendo recebido com entussmo pela sociedade carioca. Fundado em 1˚de novembro de 1895, o Flamengo foi, até 1I1, um clube dedicado ao remo. Finalmente, e 8 de novembro daquele ano, foi criado umdepartamento de esportes terrestres: nascia, aım, o futebol nesse clube. Hoje, o CLUBE DEREGATAS FLAMENGO é uma das maiores toidas do Brasil e, entre os títulos conquistadosestão:

Campeonato Cariocde 1972

Campeonato Cariocde 1974

CANTARELI

TONINHO

JÚNIOR

RONDINELLI

DEQUINHA

1 - RONDINELLI - nasceu em São Paulo (SP), em 26/04/54. Pré-selecionado pela CBD como zagueiro de área. 2 - CANTARELI - nasceu em Belo Horizonte em 26/09/53. - ZICO - nasceu no Rio de Janeiro (RJ), em 03/03/53. Pré-selecionado pela CBD como ponta de lança. 4 - JÚNIOR - nasceu em João Pessoa (PB), em 29/06/54. Pré-selecionado pela CBD como lateral. 5 - MERICA - nasceu em Salvador (BA), em 13/09/53. 6 - DEQUINHA - nasceu em Belo Horizonte (MG),em 27/03/55. 7 - ADÍLIO - nasceu no Rio de Janeiro (RJ), em 15/05/56. 8 - TONINHO nasceu em Salvador (BA), em 07/06/48. Pré-selecionado pela CBD como lateral. 9 - OSNI - nasceu em São Paulo (SP), em 13/07/52. 10 - CARPEGIANI - nasceu em Porto Alegre (RS), em 07/02/49. Pré-selecionado pela CBD como armador. 11 - CLÁUDIO ADÃO - nasceu no Rio de Janeiro (RJ), em 02/07/55.

MERICA

CARPEGIANI

ZICO

OSNI

CLÁUDIO ADÃO

ADÍLIO

O Flamengo de 1978 no álbum *Campeonato Brasileiro de Futebol*.

© Eduardo Monsanto

A taça de campeão carioca de 1978, conquista que deu início ao período mais vitorioso da história do Flamengo.

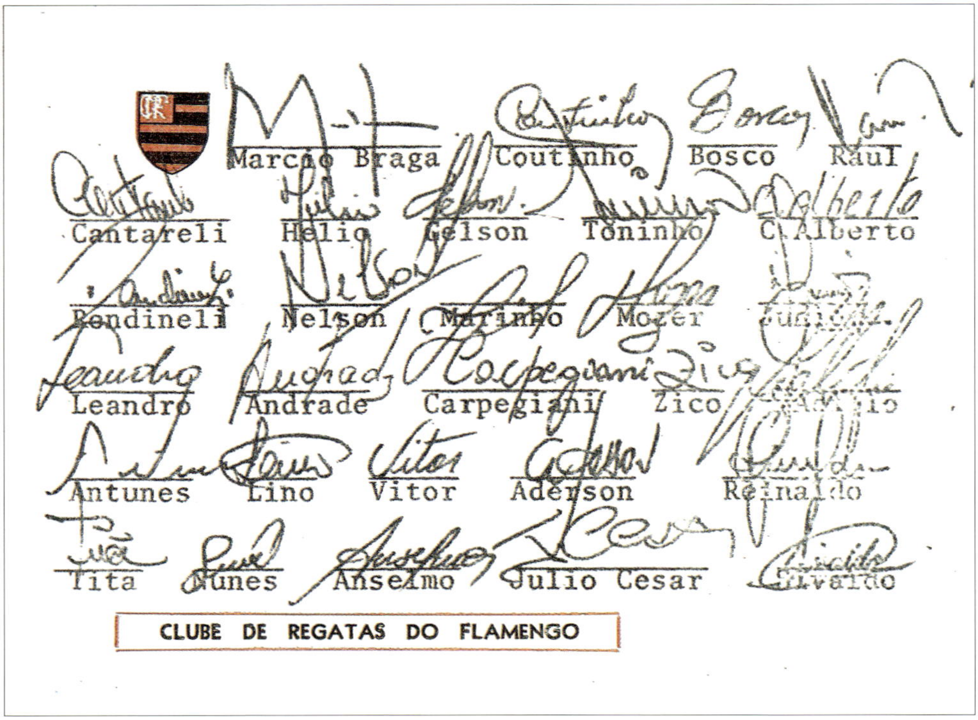

Cartão-postal do Flamengo trazendo autógrafos do grupo de 1980.

O Cobreloa chegou invicto às finais da Libertadores de 1981. De pé: Wirth, Mario Soto, Eduardo Gómez, Escobar, Merello e Tabilo. Abaixo: Puebla, Letelier, Siviero, Rubén Gómez e Olivera.

O técnico argentino Vicente Cantatore (de azul, observado pelos jogadores) conversa com o time do Cobreloa.

Zico marcou os dois gols da vitória por 2 X 1 sobre o Cobreloa, no Maracanã.

Time escalado por Paulo César Carpegiani para o terceiro jogo da final da Libertadores de 1981 em Montevidéu. De pé: Mozer, Raul, Marinho, Nei Dias, Andrade e Júnior. Agachados: Tita, Leandro, Nunes, Zico e Adílio. Nunes segura a bandeira do Uruguai com a qual o Flamengo entrou em campo para homenagear a torcida.

Zico marca seu gol mais importante. O goleiro Wirth nem esboçou reação após a cobrança de falta perfeita. Era o gol do primeiro título sul-americano do Flamengo.

Zico recebe de Nicolas Leoz a taça Libertadores da América.

Nei Dias e Júnior (com uma camisa do Cobreloa amarrada na cabeça) carregam a taça e puxam a volta olímpica no estádio Centenário ao lado de Mozer, Zico e Leandro.

Mario Soto é marcado por Adílio, que teve de manter o equilíbrio emocional contra seu agressor.

No terceiro jogo contra o Cobreloa, Zico teve uma das melhores atuações de sua carreira.

"Estou com medo desse time, de sair todo mundo querendo dar porrada, ir à forra. Temos que encontrar uma solução. Pensei o seguinte, o que vocês acham?"

"Por mim, está bom."

O Bosco também concordou, e assim foi feito.

A ideia de Paulo César Carpegiani para se vingar do capitão do Cobreloa não tinha um pingo do *fair play* proposto por Zico. O segundo tempo estava próximo dos quarenta minutos. A bola estava na defesa do Flamengo, com Júnior. Do outro lado do campo, em frente ao banco do Flamengo, Tita esperava a bola na ponta-direita. Mario Soto se aproximou e deu um soco no jogador do Flamengo, que caiu bem em frente ao banco de reservas rubro-negro. A comissão técnica e os reservas viram o incidente e se indignaram. Para Paulo César Carpegiani, era a gota d'água.

PAULO CÉSAR CARPEGIANI

"Dunshee de Abranches, Francalacci, diretor, Bosco... todo mundo queria invadir o campo! Aí eu chamei o Anselmo.

"Vem cá! Você viu ali?"

"Vi!"

O Francalacci chamou para aquecer, ele estava no piso, de chuteira de tarraxa no concreto.

"Aquecer nada, não, não, não... Vem cá! Tu viu ali! Deixa a bola vir, tu dá-lhe no meio e pode sair!"

Vestindo a camisa 25, Anselmo foi chamado para substituir Nunes. Talvez aquela tivesse sido a orientação mais rápida que ele recebeu de um treinador antes de entrar em campo. Do lado de fora, o atacante reserva do Flamengo viu todas as covardias praticadas por Mario Soto. Naquele instante, à beira do gramado, Anselmo ainda não sabia que os próximos trinta segundos mudariam completamente a sua vida.

ANSELMO

"Não teve nada de história. Foram poucas palavras. Ele falou para eu ir lá e dar um murro no cara mesmo. Ele pediu mesmo.

"Vai lá e dá uma porrada no cara!"

O flagrante de Almir Veiga: Anselmo nocauteia Mario Soto, vingando Lico e Adílio, além de realizar o desejo de milhões de rubro-negros.

Na área destinada à imprensa, a equipe do *Jornal do Brasil* sentiu que algo diferente aconteceria. O fotógrafo Almir Veiga estava em um fosso atrás do banco do Flamengo e percebeu a exaltação dos rubro-negros. O repórter Antônio Maria Filho estranhou a entrada de Anselmo no final da partida, já que naquela época apenas duas substituições eram permitidas, e não era comum usar alterações para ganhar tempo.

ANTÔNIO MARIA FILHO
Repórter do *Jornal do Brasil*

“

O Almir me chamou, meio intrigado.

"Tem alguma coisa errada aí. Vai acontecer alguma coisa."

Eu já fiquei atento também. Quando o Anselmo entrou, o Cobreloa estava atacando, a bola estava no campo do Flamengo. O Anselmo foi correndo em direção ao campo de defesa do Cobreloa. E a gente ouvia:

"É esse aí, Anselmo! É esse aí!"

© Anibal Philot/ Agência O Globo

Após cumprir sua missão, Anselmo é detido pela polícia uruguaia. O "Vingador" foi liberado logo depois.

As lentes de Almir Veiga estavam longe da bola. A teleobjetiva seguia os passos de Anselmo em direção ao homem de quem a nação rubro-negra queria o sangue. O atacante fez o que milhões de torcedores estavam loucos para fazer. No exato momento em que Almir Veiga disparava o obturador de sua câmera, Anselmo fechou a mão direita e deu um murro na cara do truculento zagueiro chileno. Soto foi a nocaute.

ZICO

O Brasil inteiro queria dar uma porrada no cara por tudo que tinha acontecido. O Anselmo já entrou, encostou do lado e deu-lhe uma jamantada. O cara arriou! Capotou. Estava terminando o jogo, ninguém viu! A gente só viu depois os caras correndo atrás dele. Por que estão correndo atrás dele? Alguma coisa aconteceu, não é?

ANDRADE

Eu já tinha sido expulso, estava no banco. O Anselmo veio correndo, os caras atrás dele. Ele tropeça na placa e cai. Passam uns quatro jogadores do Cobreloa por cima dele. Tinha uma tropa de apoio dentro do estádio, aí pegaram ele. Sei que nós entramos, dizendo:

"Não vai levar ele, não!"

Aí os caras engatilham aquilo, nego abre, sai todo mundo da frente! (risos). Depois levaram não sei para onde, depois já liberaram.

O único a acertar Anselmo foi Escobar, mas o tumulto foi rapidamente contornado com as expulsões de Anselmo, Jiménez e de Mario Soto. Quando Roque Cerullo apitou o fim da partida, os jogadores do Flamengo ainda viveram momentos de tensão, esperando alguma reação dos adversários. Mas assim que os chilenos foram para os vestiários, a conquista da Libertadores pôde ser, enfim, saboreada. Zico recebeu a taça das mãos de Nicolas Leoz e beijou o troféu antes de erguê-lo. Júnior amarrou na cabeça uma camisa do Cobreloa trocada com Muñoz e puxou a volta olímpica pelo estádio Centenário, com Andrade e Mozer carregando o caneco mais importante da história do clube.

LEANDRO

"Depois da expulsão do Andrade, sobrou para mim lá no meio. Eu tive que correr que nem um maluco lá! O Carpegiani falou que foi talvez a melhor partida da minha vida, que eu e o Zico tínhamos sido os melhores daquele jogo para ele.

NEI DIAS

"Aquele pôster do time campeão em Montevidéu é a minha vitória, aquilo ali ninguém vai conseguir apagar nunca. Naquela foto ali da Libertadores, toda vez que forem falar que o Flamengo ganhou, vão ter que se referir a mim. Aquilo ali me deu uma consagração danada.

Enquanto os gritos de "é campeão!" começavam, Moraes, Cláudio e os demais sobreviventes das aventuras pela Cordilheira dos Andes estavam sentados na arquibancada, chorando pela maior emoção que o Flamengo já tinha lhes proporcionado. Depois que recuperaram as forças, os malucos da Raça saíram enlouquecidos pelas ruas da capital uruguaia. Buzinaço, gritos de "Mengo!" e a alegria de ser o primeiro carioca campeão do continente ditavam o ritmo da festa. A comemoração dos jogadores foi numa boate, e na hora de festejar, os craques rubro-negros não esqueceram da companheira que sempre trataram com carinho e intimidade: a bola, amor maior.

ANDRADE

"Arrumaram uma bola lá dentro da boate, fizemos um campo lá dentro! Final da história: fizemos uma pelada dentro da boate! (risos). Foi uma coisa bem diferente de tudo o que pessoal imagina. Não sei de onde surgiu aquela bola ali, cara. Algum cara maluco levou a bola para lá e nego batendo bola dentro da boate. Já tinha tomado um pouco, não é? (risos). A galera estava meio turbinada. Nós fomos para a boate, tomamos um negócio, e rolou bate-bola dentro da boate. Altinho, bobinho.

© Commebol

Misturados a torcedores, jogadores do Flamengo comemoram no hotel em Montevidéu a conquista inédita da Libertadores. Da esquerda para a direita: Domingos Bosco, Figueiredo, Chiquinho, Zico, Leandro, Raul, Marinho, Tita, Júnior, Anselmo Baroninho, Adílio e Andrade.

★ LIBERTADORES DE 1981 ★

	POS	J	TIT	RES	G
Cantarele	G	4	4	0	-6
Raul	G	10	10	0	-5
Leandro	LD	13	13	0	0
Nei Dias	LD	5	2	3	0
Carlos Alberto	LD	4	1	3	0
Mozer	Z	12	12	0	0
Figueiredo	Z	12	10	2	0
Marinho	Z	5	5	0	1
Rondinelli	Z	3	2	1	0
Júnior	LE	14	14	0	0
Andrade	MC	8	8	0	0
Vítor	MC	5	5	0	0
Adílio	MC	13	13	0	3
Zico	MC	13	13	0	11
Peu	MC	1	0	1	0
Tita	A	12	12	0	1
Chiquinho	A	7	3	4	2
Fumanchu	A	1	0	1	0
Nunes	A	14	14	0	6
Anselmo	A	2	0	2	1
Baroninho	A	13	12	1	3
Lico	A	5	2	3	0

ADEUS, CAPITÃO

★★★★★★★★★★★★★★★★★★★

A festa pelo título da Libertadores varou a madrugada nos quatro cantos do Rio de Janeiro. A Cidade Maravilhosa, embalada por sua maior torcida, parecia viver um transe coletivo. E, no dia seguinte ao jogo, uma multidão aguardava no aeroporto pelos novos campeões sul-americanos.

Naquela terça-feira, 24 de novembro de 1981, o Galeão era uma miniatura do Maracanã. No setor de desembarque internacional havia bandeiras e camisas rubro-negras, gente cantando sambas e músicas das torcidas organizadas. A euforia pelo título da Libertadores tinha levado 5 mil pessoas ao aeroporto em pleno dia útil, gente que largou tudo o que estava fazendo para mostrar seu amor pelo clube do coração e por aqueles homens que tinham feito história pelo Flamengo.

Quase quatrocentos homens da PM e da Aeronáutica foram destacados para evitar tumultos, o que ficou impossível quando o desfile em carro aberto que os jogadores fariam foi cancelado. Outras 5 mil pessoas já estavam esperando na avenida Brasil, de onde começaria o trajeto em direção à sede do Flamengo, na Gávea. Leandro subiu no trio elétrico que esperava os jogadores. Ali, ele não era mais o melhor lateral direito do Brasil na atualidade. Era somente mais um eufórico rubro-negro transbordando de felicidade. Com o microfone do carro de som, começou a cantar desafinadamente o amor antigo que sentia pelo Flamengo.

Oh, meu Mengão,
Eu gosto de você!
Quero cantar ao mundo inteiro
A alegria de ser rubro-negro

Conte comigo Mengão!
Acima de tudo rubro-negro.
Conte comigo Mengão!
Acima de tudo rubro-negro.

LEANDRO

Sempre fui Flamengo. Sou Flamengo desde que me entendo por torcedor. Os jogos não passavam na televisão na época, meu pai me pegava nas tardes de domingo. A gente deitava junto na cama e ficava no radinho. Lembro perfeitamente do Fla-Flu de 1969, torci muito! Eu tinha dez anos nessa época. O Flamengo estava perdendo de 2 X 1 e eu pedindo, implorando a Deus para empatar, para dar uma alegria para o meu pai, que estava muito triste. Aí o Flamengo foi e empatou. Gol de Dionísio. Golaço! Lembro até hoje, mas depois o Fluminense fez 3 X 2 com Flávio e não teve jeito.

Sem nenhum Flávio para estragar a festa, Leandro curtia o título com a torcida; Raul tentava ir para casa. Na garagem do aeroporto, o goleiro passou pelo maior sufoco de seus 22 anos de carreira. Ao ser descoberto por torcedores, foi atacado: a camisa dele ficou em pedaços; a calça e até o sapato também foram rasgados. Lico, ídolo recente da torcida, ainda não tinha sentido tão de perto a medida do amor dos torcedores rubro--negros por seus ídolos.

LICO

Aqueles mais espertos, como Zico, Júnior, saíram lá por trás. Os mais simples saíram pela frente. As esposas estavam esperando, as famílias. Quando a gente viu, já estava no meio daquela galera toda querendo tirar nossa roupa! E puxa daqui, e puxa dali, aí tu tem que dizer:

"Pô, vamos devagar! Se não vai ficar chato. A gente quer comemorar junto!".

Eu nunca tinha vivido isso, então me assustei com essa paixão toda. O torcedor quer te ver nu! Se depender dele, ele carrega a tua roupa toda, e tu fica pelado.

Zico tinha sido o grande nome da vitória por 2 X 0 sobre o Cobreloa em Montevidéu. Mas o interesse pelo maior ídolo do clube na chegada da delegação era comparável à expectativa pelo desembarque do vingador rubro-negro, o homem que não ficou mais de trinta segundos em campo e alcançou um lugar na história do clube através de um soco: o atacante Anselmo, o reserva que nocauteara Mario Soto.

ANTÔNIO MARIA FILHO
Repórter do *Jornal do Brasil*

No desembarque do Flamengo, o Anselmo foi carregado como herói! O Anselmo virou ídolo! E ele começou a se sentir feliz com aquilo. Só que, quando ele ligou para a mãe dele, tomou a maior bronca.

"Meu filho, você não vai ficar conhecido pelo que você fez com os pés, mas sim pelo que você fez com as mãos!"

Aí ele ficou meio sem graça, meio desconcertado com a atitude dele. Não se arrependeu, mas ficou chateado.

ANSELMO

Não é exemplo, não é nada que se deva festejar. Aquilo foi comemorado porque as agressões tinham sido muitas, e fui visto como um herói. Não me considero assim. Aquilo foi uma coisa de momento. Sangue quente, inexperiência minha.

Uma agradável surpresa estava reservada para os jogadores do Flamengo no Galeão. O homem que tinha comandado aquele grupo durante quatro anos e iniciado o período mais vitorioso da história do clube esperava pelos ex-comandados no aeroporto. Cláudio Coutinho estava retornando no mesmo dia dos Estados Unidos, onde tinha chegado ao fim seu contrato com o Los Angeles Aztecs. Quem estava ali era um amigo deles, alguém que tinha colaborado de maneira decisiva para transformar o Flamengo em mais do que uma potência estadual. Cláudio Coutinho tinha formado um time verdadeiramente vencedor.

ADÍLIO

Eu acredito muito no destino. Quando a gente começou a trabalhar com Cláudio Coutinho, ele nos disse:

"Para vocês serem reconhecidos daqui a dez, vinte anos, vocês têm que conquistar o título máximo. Qual é esse título máximo? É o de campeão mundial. Mas para chegar a campeão mundial, vocês têm que ganhar o Carioca, vocês têm que ganhar o Brasileiro, vocês têm que ganhar a Libertadores, para vocês ganharem o Mundial."

Nós encontramos com ele no aeroporto, e me lembro de ele falar isso para todos nós: "Agora só falta o Mundial". Sabíamos que tínhamos esse compromisso com ele.

* * *

Cláudio Coutinho experimentou em 1981 a paz que tinha perdido nos cinco anos anteriores, fosse como treinador da Seleção Brasileira ou do clube de maior torcida do país. Na Califórnia, Coutinho recuperou a vida de cidadão comum e seus prazeres simples, como andar pelas ruas sem ser reconhecido. O dia a dia no Los Angeles Aztecs era bem menos sacrificante que a rotina de trabalho como técnico no Brasil. Mais tempo livre significou a chance de passar mais tempo com a filha Cláudia, que, ao contrário de Cascão, seu filho e inseparável escudeiro, não tinha o mesmo acesso livre ao ambiente machista do futebol.

Livre das pressões que tinham se tornado parte de seu cotidiano no Brasil, o técnico se permitiu aproveitar a convivência com os filhos e, sempre que podia, virava adolescente ao lado de Cláudia e Cascão em passeios pela Disneylândia ou pelos estúdios da Universal. A família estava confortavelmente instalada em uma casa de frente para o mar, e, nos Estados Unidos, o treinador pôde continuar a jogar o seu sagrado vôlei de praia nas folgas. Em Los Angeles, Coutinho só sentia falta de uma atividade: a pesca submarina, impraticável nas águas geladas e escuras do oceano Pacífico.

CASCÃO

Paulo Cesar, filho de Cláudio Coutinho

"Nesse ano que nós moramos em Los Angeles, todos os dias meu pai chegava no café da manhã dizendo que tinha tido um sonho estranho. Ele sempre sonhava que estava na beira do mar, já com roupa de borracha, já com arpão na mão, doido para pescar. Ele nunca conseguia entrar na água. Alguma coisa acontecia que ele não conseguia entrar na água para ir pescar e acordava. Ele sonhava sempre com isso.

O Los Angeles Aztecs foi fundado em 1974 e atraiu no passado algumas lendas da bola já em fim de carreira, como o norte-irlandês George Best, entre 1976 e 1978, e o holandês Johann Cruyff, em 1979. Para o azar de Coutinho, o caixa não permitia grandes contratações para aquela temporada. Acostumado a contar com o talento de craques como Zico e Júnior, Coutinho de repente ele se viu na dependência dos gols do atacante Bill, ex-Goiânia. Do Flamengo, o técnico só pôde contratar um jogador, o lateral reserva Gílson Paulino. Outros três brasileiros faziam parte do plantel: o volante Luizinho Rangel, ex-Botafogo, o meia Marcelino, e o atacante Luís Fernando, ex-Internacional, que Coutinho conhecia da Seleção Olímpica.

O Aztecs tinha apenas seis norte-americanos no elenco, que era multinacional. O mais conhecido era Wim Suurbier, lateral direito vice-campeão do mundo com a Holanda. Argentinos, canadenses, iugoslavos, ingleses, irlandeses e mexicanos completavam a Babel de Coutinho em Los Angeles, uma situação nova em que o treinador poderia pôr em prática os cinco idiomas que falava com fluência.

O estranho regulamento da North American Soccer League dividia os 21 times em cinco conferências. Os dois times com o melhor aproveitamento de pontos decidiriam o título em uma final, chamada de Soccer Bowl. O Aztecs ficou em segundo lugar na divisão oeste, com 19 vitórias e 13 derrotas. Só que a média de público da equipe dirigida por Coutinho foi a segunda pior de toda a liga, com apenas 5.814 pagantes por jogo.

A explicação para a falta de interesse pelo time, criado para atrair a comunidade hispânica da Califórnia, estava no beisebol. Em 1981, o *pitcher* mexicano Fernando Valenzuela assombrou os Estados Unidos em sua primeira temporada como profissional, levando o Los Angeles Dodgers ao título da World Series. A comunidade latina estava ocupada demais com a *Fernandomania* para perder tempo com futebol. Ao final da temporada, os investidores mexicanos que bancavam o Aztecs, campeão norte-americano em 1974, decidiram fechar as portas do time de futebol.

Antes do anúncio oficial do fim do time, Cláudio Coutinho já sabia que não permaneceria nos Estados Unidos em 1982. O Al Hilal, da Arábia Saudita, estava interessado em contar com o treinador na temporada seguinte. Coutinho foi convidado para jantar com o proprietário do time, um príncipe árabe. O encontro foi marcado para ocorrer em Malibu, onde o milionário dono do Al Hilal tinha uma mansão. Coutinho não tinha a menor intenção de trabalhar no Oriente Médio, mas aceitou o convite para conhecer o príncipe.

Uma limusine foi buscar Coutinho, a esposa e as crianças.

CASCÃO

Paulo Cesar, filho de Cláudio Coutinho

Nós fomos a um restaurante. O príncipe bebeu vinho, não tinha esse papo, não. Fora da Arábia Saudita era tranquilo. Ele convidou meu pai. Justamente para não ir, meu pai pediu uma grana altíssima. Ele estava certo que o cara não ia topar. Só que o príncipe fechou na hora! Lembro bem da cara do meu pai:

"Putz grila! Vou ter que ir para a Arábia Saudita..."

Falei assim para a minha mãe:

"Mãe! Pensei que eu nunca fosse ficar rico!"

O acordo estava apalavrado com o Al Hilal. Ao fim da temporada de 1981, Coutinho recebeu o valor integral do contrato com o Los Angeles Aztecs e encerrou sua trajetória no futebol dos Estados Unidos. Era hora de voltar ao Brasil, rever os amigos e descansar um mês antes de iniciar o trabalho no Al Hilal. Quando chegou ao Rio de Janeiro, Coutinho foi cumprimentar seus amigos do Flamengo, o novo campeão da Libertadores. Ele se sentia parte daquela conquista. Ao falar sobre o futuro do time, Coutinho afirmava com segurança que o destino do Flamengo era ser campeão do mundo e que aquela equipe seria capaz de ganhar tudo que disputasse.

Cláudio Coutinho recebe a faixa de bicampeão carioca ao lado de Cascão, seu fiel escudeiro.

No dia seguinte de manhã, o técnico foi matar as saudades do Clube dos Marimbás. Era ali, no Posto 6, em Copacabana, que Coutinho gostava de encontrar os amigos para jogar vôlei de praia e, principalmente, praticar pesca submarina. A vontade de mergulhar era grande, já eram nove meses longe de uma de suas maiores paixões. Na primeira visita ao Marimbás, o mar não ajudou. Estava revolto, bem bravo, e nenhum barco saiu para a pesca. Coutinho voltou na manhã seguinte, e outra vez não conseguiu companhia para ir até as ilhas Cagarras, onde costumava pescar. No terceiro dia, deixou um recado no clube dos Marimbás para que o avisassem assim que o primeiro barco saísse para a pesca.

JÚNIOR

"Eu estava com ele. Tínhamos jogado vôlei juntos. Nós tomamos uma ducha fora da quadrinha e estávamos subindo para ir pro Marimbás. Aí chegou esse amigo dele.

"Couto! Vou mergulhar, quer ir comigo?"

"Pô, tô com o Júnior aqui..."

"Capitão, eu não sou problema, não."

"Então vou lá. Tu me espera?"

"Espero, pode ir lá. Eu fico jogando um pouco mais aqui."

O amigo que levou Coutinho para pescar foi Bruno Caritato, sócio do Clube dos Marimbás. Bruno era dono de uma lancha de 15 pés, feita de madeira, que ele batizou de *Roteiro*. A embarcação era propulsada por um motor de popa Johnson de quarenta cavalos, e os pescadores chamavam aquele tipo de barco de voadeira, por sua velocidade. Do Clube dos Marimbás até as ilhas Cagarras, a lancha não levava mais do que dez minutos.

BRUNO CARITATO

Sócio do Clube dos Marimbás e amigo de Cláudio Coutinho

"Eu morava no Leblon. Nesse dia, eu saí de casa às sete e meia. Oito horas eu já estava no clube. Aí o empregado me deu o recado.

"Seu Cláudio Coutinho está doido para pescar!"

No fim de 1980, Coutinho aproveita uma de suas raras folgas para praticar pesca submarina com o filho Cascão.

O Cláudio era um cara legal pra caramba. Arrumava ingresso para o Maracanã... Ele, flamenguista doente, eu, botafoguense, mas tudo bem. O Coutinho entrou no Clube dos Marimbás quando era preparador físico, aí começou a se interessar pela caça submarina. Ele gostava de sair com as pessoas que pescavam mais cedo.

Bruno e Coutinho embarcaram em direção às ilhas Cagarras. Os dois praticavam pesca submarina mergulhando em apneia, sem o auxílio de cilindros de oxigênio. No equipamento, apenas óculos, snorkel, arpão, e como Coutinho era Flamengo até debaixo d'água, pés de pato rubro-negros. O ex-técnico da Seleção Brasileira tinha ótimo condicionamento físico e estava acostumado a fazer a travessia de 4,5 quilômetros entre as Cagarras e o Clube dos Marimbás nadando. Quando saía para pescar, Coutinho normalmente pedia para que seu companheiro de pesca voltasse em uma hora ao ponto de encontro combinado. E lá ia ele, depois de nove meses, mergulhar em direção ao seu "pesqueiro secreto". Naquela época, sem sondas ou GPS, não era tão fácil saber onde havia abundância de peixes. Coutinho não gostava de contar a ninguém onde estava o seu cantinho favorito para pescar.

BRUNO CARITATO

Sócio do Clube dos Marimbás e amigo de Cláudio Coutinho

"Eu lembro que, antes de mergulhar, ele disse:

"Eu tenho que pegar um peixe grande. Hoje tem um jantar lá em casa e prometi levar um peixe."

Foram as últimas palavras dele antes de cair na água.

Bruno ancorou a lancha e foi mergulhar. Depois de cerca de uma hora pescando, voltou ao barco. Eram dez da manhã. Ligou o motor, puxou a âncora e foi procurar Coutinho. A lancha tinha ficado ancorada próximo de uma laje, uma pedra pequena no meio do mar. Bruno deu várias voltas e não conseguiu encontrá-lo. Não havia ao redor nenhum outro ponto em que ele pudesse estar esperando. Foram quarenta minutos tentando achar seu companheiro de mergulho. Sem sucesso, Bruno voltou ao Clube dos Marimbás para pedir socorro. O serviço de salvamento foi acionado e outros barcos também seguiram para as Cagarras para ajudar no resgate.

Três homens do Salvamar participaram das buscas. Menos de uma hora depois do ínicio dos trabalhos, o mergulhador Nílson Silva Figueiredo achou um corpo a vinte metros de profundidade. Bruno Caritato estava em um barco próximo quando Nílson veio à superfície.

BRUNO CARITATO

Sócio do Clube dos Marimbás e amigo de Cláudio Coutinho

O pessoal da lancha da Marinha me chamou:

"É ele?"

Aí eu vi o pé de pato dele. Era vermelho e preto. Ele era flamenguista, então... Sabe o pé de pato? Vermelho e preto.

O corpo de Coutinho ainda expeliu muito sangue a bordo da lancha do Salvamar. Ele já estava sem vida. O médico José Francisco Ornellas, que assinou a certidão de óbito, registrou que Cláudio Pecego de Moraes Coutinho morreu aos 42 anos vítima de afogamento. A cor da pele dele estava azulada, e foram encontradas algumas pequenas escoriações no rosto e no corpo.

No momento em que perdeu a vida, Coutinho estava caçando uma garoupa. O peixe entrou na toca, mas Coutinho conseguiu arpoá-lo. Mesmo quando morre, a garoupa abre as guelras dentro do esconderijo, e arrancá-la de lá é praticamente impossível. Coutinho tentava deslocá-la quando desmaiou. O ar que o técnico tinha inspirado na superfície foi se transformando em gás carbônico e circulando no corpo dele. Coutinho perdeu os sentidos e acabou se afogando. O ex-técnico foi encontrado com o cinto de chumbo usado para o mergulho e empunhando o arpão. O fato de não ter soltado a arma ou abandonado o lastro mostra que Coutinho não percebeu que o ar tinha acabado.

CASCÃO

Paulo Cesar, filho de Cláudio Coutinho

Um ano antes de morrer, meu pai deu uma entrevista em Angra dos Reis. Em 1976, tinha morrido um amigo dele, o Conrado Malta, campeão mundial de pesca submarina. Morreu da mesma forma! Apagamento, sem sentir nada. E o comentário do meu pai foi o seguinte:

"Morte tranquila, não é? Sem aflição, sem dor. Se eu pudesse escolher um jeito de morrer, acho que eu escolhia esse."

No Flamengo, a sexta-feira seria de coletivo para a final do Campeonato Carioca. Domingo, o Flamengo enfrentaria o Vasco no Maracanã. Os jogadores chegavam para o treino da tarde quando o supervisor Domingos Bosco chegou com a notícia inverossímil. O capitão tinha partido.

ZICO

O que aconteceu com o Coutinho foi uma porrada para todo mundo. O cara era muito querido por todos nós.

MARINHO

O nosso grupo ficou sentido. Para mim foi difícil dormir. O Coutinho era uma pessoa exemplar, uma educação, um cara muito inteligente. Ele estava sempre sorrindo, nunca vi ele falar mal de ninguém, levantar a voz para ninguém. Foi um baque muito grande.

O Flamengo decretou luto oficial de três dias e suspendeu todas as atividades. Não havia o menor clima para jogar com o Vasco, mas não havia espaço no calendário para remarcar a partida. Os jogadores custavam a crer no que tinha acontecido, e Carpegiani estava inconsolável. O técnico do Flamengo conheceu Coutinho na Copa de 1974, e tinha sido convidado por ele para jogar na Gávea. Foram lições preciosas sobre o ofício de comandar um time de futebol.

PAULO CÉSAR CARPEGIANI

Busquei muitas coisas nele. O diálogo, a conversa que eu tenho com os meus jogadores, eu aprendi muito com Cláudio Coutinho. Essa liberdade de expressão talvez tenha sido o grande motivo do sucesso do próprio capitão, além de todo o conhecimento que ele tinha. Não se tem sucesso por acaso, não.

A comoção pela morte de Cláudio Coutinho tomou conta do Rio de Janeiro. O corpo do treinador foi velado no Morro da Viúva, onde os jogadores do Flamengo foram se despedir do antigo comandante. Além deles, dirigentes, atletas de outros clubes, árbitros e um grande número de fãs. Gente que não conhecia o homem Cláudio, mas admirava Coutinho por tudo o que ele tinha feito pelo Flamengo.

O povo rubro-negro queria mostrar sua gratidão e inundou as ruas no cortejo que saiu do Morro da Viúva em direção ao Cemitério do Caju no sábado. Eram milhares de pessoas acompanhando o caixão coberto com a bandeira do Flamengo. Os jogadores não participaram do enterro, já que estavam concentrados para enfrentar o Vasco no dia seguinte. Às 17:30 horas, baixava à sepultura o corpo de um homem que viveu a vida intensamente e conseguiu um lugar na história do futebol.

CASCÃO
Paulo Cesar, filho de Cláudio Coutinho

No dia do enterro, um repórter botou o microfone na minha cara:

"E aí, Cascão? Teu pai morreu, como é que vai ser agora?"

Eu acho que ele queria me ver derreter, chorar, mostrar drama na televisão. Ali eu falei:

"Meu pai não morreu. Quem morreu foi o corpo dele. O espírito dele vai viver para sempre. E o trabalho dele vai viver para sempre."

Eu tinha 13 anos. Você conhece alguma outra forma de imortalidade comprovada aqui na Terra que não seja o legado da pessoa?

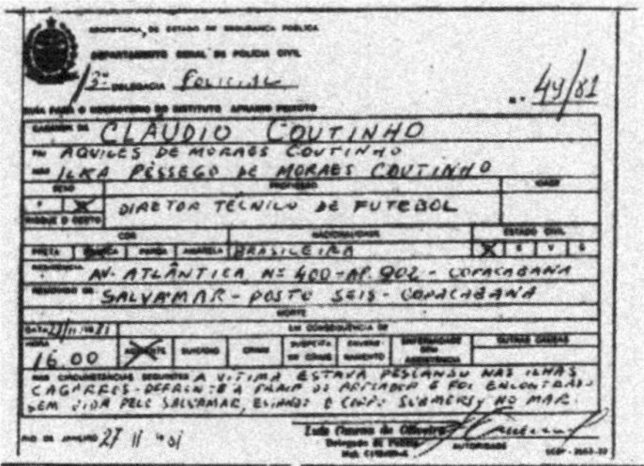
49/81
CLÁUDIO COUTINHO
AQUILES DE MORAES COUTINHO
ILKA PÊSSEGO DE MORAES COUTINHO
DIRETOR TÉCNICO DE FUTEBOL
BRASILEIRA
AV. ATLÂNTICA Nº 400 - AP. 902 - COPACABANA
SALVAMAR - POSTO SEIS - COPACABANA
16.00

© Paulo Cesar Coutinho

O atestado de óbito de Cláudio Coutinho, emitido às 16:00 horas do dia 27 de novembro de 1981.

Cerca de 5 mil pessoas, em sua maioria torcedores rubro-negros, seguiram o cortejo de Coutinho até o Cemitério do Caju.

© Delfim Vieira/ CPDoc JB

Deus tira de um lado e dá do outro. A vida é assim. Eu tenho três filhos. A Paula, minha mais velha, nasceu no mesmo dia, mês e ano invertido do meu pai. Meu pai era de 5/1/1939, ela é de 5/1/1993. O caçula é o Thomaz César, de cinco anos. E o do meio se chama Cláudio Coutinho. Ele tem sete anos e é a cara do meu pai!

* * *

A morte de Coutinho abalou demais a confiança do grupo rubro-negro. A sensação de perda era mais forte que a lembrança recente da vitória heroica no terceiro jogo contra o Cobreloa e a inédita conquista da Libertadores. No dia seguinte ao enterro do capitão, o Flamengo só precisava empatar com o Vasco para ser campeão, vantagem conquistada por ter vencido o primeiro e o terceiro turnos, além de ter a melhor campanha na soma das três fases. A condição era amplamente favorável ao time da Gávea, mas o Vasco não estava disposto a entregar o campeonato de mãos beijadas ao maior rival.

Era um domingo abafado, com temperatura na casa dos quarenta graus. As coisas começaram a dar errado na preliminar, quando os juniores do Flamengo empataram com o Vasco em 1 X 1 e viram o time de São Januário dar a volta olímpica. Quando os profissionais entram em campo com 80.908 pagantes no Maracanã, o Flamengo estava irreconhecível, visivelmente abatido pela perda do capitão. Mesmo assim, conseguiu segurar o 0 X 0 no primeiro tempo, resultado que valeria o título. Leandro deixou a partida com o joelho machucado e foi substituído por Nei Dias. E em uma falta cometida por Nei em João Luís, Roberto Dinamite cobrou com efeito e a bola bateu nas duas traves antes de passar por Raul. O Vasco fazia 1 X 0 aos 19 minutos do segundo tempo.

Para ficar com o título carioca, os cruz-maltinos teriam de vencer os campeões da Libertadores três vezes seguidas em uma semana. Roberto Dinamite estava decidido a conseguir o que parecia impossível. Aos 32 minutos da segunda etapa, o camisa 10 do Vasco pegou a bola na intermediária, se livrou de Marinho e Mozer e bateu da entrada da área para marcar 2 X 0. Nunes e Marquinho se estranharam no fim da partida, e o Flamengo perdeu seu centroavante para o segundo jogo da final. A primeira chance de ganhar o título estadual tinha escapado.

LEANDRO

"Eu lembro que o Antônio Lopes, técnico do Vasco, modificou o time todo. Colocou uma garotada que corria pra caramba, deu um gás novo para a equipe. Eles acreditavam que dava para ser campeão.

A segunda partida estava marcada para quarta-feira, e, mais uma vez, um empate era só o que o Flamengo precisava para ser o melhor time do Rio de Janeiro em 1981. A Cidade Maravilhosa estava debaixo d'água, e o temporal afugentou o público, que foi de 45.704 pagantes. Cantarele substituiu Raul, que sofria com dores ciáticas. Reinaldo, centroavante que foi contratado junto ao Santos, substituiria Nunes. Apesar da ótima drenagem do gramado do Maracanã, jogar bola naquelas condições era praticamente impossível.

O jogo era ruim, e o toque de bola foi trocado por um jogo com muito contato físico e entradas violentas. Lico só durou dez minutos em campo: em uma disputa com Wilsinho, levou uma cotovelada que lhe tirou dois dentes. Não aguentou a dor e teve de ser substituído por Nei Dias, com Leandro passando para o meio-campo. Os rubro-negros seguravam o 0 X 0 na raça. Aos quarenta minutos do segundo tempo, a torcida rubro-negra, que não temeu o aguaceiro, começava a soltar os primeiros gritos de comemoração: "É campeão! É campeão!".

O Vasco partia para o abafa. De antes do meio-campo, o volante vascaíno Dudu cobrou uma falta em direção à área. Depois de uma primeira disputa no alto, a bola sobrou para Roberto Dinamite, que tentou um passe para Silvinho. Nei Dias tentou afastar e pegou mal, e a bola parou em uma poça d'água um pouco antes da marca do pênalti. Quando Mozer se virou para tentar tirar a bola da área, Roberto já vinha correndo. O chute do camisa 10 vascaíno saiu forte, e o esforço de Cantarele para tentar a defesa foi em vão. Os vascaínos, encharcados de chuva e suor, corriam para a sua torcida, que fazia um balé com os guarda-chuvas na geral do Maracanã, correndo e pulando depois de um gol incrível.

JÚNIOR

Quando eu olhei, faltavam cinco minutos para o jogo acabar. Meu joelho estava detonado, pedi para sair. No que eu saio, aos 42 minutos, o Roberto faz o gol.

"Vamos ter que jogar outra vez?!"

LEANDRO

A gente estava dando muita chance ao azar, não é? Em três jogos, a gente perder o campeonato dependendo de um empate? O Carpegiani ficou louco. Lembro de ele falar assim para mim e para o Tita:

"Pelo amor de Deus! Se vocês me perderem para esse time de freiras três vezes... Se conseguirem perder, eu paro! Nunca mais vou fazer nada no futebol!"

O voo que levaria o Flamengo para Los Angeles, primeira escala rumo à decisão do Mundial de Clubes em Tóquio, tinha embarque programado para segunda-feira, 7 de dezembro, às 21:30 horas. Mas o título de campeão do mundo perderia importância se o Vasco ganhasse a terceira partida. O que antes parecia impossível tinha ficado bastante provável, graças à fragilidade emocional pela perda de Coutinho e pelo desgaste físico ao final de 76 jogos de uma temporada massacrante, incluindo três partidas extenuantes contra o Cobreloa, e, agora, mais três contra o Vasco. A maneira como o domingo amanheceu trouxe um bom presságio aos rubro-negros.

ANDRADE

Deu um domingo ensolarado, domingo de praia... domingo de Flamengo! Com o time que a gente tinha, domingo de sol, Maracanã... era tudo o que a gente queria. A gente sabia que dificilmente ia perder.

ADÍLIO

O sol baixou no Maracanã, ficou bonitinho? Vai dar Flamengo! Quando jogamos no campo alagado, os jogadores do Vasco eram mais pesados, a gente, mais leve, nós sofremos ali. Mas quando o céu ficou limpinho, eu tive certeza que a gente ia bem.

Duas partidas irreconhecíveis não afastaram a torcida rubro-negra do Maracanã no terceiro jogo da final. Eram 169.989 pagantes, divididos entre o otimismo dos vascaínos, com a fase exuberante de Roberto Dinamite, e rubro-negros que não abandonariam o Flamengo na hora em que o time mais precisava de força. E o que se viu quando o árbitro Alvimar Gaspar dos Reis autorizou o pontapé inicial foi um jogo quente. Com um minuto e meio de jogo, Nunes tentou driblar Ivã pela ponta-direita, foi travado pelo vascaíno e os dois trocaram socos. Ivã levou o primeiro cartão amarelo da partida. Na jogada seguinte, Júnior chegou forte em Rosemiro e saiu sem cartão. Wilsinho foi pressionar o juiz, pedindo mais rigor.

Lico estava em campo no sacrifício. O rosto ainda estava inchado pela cotovelada de Wilsinho, e uma prótese substituía os dentes perdidos no jogo anterior. Controlar os nervos era uma dificuldade a mais para o catarinense, louco para dar o troco. O Vasco tinha mais confiança e perdeu duas chances seguidas entre a marca de quatro e cinco minutos. Na primeira, Marquinho bateu com violência da meia-lua, a bola tocou em Lico e saiu para escanteio. Após a cobrança, Silvinho cabeceou por cima do gol.

Aos poucos, o Flamengo foi se livrando do nervosismo. No gramado do Maracanã, estava de volta o time organizado, que valorizava a posse de bola. Carpegiani tinha apostando novamente em Leandro como volante, Nei Dias como lateral e Adílio como ponta-esquerda, solução testada e aprovada em Montevidéu. Por mais que considerasse o meio-campo o seu lugar preferido, Adílio tinha nascido para jogar na ponta-esquerda. Naquele setor, aflorava o jogador de rua, o peladeiro que não tomava conhecimento dos laterais adversários no Maracanã, que jogava como se estivesse descalço no asfalto, escravizando a bola no chão de paralelepípedos. O repertório de dribles unia recursos do futebol de praia, a técnica de salão, um retrato da profunda intimidade que tinha com a bola, lições que tinha aprendido com ela em todos os terrenos por onde a seguiu.

NEI DIAS

"O que o Adílio fez naquele jogo, eu nunca vi outro jogador fazer. O Adílio acabou com o Rosemiro! E olha que ele jogava contrariado na ponta-esquerda...

MOZER

"O Adílio era fenomenal. Todas as vezes que a gente ia jogar, ele dizia o drible que ia dar num adversário qualquer. E depois a gente esperando que ele executasse o que falou que ia fazer. Ele tem um drible famoso: "Deixa eu ver seu número?" (risos). É um drible que ele dava sempre encostado na bandeira de *corner*. Ali não tinha muito espaço para sair, e ele conseguia colocar o lateral direito de costas para ele, correndo, e ele ficava parado. Uma coisa impressionante! E ele tinha uma particularidade: jogava com a mão esquerda completamente aberta. Quando ele começava a conduzir a bola com aquela mão abertinha, eu falava: "Aí vem coisa!". Aquela mão dele aberta parecia um leme de equilíbrio. Tinha uma técnica fenomenal!

Adílio começou o jogo infernizando a marcação. Na primeira vez que saiu de Rosemiro e trouxe a bola para o meio, não atendeu ao pedido de Nunes na ponta-esquerda nem acionou Zico, que passava com liberdade. Encheu-se de confiança e bateu com a parte externa do pé. O chute com efeito quase enganou Mazarópi, que desviou a bola para escanteio com um tapa totalmente sem jeito. Leandro atrapalhava o trabalho de Marquinho no meio-campo, e não perdia nenhuma chance de mostrar sua arte. Aos 15 minutos de partida, recebeu o combate de Roberto Dinamite e não teve cerimônia para meter uma caneta no maior ídolo do Vasco. Nunes também saía da área para cair pela esquerda, e em uma dessas inversões, recebeu de Zico na ponta e devolveu para o camisa 10 entrar na corrida, frente a frente com Mazarópi. Zico tentou tocar por baixo, mas a bola desviou na perna do goleiro do Vasco, saindo para escanteio.

Lico correu para fazer a cobrança pela direita e cruzou para a entrada da área, onde Adílio esperava próximo à meia-lua. Ele estava abusado e tentou mais um chute de efeito. Dessa vez, a bola foi em direção à ponta-

-direita. Lico estava lá, impediu que a bola saísse e partiu para cima de Gilberto. Depois de driblá-lo, invadiu a área e cruzou. Nunes se abaixou para cabecear, a bola tocou no rosto de Zico e sobrou dentro da pequena área, como em uma jogada de *pinball*. Adílio estava ali e bateu com toda a força que podia. A bola estufou a rede e trouxe a certeza de que o Flamengo estava de volta.

O gol saiu aos vinte minutos do primeiro tempo, e era inevitável não se lembrar de Cláudio Coutinho no momento do gol. Seus ensinamentos estavam vivos na memória, e alguns deles seriam muito úteis naquele momento da partida.

ZICO

O Coutinho usava muito o boxe como metáfora do futebol. Ele falava para dar a primeira pancada, depois dar a segunda, a terceira, a quarta, para derrubar logo o cara! Se deixar o cara respirar, ele volta e volta mais bravo! (risos).

LEANDRO

Lembro bem de uma expressão que ele usava:

"Enfia a faca e roda!"

Por isso a gente sempre ia logo para cima, para meter uns três, quatro, para nocautear logo de vez. Depois ficava só tocando e administrando.

Quatro minutos depois da explosão da torcida com o gol de Adílio, o Vasco foi à frente em busca do empate e se expôs ao contra-ataque. Leandro interceptou um lançamento de Marquinho e acionou Zico no círculo central. Quando ergueu a cabeça, o camisa 10 viu Júnior passar em disparada entre os zagueiros e meteu a bola. Mazarópi saiu da área em disparada para tentar o corte com os pés. A bola estava mais próxima ao goleiro, e Júnior se atirou de carrinho para evitar que Mazarópi afastasse. Após a dividida na intermediária, a sobra ficou com Nunes. O goleiro do Vasco ainda tentou desviar o chute, mas Nunes foi mais rápido. Com classe, bateu por cobertura e encobriu Serginho, que tentou em vão impedir o segundo gol rubro-negro, comemorado pelo atacante com uma cambalhota desajeitada. Nunes era decisivo mais uma vez. No placar do Maracanã, Flamengo 2 X 0.

"Um, dois, três... Quatro, cinco, mil! Queremos que o Vasco vá pra puta que o pariu!" As provocações que vinham da arquibancada a todo volume atrapalhavam as orientações de Antônio Lopes aos jogadores, e o massagista Santana fazia o papel de pombo-correio, levando as determinações do técnico até Mazarópi. A torcida do Vasco não se abatia e empurrava o time. Mas em uma das raras vezes em que Wilsinho passou por Júnior, foi bater para o gol e viu a chuteira esquerda voar junto com a bola. O mesmo Wilsinho, que já tinha acertado Lico no segundo jogo da decisão, dessa vez acerta o cotovelo em Leandro, e os dois batem boca pouco antes do fim do primeiro tempo, que terminou com vantagem para o Flamengo.

Na volta do intervalo, Nunes quase liquidou o campeonato em oito segundos. Logo na saída, Zico recebeu de Nunes, driblou dois zagueiros e devolveu. O centroavante chegou no embalo e bateu com força, a bola explodiu em Mazarópi e foi para escanteio. Ao bater o escanteio, Nei Dias colocou efeito na bola e quase fez um gol olímpico. Antônio Lopes tentava sacudir o Vasco e trocou Amauri por Ticão. A bola chegava pouco a Roberto Dinamite; as raras oportunidades de gol para o camisa 10 vascaíno não chegam a incomodar Raul.

Com 13 minutos do segundo tempo, a rivalidade entre Wilsinho e Lico chega ao clímax. O vascaíno tenta o drible para cima do rubro-negro, que prepara uma entrada de sola e força a "pipocada" do rival. Pouco depois, Wilsinho recupera a bola e vai para cima de Lico, que toma uma cotovelada na barriga. Andrade tomou as dores do companheiro na sequência da jogada e acertou Marquinho com uma botinada. O tempo fechou no Maracanã. Dudu colocou o dedo na cara de Nunes, que respondeu com um tapa no braço do vascaíno. Adílio e Mozer bateram boca com Roberto e Ivã. Carpegiani tenta acalmar os ânimos e tira Lico. Ao ser substituído por Chiquinho, o jogador do Flamengo foi tirar satisfações com Wilsinho, mas foi impedido por Nei Dias e Júnior, que pouco depois saiu para a entrada de Figueiredo.

Do lado de fora do campo, o exaltado Antônio Lopes agride o juiz reserva e acaba expulso. O Flamengo tenta ganhar tempo. Chiquinho tenta driblar Ivã, e, ao ser desarmado, finge ter sido atingido no rosto para ganhar tempo. São quase dois minutos de interrupção, com direito a expulsão do massagista Isaías, que irritou o árbitro por ter entrado sem autorização. Os jogadores rubro-negros não obedecem Carpegiani, que pedia mais ofensividade. E o castigo chega aos 38 minutos. Marinho erra o tempo da bola e permite que Dinamite entre na área. Cercado por quatro adversários, ele toca para Ticão, livre, diminuir o placar. A decisão estava reaberta.

Ou, pelo menos, parecia reaberta. Logo depois do gol cruz-maltino, um torcedor invadiu o gramado do Maracanã. Um jovem negro, magro, sem camisa, vestia apenas um calção branco e corria com a camisa do Flamengo nas mãos. Suas passadas lentas foram interrompidas por um empurrão de Roberto Dinamite, que tentava tirá-lo de campo. Um policial militar tenta conter o invasor, que escapa e volta correndo para o gramado. Enquanto aproveitava seus momentos de fama, o homem que interrompeu o espetáculo sorria. Em um momento de distração, levou uma cotovelada covarde do lateral Gilberto, que o derrubou no chão. Os jogadores do Flamengo, até então alheios ao que acontecia, tomaram as dores de seu torcedor e uma grande confusão começou no Maracanã.

Nei Dias tomou partido do descamisado rubro-negro e foi para cima de Gilberto. Enquanto isso, um dos policiais conseguia segurar o torcedor pelo calção, e Figueiredo pedia para que ele não fosse agredido. Nunes também se revoltou com Gilberto e tentou agredir o adversário, enfurecendo todo o banco de reservas do Vasco. A essa altura, o gramado já tinha sido invadido por repórteres, reservas do Flamengo e quem mais estivesse à beira do campo de jogo. Já apartado de Gilberto, Nunes dava entrevista revoltado com a agressão ao torcedor rubro-negro. "Não posso deixar um palhaço daquele como o Mazarópi, ele e o lateral esquerdo, darem um chute no torcedor, entende? Tem que agir! A gente tem que tomar uma providência, porque é torcedor do nosso time!"

Depois de seis minutos de paralisação, o jogo recomeçou. Se o Vasco empatasse, a partida iria para a prorrogação. Totalmente frio, o Vasco só teria mais uma chance aos 48 minutos, quando Ticão aproveitou uma bola mal rebatida por Mozer e chutou de fora da área, à esquerda de

Raul. À beira do gramado, Domingos Bosco pedia desesperado pelo fim da partida, e, aos 49 minutos, foi atendido por Alvimar Gaspar dos Reis. O Flamengo era campeão carioca de 1981.

O homem que tinha ajudado a esfriar a reação do Vasco estava no xadrez do Maracanã. O vice-presidente jurídico do Flamengo, Michel Assef, foi até lá encontrá-lo e conseguiu que ele fosse solto e participasse da festa. O nome do invasor era Roberto Passos Pereira, de 23 anos. Ele tinha nascido em Duque de Caxias, vivia em Jacarepaguá e se dizia ladrilheiro. Levado ao vestiário do Flamengo, foi recebido com festa. Ganhou uma camisa de Zico, foi abraçado por dona Matilde, mãe do craque, e teve direito a um lugar de honra na festa do título, no Le Coin. Até hoje, várias versões diferentes circulam sobre a entrada dele em campo.

ANTÔNIO AUGUSTO DUNSHEE DE ABRANCHES
Presidente do Flamengo (1981-1983)

"Nós éramos um grupo que jogava futebol de praia. Tudo que era sacanagem a gente sabia. O Marco Aurélio Moreira Leite era sócio proprietário, era da FAF, um cara muito esperto de futebol. Ele sempre levava para o banco um cara para entrar em campo se o juiz roubasse. Durante muitos anos, foi um arquiteto famoso, eu não vou citar o nome dele porque não quero confusão. Esse arquiteto entrava com o Marco Aurélio e ficava no banco. E nunca entrou. Até que nesse dia do Flamengo e Vasco, o Marco Aurélio estava no banco. Tinha lá um motorista, não tem nada de ladrilheiro, era motorista dele, ou da mulher dele, alguma coisa assim. E ele botou o cara em campo. E aí ferrou. Foi isso.

JÚNIOR

"O jogo do ladrilheiro para mim tem um folclore muito grande. Alguns dirigentes do Flamengo se promoveram em função do ladrilheiro, essa que é a verdade. Muita gente aproveitou o momento e todo mundo foi o "pai" do ladrilheiro para a história. O cara entrou porque o cara era torcedor, ninguém mandou o cara entrar! Entrou porque estava completamente extasiado com aquilo que estava acontecendo. Coitado, estava mamado, completamente alucinado. Nego capitalizou em cima dessa história. Aquele título ia ser resolvido no primeiro jogo se o Coutinho não morre. Disso eu não tenho nenhuma dúvida.

ZICO

Eu acho que a entrada dele em campo não influenciou, porque o Vasco não estava dando nenhuma pressão. Acho que ninguém mandou ninguém entrar lá. O cara entrou por conta própria. É que depois fica aquele folclore, de que o cara salvou. Depois do jogo, eu dei uma camisa para ele, até ajudei na reconstrução da casa dele.

★ CARIOCA DE 1981 ★

	POS	J	TIT	RES	G
Raul	G	22	22	0	-11
Cantarele	G	14	13	1	-11
Luis Alberto	G	1	0	1	-1
Leandro	LD	28	27	1	0
Carlos Alberto	LD	14	12	2	0
Nei Dias	LD	11	6	5	0
Hamilton	LD	1	1	0	0
Marinho	Z	18	17	1	0
Figueiredo	Z	19	14	5	0
Mozer	Z	28	26	2	2
Rondinelli	Z	10	9	1	1
Manguito	Z	2	0	2	0
Júnior	LE	33	33	0	3
Andrade	MC	29	29	0	2
Carpegiani	MC	3	3	0	0
Vítor	MC	2	1	1	0
Adílio	MC	31	31	0	8
Zico	MC	33	33	0	25
Peu	MC	7	1	6	1
Tita	A	25	21	4	6
Chiquinho	A	22	14	8	1
Fumanchu	A	1	1	0	0
Nunes	A	29	29	0	21
Ronaldo Marques	A	7	4	3	1
Reinaldo	A	3	3	0	0
Baroninho	A	31	26	5	4
Lico	A	13	7	6	5
Édson	A	4	0	4	0
Júlio César	A	1	0	1	0
Carlinhos	A	2	1	1	0
Anselmo	A	2	0	2	0

*Gol Contra: Renato (Serrano) – 1/ Zé Paulo (América) – 1

PARA SEMPRE TÓQUIO

★★★★★★★★★★★★★★★

A Igreja de Santa Margarida Maria, na Lagoa, estava lotada em plena segunda-feira. No cantinho do altar reservado aos padrinhos, Andrade estava impecavelmente arrumado, esperando a entrada de seu companheiro inseparável de concentração. Ainda com as pernas cansadas pela decisão contra o Vasco no dia anterior, Adílio veio caminhando lentamente em direção ao altar. A cicatriz que uma batalha recente tinha deixado no supercílio ficou apagada no semblante emocionado de quem realizava um sonho. Há três anos e meio Adílio era noivo de Rosemary, sua ex-vizinha na Cruzada de São Sebastião. Enquanto os convidados se levantavam para vê-la seguindo ao encontro do noivo, Rose dava seus últimos passos antes de se tornar a sra. Adílio de Oliveira Gonçalves. A noiva já tinha sido apresentada às dificuldades de se casar com um atleta profissional quando teve de marcar seu Dia D para uma data sem carisma, no início da semana. Mas foi recompensada pelo incômodo: acompanharia o marido ao Japão e ainda passaria a lua de mel no Havaí.

JÚNIOR

"Os caras deram todas as condições para a gente. Quem tinha esposa e queria levar, pôde levar. Hoje isso é uma coisa normal, mas naquela época não era. Vai levar por quê? Por que o Adílio, recém-casado, está levando a Rose? Então eu acho que o planejamento foi um diferencial naquela época.

A preparação para o jogo mais importante da história do Flamengo tinha sido cuidadosamente traçada. A disputa do Mundial de Clubes contra o Liverpool seria em um domingo, dia 13 de dezembro, em

Tóquio. A delegação embarcaria na segunda, dia 7, às 21:30 horas para Los Angeles. Seriam dois dias de aclimatação na Califórnia, onde a diferença de fuso horário era de cinco horas. Na quinta, já com Adílio integrado ao grupo, o time seguiria para Tóquio. O esquema foi planejado para amenizar as 12 horas de diferença de fuso em relação ao Japão, palco da finalíssima do dia 13 de dezembro. A hora de definir a relação de inscritos para a partida contra o Liverpool foi tensa. Anselmo estava suspenso pela Confederação Sul-Americana, por ter agredido Mario Soto, e não poderia jogar. O atacante não estava na primeira lista de jogadores que viajariam.

PAULO CÉSAR CARPEGIANI

“A direção disse para mim: o Anselmo não vai. Ele vai! Eu é que não vou. Ou ele vai ou eu não vou. Queriam embarcar e não levar o Anselmo por essa atitude. Não! Ele vai, ele é certo. É ele e mais o resto da delegação. Ele era um cara certo ali dentro. Hoje eu não mandaria ele fazer aquilo de novo, não, porque sou contra a violência. Sou de jogar forte, competitivo, mas nunca fui disso. Porém a atitude naquele momento foi em função do jogo anterior. Nós apanhamos demais no Chile. Isso foi uma mancha.

Mesmo sem poder entrar em campo, Anselmo foi levado ao Japão como um prêmio pela ordem cumprida. Cantarele seria o reserva de Raul. Nei Dias, que podia jogar nas duas laterais, também entrou na lista. Figueiredo ainda não estava fisicamente 100%, mas também foi inscrito. O alagoano Peu, principal alvo das brincadeiras dos jogadores do Flamengo, também foi incluído na relação. E o último nome da lista, apesar de ter sido titular durante quase toda a campanha da Libertadores, teve de chiar para estar com o grupo em Tóquio.

BARONINHO

“O Carpegiani não ia me levar nem para o Japão. Eu cobrei isso aí, cobrei que eu tinha que viajar para o Japão. Acho que é um mérito meu, fiz de tudo para estar ali. Quem aparece na foto é o Lico, mas quem era para aparecer na foto era eu. O Lico era meia-direita, nem era ponta-esquerda. Ele era reserva do reserva. É uma coisa que me magoa quando se fala de Flamengo e aparece só o Lico na foto. Se você for ver, quem fez três gols na Libertadores, quem deu quatro passes para gols, fui eu. O que era mais gostoso, comer o queijo com a marmelada, aí saí fora. Antes do jogo com o Botafogo, ele falou: "Você vai ficar só essa de fora e depois você volta". Aí nunca mais voltei, não é? Então ele não foi honesto comigo.

PAULO CÉSAR CARPEGIANI

Muitas vezes o treinador perde a força. O jogador que você coloca responde tão bem que você não tem mais a força de tirá-lo do time. O cara se escala. Algumas vezes acontece isso.

Às 22:00 horas de segunda-feira, o avião com a delegação do Flamengo decolava com destino a Los Angeles. A cidade que tinha sido a casa de Cláudio Coutinho em 1981 abrigaria os campeões da Libertadores durante dois dias, e, na quinta, os rubro-negros seguiriam para Tóquio, palco da decisão do Mundial de Clubes. Somados todos os trechos da viagem, seriam 28 horas dentro de um avião. A primeira perna começou no Rio de Janeiro, teve escala em Lima, no Peru, e só parou na Califórnia. Aquelas primeiras 16 horas só não foram mais cansativas porque o meia Peu estava ali para divertir o grupo.

KLÉBER LEITE
Repórter da Rádio Globo em 1981

Naquela época maravilhosa da aviação, até feijoada serviam a bordo. Como estratégia de marketing, cada uma servia melhor que a outra. A primeira classe da Varig era um poema! E o Zico avisou ao Peu.

"Ó, prepara o dinheiro. Tem que oferecer antes, porque tem que pagar antes."

Aí ele foi puxando o dinheirinho e entregando pra comissária.

"Pra que isso, senhor?"

"Pra pagar o lanche."

O Zico aprontava com ele o tempo inteiro!

ANDRADE

O Peu, quando chegou de Maceió, era meio matuto, então nego pegava no pé dele. O botão de acender a luz ficava do lado do banco do avião. Aí o Júnior começou a zoar.

"Peu, presta atenção: eu vou apontar para a lâmpada, ela vai acender. Quando eu estalar o dedo, ela vai apagar."

Só que Zico estava controlando o interruptor, enquanto o Júnior apontava ali.

"Ó, Peu, vai acender, ó! Bum!"

Acendia. Depois, estalava o dedo.

"Ó! Apagou."

O Peu ficou embasbacado. Como é que o cara faz isso? O Peu ficou com aquele negócio na cabeça. Quando nego já estava dormindo, chega de madrugada, está o Peu sozinho lá, imitando o gesto que o cara fazia. Apontando para tentar acender a luz. Nego ria pra caramba...

NUNES

O Júnior falou para o Peu:

"Ó, você vai ter problema para entrar no Japão."

"Por quê?"

"Porque no passaporte você está sem bigode, e agora você está usando bigode. Vai dar problema, não vão deixar você entrar!"

O Peu ficou maluco dentro do avião! O pessoal foi descansar um pouco, ele foi para o banheiro. Daqui a pouco ele volta com o barbeador na mão e sem bigode!

"É ruim que eu não vou entrar no Japão, hein?"

PEU

A história famosa do bigode foi uma armação do Zico mais o Júnior. Quando já estava quase chegando ao Japão, veio o anúncio: "Jogador Peu, compareça à cabine do avião". Quando eu chego na cabine, o comandante falou pra mim todo sério: "Olha Peu, você tem que tirar o seu bigode porque o seu nome não tá na lista de quem tem bigode. Ou você tira, ou você volta comigo". Pô, fiquei o ano todinho batalhando, treinando tanto e agora, na hora boa, eu vou estar fora, é? Ele falou: "Toma aqui, Peu. Barbeador, cremezinho, vá no banheiro e tire. Senão, você chega lá e volta". Aí eu saí de lá todo triste, cabisbaixo, entrei no banheiro, tirei o bigode. Aí, quando eu abri a porta, tava todo mundo me esperando. Rede Globo, os fotógrafos de *O Globo*, *O Dia*, os jogadores. Os caras fizeram a festa. Armaram legal, eu caí e tirei o meu bigode!

* * *

Seguir o Flamengo pela América do Sul era fichinha perto da próxima aventura de Cláudio e Moraes. Ir a Tóquio, no jogo mais importante da história do Flamengo, custaria bem mais do que eles poderiam pagar. Cláudio estava quebrado, tinha vendido o próprio carro para pagar o ônibus que levou a torcida até Santiago e Montevidéu. O primeiro pacote oferecido a eles custaria por volta de 13 mil dólares, com direito a ficar no hotel do Flamengo em Tóquio e depois passar uma semana no Havaí. Até duas semanas antes da viagem, os pacotes estavam encalhando nas agências de turismo. O governo japonês queria estimular o intercâmbio Brasil-Japão e subsidiou parte dos custos, e uma agência procurou Moraes oferecendo um preço especial: 3.200 dólares. Um grupo de 46 pessoas foi fechado, assim como a presença do embaixador da Raça Rubro-Negra no Japão. O descapitalizado Cláudio negociou com outra empresa de turismo, que pertencia a um conselheiro do Flamengo. A maneira de viabilizar a ida do chefe da Raça a Tóquio seria usar seu prestígio de líder de torcida para conseguir mais fregueses para a agência.

CLÁUDIO CRUZ

Fundador da Raça Rubro-Negra

"A agência fez um trato comigo. Eu ganharia minha passagem e, se eu vendesse acima de 15 pacotes, eu teria mais outra passagem, que era a do meu irmão. Só que o combinado era que eu vendesse no plano mais simples, básico. Só que eu vendi 23 e com Havaí, pacote de duas semanas, era um troço muito mais caro.

"Olha, vendemos 23 pacotes, viemos pegar as passagens."

"A sua passagem está OK, mas a outra só dá para fazer um desconto de 25%."

O meu irmão não ia ter dinheiro; falei:

"Não, é sacanagem! O combinado não foi esse."

"Não, mas eu não posso fazer..."

"Então também não vou! É sacanagem!"

O meu irmão ia a tudo comigo, eu não ia deixar ele aqui. Achei sacanagem da agência! Não fui por isso.

* * *

A Hollywood High School era conhecida em Los Angeles por ter tido entre seus alunos a atriz Jane Fonda. Naquela terça-feira, a escola recebia uma turma de celebridades brasileiras para treinar, mas, entre os norte-americanos, ninguém sabia quem eram aqueles rapazes de vermelho e preto. O Flamengo passou quase despercebido em sua primeira atividade nos Estados Unidos. Raul participou do treino, mas voltou a sentir as dores ciáticas que o tiraram do segundo jogo da final do Campeonato Carioca contra o Vasco.

Na tarde de folga, os jogadores foram explorar a Cidade dos Anjos. A maioria foi às compras. Nunes, fã de cinema, ficou empolgado ao conhecer a Calçada da Fama em Hollywood. Leandro circulava pela cidade quando passou por um estúdio de tatuagem. O cabofriense entrou e pediu ao tatuador que desenhasse um peixe em seu braço, um pouco abaixo do ombro. A passagem por Los Angeles ganhava uma lembrança eterna. Mais tarde, Leandro chegou ao hotel Holiday Inn com um curativo no braço, disposto a arrastar seus melhores amigos para o estúdio.

MOZER

"Nós perguntamos o que era aquele adesivo no braço e ele disse que tinha feito uma tatuagem. Achei que ele tinha ficado maluco! O Leandro tatuou um peixe, não podia tatuar outra coisa. O peixe tatuou um peixe! Eram duas cores: tom da pele e as barbatanas sombreadas em preto. Aí ele mostrou para mim e para o Figueiredo:

"Vocês têm que fazer também! Esse é o peixe da amizade."

Como nós andávamos juntos, eu, ele e o Figueiredo, ele nos obrigou a fazer a tatuagem também. O Figueiredo foi logo fazer, essas coisas de amizade ele adorava. Eu fui o último a fazer. Todo mundo fez lá no mesmo homem. É o símbolo da amizade que temos, o grupinho que estava sempre junto. Almoçávamos juntos, saíamos juntos, tínhamos todos o mesmo peixe tatuado no braço.

No segundo dia em Los Angeles, Carpegiani optou por cancelar o treino coletivo. Um treino recreativo na Hollywood High School contra o time de futebol da escola virou o time de cabeça para baixo. Zico e Nunes formaram a dupla de zaga, Lico jogou na lateral direita e Anselmo entrou na lateral esquerda. Mesmo com a tatugem nova, Leandro jogou o segundo tempo no gol. O Flamengo fez mais de dez gols na pelada contra estudantes americanos, e até os filhos adolescentes do presidente Antônio Augusto Dunshee de Abranches, Bruno e Rodrigo, jogaram para poupar os titulares. Júnior ainda não estava com o joelho 100%, e ficou fora do treino. À tarde, o grupo foi relaxar na Disneylândia. As horas passadas no parque de diversões tiraram por alguns momentos a decisão do Mundial da cabeça dos jogadores. A imprensa acompanhou o passeio da delegação. Marcelo Rezende, que era setorista do Flamengo para a revista *Placar*, sofreu na mão dos jogadores.

MARCELO REZENDE
Repórter da revista *Placar*

“O Zico, a Sandra, o Júnior, o Tita iam na montanha-russa. O Tita disse assim para mim:

"Vamos na montanha-russa?"

"Vamos nada, tenho medo desse negócio."

Eu acabei indo e o Tita ficou me sacaneando.

"Ah, está com medo? Mete a porrada na gente e agora está com medo?"

ANTÔNIO MARIA FILHO
Repórter do *Jornal do Brasil*

"Lá na Disneylândia tinha a Caverna do Pirata. Eles estavam passando por lá, aí o Zico virou para o Peu:

"Vê se toma cuidado! Quando a princesa gritar, não tenta salvar ela, não. Deixa essa missão para algum outro visitante. Mas, se no momento você tiver sozinho, aí é tua!"

Aí o Peu ficou com medo e não entrou na Caverna do Pirata (risos).

Quinta-feira era dia de embarcar para o Japão. Adílio e Rose se integraram ao grupo e foram recebidos com alegria no aeroporto de Los Angeles. A delegação se encaminhava para o balcão da companhia aérea para despachar as bagagens. No sentido contrário, um latino com traços indígenas e óculos escuros caminhava com a mulher e dois filhos. Ao ver as jaquetas rubro-negras, o rosto dele mudou de cor. Os jogadores do Flamengo estavam outra vez frente a frente com o zagueiro chileno Mario Soto.

ADÍLIO

"Eu fui seco nele (risos). Falei:

"Ó: tu só não vai levar uma pancada em respeito à sua esposa e aos seus filhos."

Ele ficou amarelo, ficou preto, ficou tudo. Ali eu lavei a minha alma! Se eu desse uma porrada nele, ia ficar até feio para mim. Aquela palavra ali foi o bastante. É o destino. Uma hora você paga pelo que fez.

Em 1991, eu jogava no Alianza de Lima e fiz um amistoso contra o Sevilla. O treinador deles [o argentino Vicente Cantatore] se apresentou, disse que tinha treinado o Cobreloa naquele jogo e me deu os parabéns. Ele disse que tinha estudado o Flamengo, e, como eu fazia a maioria das jogadas para o Zico, decidiu que ia me neutralizar de qualquer jeito. Ele falou assim:

"Nós fizemos de tudo, mandamos dar soco em você, cuspir em você, tudo isso aconteceu. E você foi uma pessoa que teve um equilíbrio invejável! Eu te peço desculpas por ter mandado fazer isso."

É aí que você vê o sangue-frio que tem que ter.

© Lico

À caminho da imigração japonesa: Mozer, Antônio Augusto Dunshee de Abranches, Baroninho (ao fundo), Nonato (primo de Leandro), Leandro (de óculos escuros), Lico e Peu (já sem o bigode).

© Lico

Zico chega ao Japão acompanhado da esposa Sandra.

* * *

Na manhã de quinta-feira, dia 10, um grupo de ingleses vestindo ternos bem cortados andava em fila no setor de desembarque internacional do aeroporto de Tóquio. Três dias antes do jogo com o Flamengo, o time da cidade dos Beatles chegava ao Japão com *status* de favorito para a disputa do título do Mundial de Clubes. O Liverpool deixou a Inglaterra ocupando o modesto décimo lugar na Liga Inglesa. O momento ruim não abalava em nada a confiança dos Reds. Enquanto a geração de Zico levara o Flamengo a seu primeiro título nacional em 1980, o Liverpool tinha no currículo 11 títulos do Campeonato Inglês, um passado recente de conquistas na Europa.

© Lico

Flamengo na Disneylândia: Mozer, Nunes, Marinho, Baroninho, Pluto, Nei Dias, Andrade e Lico.

As primeiras demonstrações de força do Liverpool fora do Reino Unido aconteceram em 1973 e 1976, temporadas em que o time venceu a Copa da Uefa. Os títulos foram conquistados com o talento de dois titulares da Seleção Inglesa: Kevin Keegan na frente e Ray Clemence no gol. Com a mesma base, em 1977, os Reds chegaram ao topo da Europa pela primeira vez, com a conquista da Copa dos Campeões. Na final, disputada em Roma, os ingleses derrotaram o Borussia Monchengladbach, equipe dos craques alemães Vogts, Stielike e Bonhof por 3 X 1. A lua de mel do Liverpool com a torcida foi interrompida menos de três meses depois do título europeu. O Hamburgo ofereceu 500 mil libras pelo principal astro do time, Kevin Keegan, que aceitou a proposta e trocou os gramados britânicos pelo frio alemão.

A saída de Keegan foi uma provação para o técnico Bob Paisley. Zagueiro do Liverpool entre 1939 e 1954, Paisley já tinha passado por dificuldades ao substituir Bill Shankly, que dirigiu o clube por 15 temporadas e era conhecido por suas frases de efeito. A mais famosa delas foi dita no programa de Shelley Rohde, na Granada Television, emissora local de Liverpool.

"Alguém disse para mim: para você, futebol é questão de vida ou morte. Eu disse: escute, é muito mais importante do que isso!"

Em julho de 1974, Shankly anunciou de maneira inesperada que estava se aposentando. Sobrou para Paisley comandar o Liverpool, e ele se saiu melhor que o antecessor, levando o time ao primeiro título europeu. Mas achar um novo Keegan era ainda mais complicado que suceder Shankly. Depois de muita procura, a resposta de Paisley veio do Celtic de Glasgow. Kenny Dalglish custou apenas 60 mil libras a menos que o valor gasto pelo Hamburgo na contratação de Keegan. O valor investido trouxe incerteza sobre o retorno do jogador escocês. E quem duvidou de Dalglish teve de aplaudi-lo na final da Copa dos Campeões de 1978, contra o Brugge: foi dele o único gol da partida. O gol do bicampeonato.

A supremacia na Europa foi perdida para outra equipe britânica, o Nottingham Forest. O time da cidade de Robin Hood eliminou o Liverpool na primeira rodada da Copa dos Campeões de 1979, ganhando em casa por 2 X 0 e empatando em 0 X 0 no estádio de Anfield, casa dos Reds. O Forest tinha ótimos jogadores, como Trevor Francis (primeiro jogador britânico a ter o passe avaliado em 1 milhão de libras) e o goleiro Peter Shilton (que seria titular da Inglaterra nas Copas de 1982, 1986 e 1990), e levou o título ao vencer os suecos do Malmö por 1 X 0, gol de Trevor Francis.

No ano seguinte, o Liverpool conquistou o título nacional e ganhou uma chance para reconquistar a condição de melhor time europeu. A aventura na Copa dos Campeões de 1980 só durou uma fase, com a eliminação para os soviéticos do Dynamo Tbilisi (2 X 1 em Anfield e 0 X 3 na Geórgia). O Nottingham foi além mais uma vez: derrotou o Hamburgo por 1 X 0, alcançando o bicampeonato europeu.

Em 1981, Bob Paisley queria ser o primeiro técnico três vezes campeão europeu. A base que venceu o campeonato nacional em 1980 foi mantida, e a definição dos confrontos da primeira fase da Copa dos Campeões não poderia ser melhor. O primeiro adversário era o Oulu Palloseura, equipe finlandesa semiamadora, formada por trabalhadores que jogavam bola por *hobby*. A estreia, em 17 de setembro de 1980, aconteceu no acanhado estádio Raati, lotado por 14 mil escandinavos. O gramado esburacado prejudicou o estilo técnico do Liverpool, que saiu na frente, mas voltou para casa apenas com um empate de 1 X 1.

Em Anfield, a história foi bem diferente. No dia 1º de outubro, o Liverpool enfiou 10 X 1 nos finlandeses, com três gols de Souness, outros três de McDermott, dois de Fairclough, um de Lee e um de Ray Kennedy. Além da euforia pela goleada, as chances de ganhar a taça aumentaram com a eliminação dos então bicampeões. O Nottingham Forest sucumbiu contra a zebra búlgara do CSKA Sófia, perdendo por 1 X 0 as duas partidas.

Segunda fase, segundo adversário, o Aberdeen, que tinha no banco de reservas um treinador no mínimo promissor: Alex Ferguson. Seriam os dois únicos confrontos em toda a história dos dois treinadores mais vitoriosos do futebol britânico. A primeira partida, em Pittodrie, teria um único gol: Terry McDermott marcou aos cinco minutos, o quinto do artilheiro da Copa dos Campeões.

O jogo de volta, em Anfield, teve três gols escoceses e acabou em goleada... do Liverpool. Miller inaugurou o marcador com um gol contra aos 37 minutos. O inglês Phil Neal fez o segundo aos 43 minutos. E, no segundo tempo, os escoceses Dalglish e Hansen completaram os 4 X 0, placar folgado que carimbava o passaporte dos Reds para as quartas de final.

O próximo adversário era o CSKA Sófia, algoz do bicampeão Nottingham. No primeiro jogo, em Anfield, o Liverpool não deixou espaço para zebras e meteu 5 X 1 em cima dos búlgaros. Souness marcou três, McDermott um, e os dois passaram a dividir a artilharia da Copa dos Campeões. A vantagem era grande, mas os ingleses não relaxaram no jogo de volta. David Johnson fez um gol no início do segundo tempo, e o Liverpool chegou às semifinais com uma vitória por 1 X 0 fora de casa. Ao lado dos Reds, campeões de 1977 e 1978, estavam a Inter de Milão, o Bayern de Munique e o Real Madrid. Juntos, os quatro somavam 13 títulos nas 25 edições disputadas até então.

Enquanto as semifinais não chegavam, o Liverpool comemorava mais um título doméstico. Pela primeira vez, a equipe dirigida por Bob Paisley vencia a Copa da Liga Inglesa. Foram necessárias duas partidas contra o West Ham para definir os campeões de 1981. No primeiro jogo, dia 14 de março em Wembley, houve empate de 1 X 1. As equipes voltaram a se enfrentar em 1º de abril, e, com gols de Dalglish e Hansen, o Liverpool vencia pela primeira vez a Copa da Liga.

Depois de mais uma volta olímpica, as baterias vermelhas se voltavam para a disputa continental. A briga por um lugar na final seria contra o fortíssimo Bayern de Karl Heinz Rummenigge, Paul Breitner e Dremmler. Empurrado por seu maior público no campeonato (44.543 pagantes), o Liverpool não repetiu as atuações anteriores em casa e 0 X 0 foi o melhor que o time conseguiu com o desfalque do artilheiro escocês Souness. Com o empate fora de casa, alguns alemães reservaram a passagem para o jogo final em Madri.

No Estádio Olímpico de Munique, a atmosfera de otimismo dos alemães aumentou quando Kenny Dalglish deixou o gramado contundido. Bob Paisley apostou em Howie Gayle, atacante que foi o primeiro negro a jogar com a camisa do Liverpool. Gayle colocou velocidade no jogo, arriscou dribles e segurou a bola quando preciso. Aos 38 minutos do segundo tempo, o jogo parecia destinado à prorrogação quando Gayle iniciou a jogada que terminou em gol de Ray Kennedy: 1 X 0 Liverpool. Aos 43 minutos, o Bayern conseguiu empatar com Rummenigge, mas o gol fora de casa foi suficiente para levar os Reds para a decisão do dia 27 de maio, em Paris.

Um público de 48.360 espectadores foi ao Parc des Princes para ver o duelo dos dois melhores times da Europa. Quem esperava um jogo aberto viu dois times bastante cautelosos em campo. O Real Madrid empregou marcação homem a homem e tinha Juanito, o mesmo meia que dois meses antes foi protagonista da vitória de 2 X 1 da Espanha sobre a Inglaterra em Wembley. O Liverpool seguia o estilo determinado por Bob Paisley, tentando manter a posse de bola, mas sem muita preocupação em jogar bonito. Em caso de aperto, chutão para a frente.

As melhores oportunidades inglesas aconteceram nos trinta minutos iniciais. Alan Kennedy teve a primeira chance chutando de longe. A bola rasteira foi mandada para escanteio por Agustín. McDermott também arriscava de fora da área, e Kenny Dalglish tentava jogadas individuais. Na melhor delas, passou por Cortes, mas foi puxado pela camisa. Depois passou a se deslocar para abrir espaços para as jogadas de velocidade feitas por McDermott.

O Real demorou a se acertar, mas Juanito conseguiu entrar no jogo. Apostando em cruzamentos e passes longos, ele quase conseguiu o primeiro gol. Em uma bola cruzada, Camacho recebeu na frente de Hansen. Clemence estava mal colocado, mas Camacho finalizou mal. Os Reds poderiam ter saído na frente nos minutos finais do primeiro tempo. Neal avançou pela direita e tocou para Dalglish. Souness apareceu entre os zagueiros do Real, recebeu o passe e bateu. Agustín soltou a bola, porém Souness não conseguiu a conclusão no rebote. O Liverpool dominava, mas não alcançava o gol. E o jogo foi se equilibrando.

No segundo tempo, o Real Madrid pressionou e quase saiu na frente. A defesa inglesa, em linha, parou para pedir o impedimento de Cunningham.

O bandeirinha não se manifestou e a bola sobrou para Camacho, frente a frente com Clemence. O goleiro saiu correndo para cima do marcador e foi encoberto com categoria por Camacho. Para alívio dos Reds, a bola passou por cima do travessão.

Espanhóis, ingleses e franceses só veriam um gol naquela tarde no Parc des Princes. E ele saiu de um lateral, cobrado por Ray Kennedy no setor esquerdo de ataque. A bola foi lançada na direção de Alan Kennedy, que ganhou da torcida o apelido de Barney Rubble, pela semelhança com o coadjuvante de Fred Flintstone. Naquele lance o zagueiro Cortes, do Real Madrid, tinha totais condições de recuperar a bola. O espanhol não acreditou no tacape de Rubble e deixou espaço para o chute. Alan Kennedy bateu cruzado, com a perna esquerda, e encobriu Agustín. Kennedy merecia aquele gol. O lateral esquerdo dos Reds passou seis semanas inativo, com o pulso quebrado. As chances de jogar eram pequenas, mas Bob Paisley insistiu em contar com ele para impedir os avanços de Juanito e o gesso foi retirado uma semana antes da partida. Durante a partida, Alan já tinha tentado o gol quatro vezes, dando bastante trabalho ao goleiro do Real Madrid.

O que antes parecia um jogo de xadrez se transformou em uma batalha franca. O gol inglês a nove minutos do fim levou o Real ao desespero, e o time se abriu em busca do empate. Os espaços no meio e na defesa permitiram uma sequência de contra-ataques. O segundo tento inglês só não saiu porque Agustín fechou o gol com defesas difíceis até que o húngaro Karoly Palotai estrilasse o apito final. Pela terceira vez, o Liverpool era o melhor time da Europa. Os *hooligans*, que na véspera do jogo tinham depredado um hotel próximo à estação de Saint-Lazare, em Paris, pareciam sedados pela vitória. Em vez das temidas manifestações de violência, os torcedores do Liverpool se limitaram a comemorar com cerveja e cantoria na Place Vendôme. Ficaram calmos até a hora de voltar para casa, quando comandaram um quebra-quebra na barca que seguia de volta ao porto de New Haven. O estoque de bebidas da embarcação foi saqueado, e, na chegada, os vândalos partiram para cima de portuários e policiais com garrafadas. Imagine se eles não fossem os novos campeões da Europa...

* * *

O time que conquistou a Europa passou por um processo de reformulação depois da vitória sobre o Real Madrid. Jogadores que não conseguiram se firmar deixaram Anfield. O zagueiro Colin Irwin foi para o Swansea, do País de Gales. O meia-direita Jimmy Case perdeu espaço para o jovem Sammy Lee e decidiu aceitar a proposta de 350 mil libras do Brighton. De lá, veio o zagueiro irlandês Mark Lawrenson, que na época custou a quantia recorde de 900 mil libras.

Apesar da chegada de Lawrenson, a defesa do Liverpool sofreu uma mudança de impacto. No clube desde 1968, o goleiro Ray Clemence (12 vezes campeão em 12 anos de clube) se transferiu para o Tottenham Hotspur. Titular no clube desde 1970, Clemence também era titular na Seleção Inglesa quando decidiu sair. Em vez de efetivar Steve Ogrizovic, reserva desde 1977, o *manager* Bob Paisley surpreendeu ao anunciar quem substituiria o legendário Clemence. Um goleiro africano que tinha jogado no Canadá e estava no modesto Crewe Alexandra, da quarta divisão inglesa. Bruce Grobbelaar, embora nascido na África do Sul, tinha nacionalidade do Zimbábue. O goleiro recém-chegado tinha empunhado armas aos 18 anos, quando combateu na Guerra na Rodésia, em 1975. A contratação de Grobbelaar foi cercada por desconfiança, mas o fato é que ele seria titular do Liverpool nas 13 temporadas seguintes.

No início de setembro, enquanto o Flamengo ainda esperava o fim da disputa no tapetão contra o Atlético-MG, era a vez de o Liverpool anunciar que não disputaria o Mundial Interclubes. Bob Paisley alegou que a Football Association se recusou a adiar partidas do Campeonato Inglês para que os Reds pudessem encarar os campeões sul-americanos. Mas a FA teria de reavaliar sua posição. O presidente da entidade, Bert Millichip, foi pressionado pelo clube a flexibilizar o calendário, já que as equipes britânicas sofriam os reflexos da recessão no país. A média de público nos estádios ingleses tinha caído 6,5%. No fim de outubro, o Liverpool aceitou oficialmente o convite para disputar o Mundial.

Mais atraente que ganhar o inédito Mundial de Clubes eram os 150 mil dólares prometidos pela Toyota, patrocinadora do evento. O caixa dos ingleses ainda seria reforçado por uma porcentagem do dinheiro arrecadado com os direitos de transmissão da partida. Em 1977, quando foi campeão europeu pela primeira vez, o Liverpool não quis participar da disputa, e a Uefa indicou o Borussia Monchengladbach, que perdeu o título para o Boca Juniors. Em 1978, quando o Liverpool foi bicampeão continental, não houve acordo para a realização dos jogos contra o Boca Juniors, bicampeão da Libertadores no mesmo ano.

Disputada desde 1960, a competição sofreu mudanças desde que a montadora japonesa passou a promover o encontro entre os melhores da Europa e da América do Sul. Inicialmente, os times se enfrentavam em jogos de ida e volta em seus países. Mas, desde 1980, a competição (sem o reconhecimento da Fifa) passou a ser disputada em jogo único no Estádio Nacional de Tóquio. Na primeira edição da Copa Toyota, o Nacional de Montevidéu venceu o Nottingham Forest por 1 X 0, gol de Victorino. Após o fracasso do Nottingham, era a vez de os Reds pegarem a estrada para Tóquio.

* * *

O Flamengo chegou na sexta ao aeroporto de Narita, onde a temperatura era de 15 graus Celsius. Ao todo, 80 mil ingressos estavam à venda para a decisão do Mundial, que começaria ao meio-dia, horário do Japão; meia-noite, horário do Brasil; e cinco da manhã, horário de Londres. Do aeroporto até o Takanawa Prince, onde a delegação ficaria hospedada, foram mais duas horas de ônibus. O contato da imprensa com os jogadores rubro-negros se intensificava. Era hora de enviar para o Brasil os primeiros boletins e reportagens sobre a chegada do Flamengo ao Japão. Para narrar a partida, a Rede Globo enviou Galvão Bueno, locutor que até o ano anterior trabalhava na Rede Bandeirantes.

NUNES

"Tive vários encontros com o Galvão Bueno lá no *hall* do hotel. Ele fez uma entrevista comigo. Falou assim:

"Ó, a gente tem que fazer uma entrevista diferente. É decisão. Você tem que falar: 'Decisão é comigo! Sou o artilheiro das decisões!'. Você topa?"

"Topo."

Aí ele começou:

"Agora eu vou entrevistar o artilheiro das grandes decisões. E aí, artilheiro?"

"Beleza!"

"Vai fazer quantos?"

"Ah, se Deus me ajudar, vou fazer dois!"

Só isso que eu respondi para ele (risos).

"O artilheiro das grandes decisões vai fazer dois."

Foi o Galvão Bueno quem lançou a marca o Artilheiro das Grandes Decisões.

* * *

No sábado, véspera da partida, os dois campeões continentais fizeram o reconhecimento do gramado do Estádio Nacional de Tóquio. Construído para as Olimpíadas de 1964, o palco da decisão do Mundial de Clubes tinha luxuosas sociais trabalhadas em mármore, com desenhos que destacavam os esportes tradicionais do país. Os vestiários eram pouco confortáveis, compostos de pequenos quartos com armários numerados. A entrada do campo era comum às duas equipes.

Faltavam apenas 24 horas para o jogo mais importante da história do Flamengo. Depois do último treino antes de enfrentar o Liverpool, alguns jogadores saíram para fazer compras. Outros improvisaram um pagode em um dos salões do Takanawa Prince até o toque de recolher, às 22:00 horas. Alguns torcedores e amigos que integravam a *entourage* dos principais craques do Flamengo esticaram o samba até três da manhã. Enquanto litros de uísque Logan, saquê e até Velho Barreiro eram enxugados pela turma que tinha cruzado o mundo atrás de festa, as horas que antecediam o momento máximo da história rubro-negra eram de angústia para um jogador importantíssimo.

JÚNIOR

"Na véspera do jogo, eu estava com uma tendinite braba no meu joelho. Estava na iminência de não jogar; a patela toda inflamada mesmo. Eu tinha um amigo que jogava lá no Japão, o Carlinhos. Eu fazia acupuntura e perguntei se ele conhecia alguém que pudesse me atender.

"Tem um cara aí. Mas ele só vai poder te atender à uma da manhã."

"Qual o problema?"

Falei com o dr. Célio, que me orientou.

"Você faz o nosso tratamento convencional com o Isaías. Toalha quente, gelo, aquele negócio."

"Eu posso fazer primeiro a acupuntura para depois fazer o convencional?"

"Não tem problema nenhum."

Aí terminou até eu fazendo o convencional antes, porque o cara acabou chegando à 1:20 hora. Porra, o cara enfiou uma agulha do tamanho de uns quatro dedos no meu joelho. E depois ele falou com o Carlinhos:

"Avisa a ele que eu vou fazer um paliativo. Ele vai conseguir jogar, mas tem que parar. Se não parar, vai criar uma inflamação crônica e uma tendinite crônica, e nunca mais vai ter o joelho em condições."

Nei Dias ficou bravo, achava que ia jogar (risos). Acabou o tratamento eram 2:30 horas. No final, não tinha dor, só o incômodo.

As notícias para Júnior eram positivas, mas Figueiredo não teria a mesma sorte. O zagueiro já tinha perdido as decisões da Libertadores e do Campeonato Carioca por contusão, e as condições físicas o impediriam de jogar outra final. Talvez o destino fosse diferente se Figueiredo tivesse ouvido seu companheiro de zaga, um de seus melhores amigos.

MOZER

"A véspera foi um bocado problemática em função da contusão do Figueiredo, que estava com um problema nos adutores. Eu lembro que estava com ele no quarto. Falei:

"Você não vai chamar o médico para ti, não! Porque, se você chamar o médico e disser que está com problema no adutor, você não vai jogar. Porque o médico vai mandar o Carpegiani pôr o Marinho. Você não vai jogar, ô burro!"

"Ô, Mozer, está me incomodando um bocado!"

"Não fala, Figueiredo! Tu fica atrás, que eu marco o camarada e você fica ali na sobra. Eu faço o trabalho todo. Não esqueça que nós somos dois novinhos!" (risos).

"Mas eu tenho que falar com o médico, Mozer. E se acontecer alguma coisa dessas?"

"Não fala nada, Figueiredo!"

Ele não seguiu o meu conselho. Fez o mais correto, comunicou o médico que tinha um problema que estava lhe incomodando.

Mozer tinha razão. O médico Célio Cotecchia chegou ao quarto e avaliou Figueiredo. Durante os exames de contração da coxa e abdução, o zagueiro fechou o semblante. O incômodo persistia. O médico avisou que conversaria com Carpegiani e, naquele momento, Figueiredo sentia que estava fora do jogo com o Liverpool. Mais uma vez, o lugar ao lado de Mozer na zaga do Flamengo ficaria com Marinho.

MARINHO

"É lógico que você vai com alegria, mas com uma responsabilidade maior. Já não é mais o Flamengo do Rio de Janeiro. É o Brasil todo. Eu pensava sempre assim:

"Pô, o Brasil todo está vendo a gente. Os flamenguistas todos, minha família, meus amigos!"

Queira ou não queria, todo londrinense aqui era flamenguista, porque o Marinho saiu daqui, aquela coisa toda. Realmente você fica meio assim. Porque é aquele jogo e acabou. Não tem volta. É um só.

Em sua autobiografia *My Liverpool home,* Kenny Dalglish conta os bastidores do time inglês às vésperas da decisão do Mundial de Clubes de 1981.

A viagem foi uma loucura. A gente voou para Anchorage (cidade no Alasca, Estados Unidos) e juro que a hora que a gente chegou foi mais cedo do que a hora que saímos de Heathrow, em Londres. A gente foi de Anchorage pro Japão e pareceu que tínhamos pulado dois dias. Meu relógio biológico ficou completamente doido. Eu ficava acordando às três da manhã em Tóquio. Pra passar o tempo antes do jogo, os idiotas de sempre – Hansen, Terry McDermott e eu – fomos a um driving range (campo de treino de golfe) perto do hotel, onde os japoneses nos deram tacos e um balde vazio pra cada um.

© Conmebol

Zico marcou 11 gols e foi o artilheiro isolado da Copa Libertadores de 1981.

Zico ergue o troféu de campeão do mundo em Tóquio.

Antes de o jogo começar em Tóquio, jogadores do Flamengo se distraem com samba. Figueiredo, Adílio e Júnior batucam enquanto Peu dá autógrafo aos japoneses. Com a máquina fotográfica no pescoço, o repórter do *Jornal do Brasil*, Antônio Maria Filho.

Em Los Angeles, dias antes de disputar o Mundial, o Flamengo faz sua foto oficial para o jogo contra o Liverpool. De pé: Paulo César Carpegiani, Júnior, Nunes, Raul, Mozer, Leandro, Andrade, Cantarele, Tita, José Roberto Francalacci (preparador físico) e Célio Cotecchia (médico). Sentados: Isaías (massagista), Peu, Nei Dias, Figueiredo, Anselmo, Zico, Lico, Marinho e Baroninho.

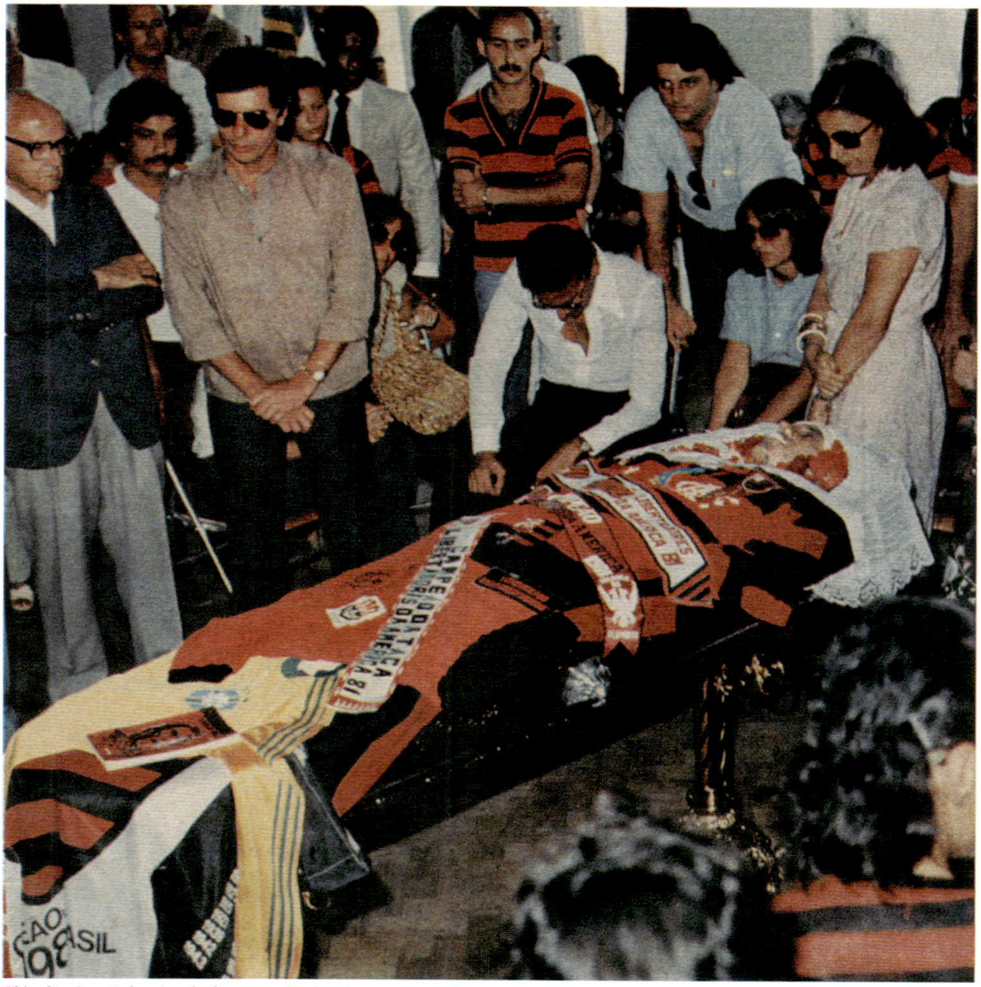

Cláudio Coutinho é velado na sede do Flamengo, no Morro da Viúva.

Reprodução do programa oficial do jogo entre Liverpool e Flamengo, distribuído no Estádio Nacional de Tóquio no dia da decisão do Mundial de Clubes.

LIVERPOOL FOOTBALL CLUB

Players

ボブ・ペイズリー
Bob Paisley
監督

1974～75年のシーズンから、ビル・シャンクリー前監督（故人）を引き継いで監督に就任した。シャンクリーの遺産と独自の補強で1970年代に黄金時代を築いた。

イングランド92チーム中、最高の層の厚さを誇るリバプール。昨シーズンは、A・ケネディ、トンプソン、ハンセンなど主力が相次いで負傷したが、若手が見事にその穴を埋めて欧州チャンピオンの座を手にした。今季は名GKレイ・クレメンス（トットナムに移籍）の穴をグロブラーが埋め、ニール、トンプソン、ハンセン、A・ケネディの不動のバックラインに90万ポンド男、ローレンソンが加わって守備は万全。MF陣もベテランのR・ケネディ、マクダーモット、スーネス、リーがレギュラーだが、体の調子の良くないリーに代わってシーディが出る可能性も強い。FWでは、エースのダルグリッシュとジョンソンのコンビに“スーパーサブ”のラッシュが割り込みを狙っている。若手も実力者ぞろいで、レギュラーの座を虎視眈々と狙っているので、まったく穴のない布陣といってよい。

フィル・トンプソン
Phil Thompson
DF
身長 182cm
体重 72kg
27歳
イングランド代表

針金のように細いがヘディングも強く、リバプール守備陣のかなめ。確実なプレーでチームメートの信頼も厚く、エムリン・ヒューズからキャプテンを引き継いで務めている。

アラン・ハンセン
Alan Hansen
DF
身長 184cm
体重 81kg
26歳
スコットランド代表

派手さはないが非常にクレバーなプレーをするストッパー。エムリン・ヒューズの後がまとしてデビュー。ときおり攻撃参加でみせるヘディングシュートは見事である。

リチャード・マネー
Richard Money
DF
身長 182cm
体重 71kg
26歳

ケビン・キーガンがシャンクリー前監督に見いだされたスカンソープを振り出しに、フルハフを経てリバプール入り。上背はあるがスリムな体で、サイドバックの控えが多い。

レイ・ケネディ
Ray Kennedy
MF
身長 180cm
体重 83kg
30歳
イングランド代表

中盤のベテラン選手。シャープさに欠けるが、アーセナル時代FWだっただけに攻撃力は充分、ロングシュートは強烈だ。グラウンドの内外を問わず大変な紳士である。

ケビン・シーディ
Kevin Sheedy
MF
身長 170cm
体重 57kg
22歳

負傷者が多かった昨シーズンは1試合だけの出場だったが、今シーズンも内臓を悪くしたサミー・リーの穴を埋めてMFにはいっている。まだ若手のMFだ。

ケニー・ダルグリッシュ
Kenny Dalglish
FW
身長 173cm
体重 75kg
30歳
スコットランド代表

スコットランド代表の点取り屋。CFというより昔でいうインナータイプの選手。小柄ながら競り合いに強く、反転の速さ、足の振りの鋭いシュートは天下一品だ。

LIVERPOOL FOOTBALL CLUB

Páginas do programa oficial apresentando os jogadores do Liverpool (veja tradução na página 270).

ブルース・グロブラー
Bruce Grobbelaar

GK
身長 184cm
体重 81kg
24歳
ジンバブエ代表

名キーパー、クレメンスの後がまとして、北米リーグのホワイトキャップスから今シーズン前に移籍してきた。高い球に強く、果敢なプレーでクレメンスの穴を埋めている。

スティーブ・オグリゾビック
Steve Ogrizovic

GK
身長 190cm
体重 91kg
24歳

チーム一の長身で、クレメンスの時代から控えのGKとなっている。ユーゴスラビア系の名前だが、出生地はイングランドのマンスフィールド。

フィル・ニール
Phil Neal

DF
身長 180cm
体重 76kg
30歳
イングランド代表

がっしりした体とパワフルなプレーは典型的なイングランド・スタイル。リバプールでは不動のライトバック。ロングシュートが得意で攻撃参加もよくする。

マーク・ローレンソン
Mark Lawrenson

DF
身長 184cm
体重 81kg
24歳
アイルランド代表

ブライトンから90万ポンドで移籍してきたエレガントな選手。長い足を生かしたドリブルで再三オーバーラップをみせる。首脳陣はハーフで使う考えをもっているようだ。

アラン・ケネディ
Alan Kennedy

DF
身長 175cm
体重 66kg
27歳

ローレンソンの加入でレギュラーの座を追われた感じだが、チャンピオンズ・カップ決勝では貴重な決勝ゴールを決めている。個人技があり攻撃参加の好きなレフトバック。

アビ・コーヘン
Avi Cohen

DF
身長 182cm
体重 75kg
25歳
イスラエル代表

イスラエルの名門マカビーのスターでナショナル・チームのキャプテンも務めている。昨シーズン、リバプールにはいったが、まだレギュラーにはなっていない。

テリー・マクダーモット
Terry McDermott

MF
身長 175cm
体重 81kg
30歳
イングランド代表

10番をつけているが、スーネスと交代で前線へ上がるケースが多い。器用な選手でパス、シュートのコンビネーションが豊富。PKのスペシャリストでもある。

グレーム・スーネス
Graeme Souness

MF
身長 180cm
体重 81kg
28歳
スコットランド代表

容姿、プレーともにマクダーモットに似ている。中盤からオープンスペースに走り込むプレーが多いが、チャンピオンズ・カップではハットトリックを2回やり優勝に貢献した。

サミー・リー
Sammy Lee

MF
身長 170cm
体重 67kg
22歳

クラブ生え抜きのリバプールっ子で、小柄だがフィールド狭しと走り回る中盤のダイナモ。右サイドに走り込んでダルグリッシュ、ジョンソンにパスをだすチャンスメーカー。

デービッド・ジョンソン
David Johnson

FW
身長 178cm
体重 77kg
30歳
イングランド代表

ダルグリッシュとともにツートップを務める点取り屋。力強さはないがドリブルも巧みでボレーシュートは絶品。チームがディフェンスに回っているときも、1人前線に残る。

イアン・ラッシュ
Ian Rush

FW
身長 184cm
体重 78kg
20歳
ウェールズ代表

ウェールズ代表の新進気鋭のストライカー。昨シーズンは7試合だけの出場だったが、今シーズンはジョンソンとCFを競い、リーグ戦では得点王争いにくい込んでいる。

デービッド・フェアクロフ
David Fairclough

FW
身長 175cm
体重 69kg
24歳

ゲームの後半になって登場、しばしば貴重なゴールを決めてチームの勝利に貢献、"スーパーサブ"として有名になったが、最近はあまりゲームに出場していない。

FLAMENGO
CLUB DE REGATAS
Players

フラメンゴの売り物は、なんといってもその攻撃力だ。「現在の世界サッカー界では、止められる者はいない」とさえいわれるエース、ジーコを軸に、チッタ、ヌネス、リコのFW陣は、個性的でしかも強力だ。ジーコとともに中盤で働くアジリオ、アンドラーデの２人も、柔軟な個人技をもち、得点力がある。さらに大きな脅威は、両サイドのフルバック。レアンドロ(右)は最近ブラジル代表に選ばれ、11月の対ブルガリア戦では１ゴールを記録した。左のジュニオールは、いわずと知れたワールドクラスのＬＢ。中盤へ幅広く押し上げ、強烈なシュートを放つ。比較的地味なのがモゼル、フィゲイレードの両ＣＢだが、それでも攻撃に出ると鋭いプレーを見せる。王国ブラジルの最高峰をなすアタッキング・サッカーの真髄は見ものだ。

パウロ・セザル・カルペジアーニ
Paulo Cesar Carpeggiani
監督

元ブラジル代表のMF。1981年9月15日にアルゼンチンのボカ・ジュニアーズとの引退試合後、監督職に専任した。チームを率いる能力に優れた男と期待される存在である。

フィゲイレード
Figueiredo
DF
身長 178cm
体重 70kg
20歳

サンパウロ生まれ（パウリスタ）の若手センターバック。ロンディネリがコリンチャンズに移籍（1981年９月）したことで、突然チャンスがめぐってきた。

モゼル
Mozer
DF
身長 186cm
体重 77kg
22歳

ボタフォーゴのユース時代、バックとしては小さすぎるとの理由でフラメンゴへ移籍させられたが、急に背が伸び始めた。1980年からレギュラー入り、将来の大物と評判だ。

アンドラーデ
Andrade
MF
身長 168cm
体重 73kg
24歳

ディフェンス陣を助ける動きをするのがうまいMF。突然攻撃参加し、思い切って打つシュートは驚異。ベネズエラにいたころはリーディング・ゲッターにもなった。

アジリオ
Adilio
MF
身長 170cm
体重 66kg
25歳

ドリブルのうまいMF。以前は秘密兵器といわれていたが、切れ味の鋭い、早い、細かいフェイントで、いまやチームの武器になっている。長短のパスも自在。

ヌネス
Nunes
FW
身長 179cm
体重 79kg
27歳
ブラジル代表

1978年の欧州遠征で代表にはいったストライカー。チームではジーコに次ぐ得点をあげＣＦとして高い能力をもっている。強い個性と自信、恵まれた体を生かす点取り屋だ。

リコ
Lico
FW
身長 170cm
体重 64kg
30歳

チッタとは対照的に迫力のあるなウイング。小技を生かすというよりも、馬力でタテへ突破するのが武器。得点をするよりも、チャンスメーカーともいえる存在だ。

Páginas do programa oficial apresentando os jogadores do Flamengo (veja tradução na página 271).

ラウル

Raul
GK
身長 186cm
体重 84kg
37歳
ブラジル代表

18年のキャリアを持つ大ベテラン。サンパウロ、ナシオナル（ウルグアイ）など数多くのチームでプレー、優勝経験も豊富。大ケガのない、"無事これ名馬"の範たる選手だ。

カンタレリ

Cantarele
GK
身長 180cm
体重 80kg
28歳

絶えずラウルとポジション争いをしているサブのGK。実力は認められているが、DF陣とのコンビネーションが大きな課題としてつねに問題にされている。

レアンドロ

Leandro
DF
身長 182cm
体重 75kg
22歳
ブラジル代表

1978年にフラメンゴ入りした若手。右サイドのDF、MF、FWをこなしたが、現在はライトバックのレギュラー。スピードがあり、ヘッドも強く、高い技術も持っている。

ジュニオール

Junior
DF
身長 174cm
体重 70kg
27歳
ブラジル代表

コパカバーナの海岸リーグで育った、現ブラジル代表選手。代表では左のバックだが、チームではMFもこなす。攻撃力を生かすのが持ち味で、FKのスペシャリストでもある。

マリーニョ

Marinho
DF
身長 187cm
体重 78kg
26歳

1980年ロンドリナ・クラブから移籍。攻撃的ではないが、個人技があり、力強さも兼ね備えた堅実なディフェンダー。現在はレギュラーに加わっている。

ネイ・ジアス

Nei Dias
DF
身長 170cm
体重 76kg
28歳

1981年にフラメンゴ入りした右サイドのバック。巧みなディフェンスは大きく評価されているが、攻撃面を課題とされ控えになっている。気の強い個性的な選手だ。

ジーコ

Zico
MF
身長 172cm
体重 69kg
28歳
ブラジル代表

本名アルツール・アンツネス・コインブラ。"白いペレ"の愛称は有名で、魔術のようなプレーはリオっ子を魅了する。現在は彼の最盛期ともいわれ、得点力はチームでも最高。

ペウ

Peu
MF
身長 172cm
体重 70kg
22歳

代表試合のため抜けたジーコ、チッタの代わりに登場、見事なドリブルで4人抜きしゴールを決めたシンデレラ・ボーイ。鋭いドリブルと、高いパス能力が見ものだ。

チッタ

Tita
FW
身長 168cm
体重 66kg
24歳
ブラジル代表

少年時代からフラメンゴで育った選手。ブラジル代表でもチームでも右ウイングでプレーするが、本人はこのポジションを嫌う。だが、鋭いセンタリングは大きな武器である。

バロニーニョ

Baroninho
FW
身長 170cm
体重 68kg
23歳

1981年5月にパルメイラスから借り入れた選手。契約は一応、年内いっぱいとなっており、フラメンゴでも交代メンバーとして登録されることが多い。

シキーニョ

Chiquinho
FW
身長 165cm
体重 65kg
22歳

1981年、オラリア・クラブから移籍。チッタ、リコのウイングの控えで、俊敏な動き、スピードは申し分なく、将来を期待されている若手だ。

アンセウモ

Anselmo
FW
身長 178cm
体重 73kg
22歳

フラメンゴの偉大なCFヌネスの控えだがコブレロア戦で出場。しかし、ボールをさわらずに相手をなぐって退場という気の強いところを見せた。ファンの人気も高い選手だ。

Anselmo hoje: o "vingador rubro-negro" vive na cidade de Quarteira, em Portugal. O ex-jogador ganha a vida como funcionário de uma escola secundária.

O presidente João Figueiredo, torcedor do Fluminense, recebe os campeões mundiais de 1981.

O melhor time de futebol do mundo passa incógnito no Havaí com o disfarce de grupo de pagode. Da esquerda para a direita: Antônio Maria Filho, repórter do *Jornal do Brasil*, Júnior no pandeiro, Tita no tantan, Anselmo no tamborim, Adir Malagueta (funcionário da Varig e amigo dos jogadores) no chocalho, Telinho no cavaquinho e Siri nas palmas.

© Antônio Maria Filho

© Eduardo Monsanto

Os troféus recebidos pelo título mundial estão expostos na sede do Flamengo na Gávea. A medalha de campeão do mundo faz parte do acervo de Júnior.

'Onde estão as bolas?', perguntou Alan, bem devagar.

'Lá', respondeu um dos funcionários, apontando para um cano.

Apertei um botão e uma cascata de bolas de golfe jorrou do tubo, se espalhando por todo o driving range. Nós percebemos rapidamente que o segredo era colocar aquele balde vazio debaixo do cano antes de apertar o botão! O lugar era incrível. Dei uma tacada em direção a um vasto gramado inclinado, e vi enquanto a bola voltava rolando pelo terreno afunilado, até entrar em outro tubo e seguir de volta até o clubhouse. O som daquelas bolas voltando pelos tubos parecia o barulho de granizo caindo.

O dia 13 de dezembro ainda não tinha amanhecido e Zico já estava de pé. Ainda brigando com o fuso horário, o camisa 10 do Flamengo tinha ido dormir às oito da noite e às seis já estava aceso, esperando ao lado de Sandra que o restaurante do hotel abrisse para o café da manhã. Em apenas 21 dias, aquela seria a terceira decisão de campeonato, e, sem dúvida, a mais importante. O favoritismo do Liverpool não abalava em nada a confiança dos jogadores rubro-negros, que estavam decididos a manter contra os ingleses o mesmo estilo de jogo que vinha dando certo ao longo da temporada.

ANDRADE

"Não mudamos nossa maneira de jogar, nem taticamente, nem a forma de se comportar. Tínhamos a nossa profissão como diversão, mas sempre com a responsabilidade de representar o Flamengo. A gente tinha um lema: se divertir com responsabilidade. Fomos lá para nos divertir, mas sabíamos da importância de ser campeão naquele momento; era uma oportunidade única.

Logo após o café da manhã, os jogadores se encontraram no *lobby* na hora marcada e embarcaram no ônibus para o Estádio Nacional de Tóquio. A tensão que cerca as grandes decisões tinha sido enxotada por instrumentos de percussão, sorrisos e cantoria. Os sambas-enredos contagiavam o grupo, que ia emendando um no outro, fossem sambas da União da Ilha, Salgueiro, Mangueira, ou canções de amigos que costumavam acompanhar o time no trajeto entre a concentração em São Conrado e o Maracanã, como João Nogueira e Jorge Ben.

ADÍLIO

Até música do James Brown a gente cantava! Era época do *soul*. Eu chegava na concentração imitando ele e começaram a me chamar de Adílio Brown (risos). Esse batuque era muito interessante, porque a gente entrava em campo tranquilo, já bem relaxado. Fazia parte do aquecimento. A diretoria e a comissão técnica, quando viam aquilo, todos alegres e felizes, sabiam que a gente ia ganhar.

Assim que a delegação chegou ao estádio, seguiu para o vestiário. Era hora da preleção de Paulo César Carpegiani. Há menos de seis meses, em um momento como aquele, Carpegiani estava concentrado na maneira de ganhar o meio-campo dos adversários com seu futebol inteligente e vertical. Ele se dirigiria para seu armário, vestiria a camisa, o calção, as chuteiras. Mas a realidade agora era outra. Sua participação seria à beira do gramado, sem o protagonismo de outrora. A mudança já tinha sido bem assimilada, e Carpegiani se dedicou a observar e conhecer o adversário do Flamengo, sem ter ideia de que uma vitória o consagraria como o técnico mais jovem a conquistar o Mundial de Clubes.

PAULO CÉSAR CARPEGIANI

Quando cheguei lá, estava muito motivado. Eu estudei muito o Liverpool, vi *tapes*, jogos, passei aos jogadores. O time deles era muito bom, mas nem passava pela minha cabeça perder deles. O quadro que eu usava para fazer a preleção tinha sumido, não sei se foi extraviado na viagem. Lembro bem que fiz minha palestra com tampinhas e com um tabletinho de manteiga (risos). Eu ainda era gurizão, meio que sonhador, e queria passar para eles como era. Não importava como. E ai deles se não decorassem!

Carpegiani deu o recado, e, antes do aquecimento, houve tempo para um pouco mais de samba à beira do gramado. Figueiredo, Adílio, Peu, Zico, Anselmo e Júnior ainda faziam som quando tiveram o primeiro contato visual com os ingleses, que estranharam ver os adversários cantando e batucando antes do jogo, algo inimaginável na terra de Sua Majestade. Os jogadores do Flamengo foram se aquecer no gramado, que, embora fosse regular e bem nivelado, estava amarelado e seco, como se estivesse "queimado" pelo frio. Na volta ao vestiário, os jogadores vestiram as camisas brancas com detalhes em vermelho e preto, o uniforme reserva do Flamengo. O Liverpool venceu o sorteio e pôde usar vermelho. A ala rubro-negra supersticiosa não gostou de ver o manto sagrado fora da partida, lembrando que, no segundo jogo com o Cobreloa, em Santiago, o fardamento branco não tinha dado sorte. Mangas compridas ajudariam a espantar o frio japonês de dez graus Celsius na hora da partida. Era chegada a hora.

* * *

Do outro lado do mundo, a frustração de Cláudio por não poder ir ao Japão já tinha passado, e, nos momentos que antecediam o jogo entre Flamengo e Liverpool, Cláudio ajudava Márcio Braga a organizar a festa da torcida no Largo da Lapa. Cinco mil pessoas acompanhariam o jogo em telões, e um trio elétrico embalava a festa da torcida rubro-negra. A bola só rolaria à meia-noite, mas desde às 18:00 horas um grande Carnaval fora de época já tinha começado com bandeiras, morteiros e até um convidado de honra para a festa: Roberto Passos Pereira, o ladrilheiro, acompanharia o jogo ao lado de Márcio Braga.

O mesmo túnel levaria as duas equipes ao campo do Estádio Nacional. Como costumavam fazer antes de subir ao gramado do Maracanã, os jogadores do Flamengo se abraçaram e formaram um círculo. Era o momento de prece, de pedir proteção e de se motivar para a partida. Mas nada que tenha sido dito dentro daquela roda poderia estimular mais os jogadores do Flamengo que a reação dos ingleses ao ritual pré-jogo dos rubro-negros.

JÚNIOR

"Os caras viram a gente fazendo uma corrente, aí começaram a rir. Todos eles passaram olhando, porque não era uma coisa normal na Europa. Não é que os caras tivessem debochando. Mas aí a gente pega aquilo ali e diz:

"Ó! Está vendo? Os caras tão rindo lá! Vai deixar os caras rirem da gente assim, pô?"

Aí você vai botando pilha.

LEANDRO

Não sei se eles estavam querendo sacanear a gente. Eles acharam diferente. A gente lá, os caras olharam para a gente, deram um sorrisinho, mas não sei se era para sacanear, menosprezar. Aí vira o Júnior:

"Ei! Ei! Tão querendo sacanear a gente!"

É sempre bom, sempre uma força a mais que dá para a gente.

ADÍLIO

Eles deram uma ignorada na gente, como se falassem "desse time aí nós vamos ganhar". Aí começaram a rir da gente, os caras todos fortões, grandões. E já ganhavam no uniforme. O nosso shortzinho, bem apertadinho, daquele da Adidas, lembra? Eles com aquele shortão grandão! Tinha uma diferença enorme já. Foi quando eu falei:

"Hoje não tem para ninguém! Hoje vai ter que ser a gente!"

O Nunes tentou se exaltar, o Zico pediu calma.

"Nunes, sem barulho. Vamos concentrar, vamos ganhar dos caras dentro de campo. Já vamos entrar com tudo!"

Um pórtico vermelho com o nome do patrocinador japonês e com os escudos dos dois times enfeitava a saída do túnel. Milhares de bexigas vermelhas, brancas e pretas foram soltas antes da entrada das duas equipes. Na arquibancada, alguns fanáticos rubro-negros estavam perdidos entre milhares de japoneses, que escolhiam um lado para torcer simplesmente pela simpatia por uma ou outra bandeira. Moraes tentava ensinar aos torcedores locais o grito de guerra que ecoava no Maracanã quando era dia de Flamengo: "Meeengo! Meeengo!".

MORAES
Embaixador da Raça Rubro-Negra.

Eu tinha levado uma faixa da Raça pequenininha. Aí um negão que fazia show lá em Tóquio me perguntou:

"Vamos fazer uma faixa da Raça em japonês?"

"Vamos."

"Ah, não tem pano..."

"Se vira!"

Aí fomos para um cantão de Tóquio arrumar pano. Compramos toneladas de esparadrapo e fizemos uma faixa. Ficou escrito "Raça Rubro-Negra", com esparadrapo, em português e japonês.

ZICO

O Japão não sabia nada de futebol naquela época. Quando tinha um evento, os caras iam em qualquer coisa. O importante era estar fora de casa no domingo, tanto é que o jogo foi às 13:00 horas lá para dar público. Tinha o lado do Flamengo: quem simpatizava mais pela bandeira do Flamengo ia para lá. E Europa, sempre tinha um pouquinho mais. Então a maioria do Liverpool já fechou logo. E depois a do Flamengo. E lotou. No Japão, quando alguém dava bico para o alto, nego vibrava porque achava que era igual no beisebol, que era *home run* (risos).

Além das bandeiras, foram distribuídas pelo patrocinador da competição pequenas cornetas de metal aos 62 mil torcedores presentes. O barulho das ancestrais das vuvuzelas fazia lembrar cigarras, e o som infernal se estendeu durante quase toda a partida. Concorrendo com milhares de cornetas, o árbitro mexicano Mario Rúbio Vázquez soprou seu apito e autorizou o início da partida.

Nos três primeiros minutos, o Flamengo seguiu à risca as orientações de Carpegiani para apertar a saída de bola do time inglês. Nunes, Tita e Lico obrigaram os zagueiros do Liverpool a recuar a bola várias vezes para o goleiro Grobbelaar. A primeira oportunidade de gol rubro-negra veio em um chute de fora da área de Adílio. A bola ainda quicou antes de chegar a Grobbelaar, que defendeu sem dificuldade. Quem estava acostumado a ver Zico em campo percebia que, naquele início de jogo, o Galinho procurava um posicionamento diferente.

MARINHO

O que o Zico fez? Ele não ficou jogando na grande área dos caras. Eles saíam muito; o Liverpool fazia muito a linha de impedimento. O Zico sabia que, se tivesse uma falta ali, ele podia bater e podia liquidar o jogo. Então ele recuou, tabelava com o Adílio e metia a bola nas costas dos caras, a linha de quatro que eles fazem na Inglaterra.

O cronômetro marcava 12 minutos, tempo suficiente para que a ansiedade natural que envolvia a decisão se dissolvesse no toque de bola do Flamengo, que começava a sobressair. Na intermediária, pela esquerda, Júnior tentou driblar Johnston e perdeu o domínio da bola. Nunes pegou a sobra e puxou a marcação de Johnston quase até a linha central, onde tocou de calcanhar para Mozer e saiu em disparada. O zagueiro deu a bola rapidamente para Zico, que, dentro do círculo central, levantou a cabeça e lançou em direção à área do Liverpool. Thompson veio correndo de costas e subiu para cortar de cabeça. A bola encobriu o zagueiro inglês, que estava um pouco antes da linha da grande área, quicou uma vez e ficou entre Nunes e Grobbelaar, o goleiro do Liverpool.

NUNES

O Zico viu o espaço entre o lateral e o zagueiro central; eu já entrei ali. Quando entrei ali, o goleiro saiu. Era um lance de choque, só que eu saí. Só que nessa saída minha, eu estava abandonando a bola. Quando ele veio, só dei o toque, encobrindo ele. Ela não tinha nem entrado e eu já estava comemorando. Corri para a galera japonesa com bandeira vermelha e preta do Flamengo. Ali era a torcida do Flamengo, não é? (risos).

Aos 15 minutos de jogo, o comentarista Gérson, tricampeão do mundo com o Brasil em 1970, fazia pela Rede Globo sua primeira análise sobre o desempenho do Flamengo em Tóquio:

"Muito boa-noite a todos. O Flamengo está bem na partida, está um time tranquilo, um time sereno, bem na marcação. Agora mesmo, muito boa essa cobertura do Mozer ao Marinho, então o time do Flamengo está certo. Está apertando aí, está apertando no lugar certo. Não está dando muito campo ao Liverpool. Agora, tem uma mina pelo lado direito. O Tita está muito bem na partida, e tem que insistir exatamente pelo lado direito. E, principalmente, também com os lançamentos, como o gol do Nunes com lançamento do Zico. Perfeito!"

O Liverpool tinha dificuldade para sair jogando e apelava constantemente para os chutões. Pouco antes dos 25 minutos, Neal deu um bico para a frente, e, por sorte, encontrou McDermott na ponta-direita. Antes que Mozer chegasse, o camisa 10 do Liverpool cruzou a bola na área. Leandro saltou para cortar, mas passou em branco. Johnston, que estava atrás dele, teve espaço para dominar a bola. Marinho só cercou o atacante, que puxou para a perna direita e bateu com força. A bola passou raspando a trave direita de Raul, que ainda se abaixou para conferir.

Liderando no placar, o Flamengo afrouxou um pouco a marcação na saída de bola inglesa e esperou que o Liverpool viesse para cima. Até o zagueiro Thompson tinha se mandado para o campo adversário e ajudava na saída de bola e armação das jogadas. A falsa acomodação do Flamengo sempre resultava em respostas perigosas. Pouco depois dos trinta minutos, Leandro e Tita tabelaram pela direita e, após o corte de Hansen, o Flamengo ganhou escanteio. Tita cobrou da direita em direção a Júnior na entrada da área. O camisa 5 emendou de primeira, assustando Grobbelaar e levando a nocaute um dos fotógrafos posicionados atrás do gol do Liverpool.

© Sebastião Marinho/ Agência O Globo

Flamengo e Liverpool entram perfilados no gramado do Estádio Nacional de Tóquio. O Mundial de Clubes era um título inédito para ambos.

© Lico

O dono do jogo desorienta os ingleses: Zico é cercado por Johnston, McDermott, Sammy Lee e Ray Kennedy. Ao fundo, Lico.

Corneta dada aos torcedores em Tóquio.

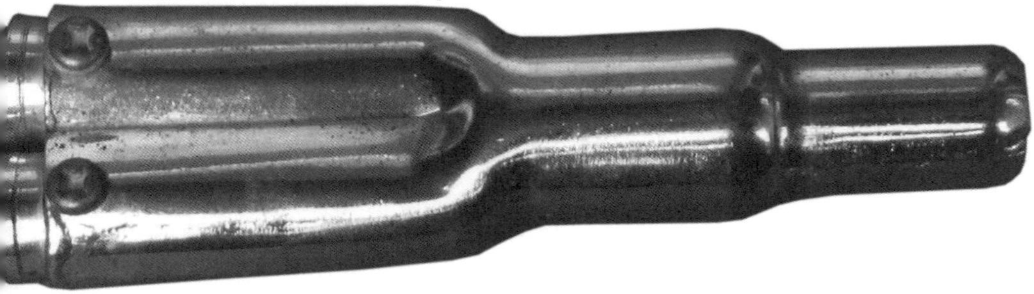

© Siri

Em mais uma subida rubro-negra ao ataque, Zico avançou pela direita e fez o passe para Tita na intermediária do Liverpool. O camisa 7 do Flamengo foi agarrado por McDermott, mas continuou avançando em direção à área adversária. Antes da meia-lua, Tita parou de costas para o marcador, que, sem saber como roubar a bola, chutou o atacante brasileiro por trás. Rubio Vázquez marcou a falta, que aconteceu em um pedaço de campo de onde Zico costumava disparar cobranças indefensáveis.

Mal ajeitou a bola, Zico reclamou com o juiz sobre a proximidade da barreira. O árbitro mexicano demorou para pôr os jogadores ingleses no lugar certo. Grobbelaar optou por apenas quatro homens na barreira. Zico partiu para a bola e preferiu chutar rasteiro. O goleiro do Liverpool se abaixou para fazer a defesa, porém a força da bola impediu que ele a segurasse. Antes que Grobbelaar voltasse a defendê-la, Lico alcançou o rebote na pequena área, mas chutou prensado com Hansen. A bola sobrou para o chute de Adílio, que ainda bateu em Thompson antes de entrar. A torcida do Flamengo explodia mais uma vez, enquanto o apaixonado Adílio jogava beijos para a esposa, que assistia ao jogo nas tribunas do Estádio Nacional de Tóquio durante uma pausa na lua de mel.

ADÍLIO

"Passou de tudo pela cabeça! Eu cheguei lá em lua de mel, a responsa para mim era maior. Quando veio o gol, aí foi a realização, missão cumprida! Eu agradeci a Deus, era isso que o Coutinho queria que acontecesse. Foi uma coisa bem espiritual. Claro que Coutinho estava com a gente! A toda hora, a todo momento. Era desejo dele; ele queria ver isso de perto.

A pequena porém barulhenta torcida rubro-negra embalava o time aos gritos de "Meeengo! Meeengo!". Os japoneses tentavam imitar o canto dos torcedores brasileiros, cada vez mais encantados pelo toque de bola do time de branco. Com dois a menos no marcador, o Liverpool e o técnico Bob Paisley ainda não sabiam o que fazer para parar o Flamengo. Em um erro de Andrade na saída de jogo, Kenny Dalglish tomou a bola e lançou para McDermott na ponta-direita. O camisa 10 dos ingleses tentou cruzar na área, mas Andrade rebateu de calcanhar. Souness aproveitou a sobra e acionou outra vez McDermott na ponta-direita. O meia do Liverpool arriscou para o gol de fora da área. Raul evitou o gol com um tapinha, cedendo o escanteio. Após a cobrança, Souness tentou chutar da entrada da área, a zaga rebateu e Ray Kennedy deu a bola para o lateral esquerdo Lawrenson bater mal, à esquerda de Raul.

O primeiro tempo caminhava para o fim, e, após contornar pequenos sustos no setor defensivo, o Flamengo continuava a jogar com inteligência quando retomava a posse de bola. Foi assim quando Mozer impediu que Johnston aproveitasse uma bola mal rebatida por Marinho. Leandro apareceu bem na cobertura e acionou Adílio, que estava na lateral direita. O camisa 8 entrou pela diagonal, avançou até o meio-campo e passou para Zico no círculo central. As duas linhas de quatro jogadores do Liverpool estavam muito próximas quando Zico percebeu a disparada de Nunes. Mesmo marcado de perto por Thompson, o camisa 10 enfiou a bola entre os zagueiros.

NUNES

“Era só fechar o caixão deles. Foi outra enfiada do Zico, consciente. Você pode prestar atenção que ele pega e já me vê passando pela direita. Eu dei só dois toques. Quando ele lançou, dei o primeiro toque ajeitando, o segundo já foi batendo. Dois toques.

A batida rasteira e cruzada venceu Grobbelaar. Em apenas 41 minutos, o Flamengo abria incríveis 3 X 0 sobre o time mais poderoso da Europa. Ao fim do primeiro tempo, os jogadores de branco entraram no vestiário com a convicção de que tinham produzido o futebol dos sonhos de qualquer torcedor na primeira metade da partida. Agora, os sorrisos eram dos jogadores rubro-negros, que traziam a certeza de que só uma catástrofe poderia mudar o resultado.

MARCELO REZENDE
Repórter da revista *Placar*

O Liverpool entrou em campo como o inglês entrou na Índia, certo de que aquilo era apenas um feudo que ele ia administrar. A imprensa estrangeira achava que ia ser um jogo simples para o Liverpool. Eles podiam conhecer o Zico, o Júnior, talvez o Leandro, mas não conheciam o resto do time. Não sabiam quem era o Nunes, o Adílio, porque não eram jogadores de exposição grande.

KLÉBER LEITE
Repórter da Rádio Globo em 1981

Havia um comedimento muito grande com aquela competição, mas quando o Flamengo meteu o terceiro gol, eu não resisti. O Jorge Curi me chama pra detalhar o gol, que foi do Nunes. Depois de contar como tinha sido a jogada, emendei:

"Mengão campeão do mundo três, Liverpool zero!"

O primeiro grito de campeão do mundo fui eu que dei, ainda no primeiro tempo!

Grobbelaar voltou do intervalo com um boné, já que disputaria o segundo tempo contra a luz do sol. No banco do Flamengo, o suspenso Anselmo aproveitava para tirar fotografias com a nova máquina comprada no Japão. O Flamengo abusava das bolas recuadas para Raul e cozinhava o jogo para administrar o resultado. Com cinco minutos, os ingleses aproveitaram um passe errado de Mozer, que tentou dar a bola para Leandro de cabeça e acabou presenteando Johnston, que avançou até a entrada da área e disparou de canhota. Raul, bem posicionado, defendeu sem dificuldade.

A entrada de David Johnson no lugar de Terry McDermott aos sete minutos do segundo tempo foi a única alteração de Bob Paisley durante o jogo. O Flamengo demorou dez minutos para criar sua primeira chance após o intervalo. Júnior desceu pela ponta-esquerda, se livrou de Phil Neal, afunilou a jogada até tocar para Andrade. A quase cinquenta metros do gol, o volante rubro-negro decidiu arriscar. O chute tomou o rumo do canto esquerdo de Grobbelaar, que desviou a trajetória com a pontinha da luva esquerda.

ANDRADE

Ia ser o gol do jogo! De onde foi o chute, a distância que foi, a bola ia no ângulo! O time deu uma segurada no segundo tempo, o jogo estava em banho-maria. No segundo tempo quase não aconteceu nada, a gente só esperando dar os 45 para poder comemorar aquela conquista.

Se o Flamengo não teve grandes oportunidades de fazer o quarto gol, viu em um lance rotineiro o reconhecimento ao seu estilo de jogo, que privilegiava o toque de bola e a qualidade técnica. Entre as jogadas que viraram marca registrada do Flamengo, a participação ofensiva dos laterais Leandro e Júnior eram fruto de um conceito treinado à exaustão nos tempos de Cláudio Coutinho: o *overlapping*.

JÚNIOR

Aos 38 minutos do segundo tempo, teve uma virada de jogo. O Tita domina a bola na direita, o Leandro sai da nossa intermediária, dá um pique de sessenta metros. O Tita puxa a bola para dentro para fazer o que o Coutinho tinha ensinado a gente lá atrás, em 1976. Quando o Leandro faz o *overlapping*, que cruza a bola, o estádio todo aplaude! Aquilo ali foi um gozo. Você teve uma ovação numa jogada como se tivesse sido um gol!

Mario Rúbio Vázquez apitava o fim da partida. Dirigentes, reservas e todos os que estavam no banco do Flamengo invadiram o gramado. Os policiais japoneses tentavam conter a invasão, mas repórteres, fotógrafos e cinegrafistas também correram para acompanhar a festa rubro-negra. O título parecia certo desde o fim do primeiro tempo, porém agora aquele grupo de jogadores pertencia à história do Flamengo e à própria história do futebol mundial. Não havia a menor dúvida: os rubro-negros eram de fato e de direito o melhor time de futebol do planeta.

JÚNIOR

A gente ficava imaginando o que estava acontecendo no Brasil com as famílias, com todo mundo. Lembro que eu liguei para casa, eram duas e meia da manhã. Falei com minha mãe. Ela:

"Está todo mundo na rua!"

Você imagina... Até hoje, trinta anos depois, esse gostinho ainda permanece para todo mundo.

* * *

Fogos de artifício, buzinaço e manifestações de puro amor ao Flamengo tomavam conta do Rio de Janeiro às duas da manhã de sábado para domingo. Na zona Sul, os rubro-negros ganharam as ruas, cantando o hino e desfraldando suas bandeiras ainda sob o impacto de uma final inesquecível. Na esquina das ruas João Lira e Ataulfo de Paiva, o Le Coin, tradicional ponto de comemoração de jogadores e dirigentes do Flamengo, estava fechado. Mesmo assim, torcedores começaram uma grande batucada na calçada em frente ao restaurante. A bandinha do Arquimedes, contratada para animar a festa na Bartolomeu Mitre, juntou-se ao grupo. O bloco improvisado já tinha cerca de mil pessoas e desfilava na contramão da Ataulfo de Paiva, parando o trânsito.

As faixas de campeão mundial eram vendidas por preços que variavam entre trezentos e quinhentos cruzeiros. A chuva fina que caía sobre o Rio de Janeiro não atrapalhava em nada a festa. A comemoração avançou por Ipanema, onde o quarteirão da Vinicius de Moraes, entre as ruas Visconde de Pirajá e Prudente de Moraes, estava tomado pelos torcedores. Um pastor alemão de manto negro chamado Thomy estava vestido com as cores do Flamengo e carregava na boca uma bandeira rubro-negra, que ele deixava de lado a cada vez que os fogos de artifício o assustavam.

No bairro do Flamengo, a estátua do escritor José de Alencar, autor de clássicos como *Iracema*, *O guarani* e *Senhora*, ganhou uma camisa rubro-negra retirada minutos mais tarde por policiais que faziam a ronda na madrugada. Na Lapa, Márcio Braga, o mestre de cerimônias da grande festa rubro-negra, puxava o hino de cima do trio elétrico, que começaria antes das três da manhã o trajeto em direção ao Flamengo, na Gávea. Assim que o caminhão começou a andar pela rua Mem de Sá, os alto-falantes tocaram *Pombo-correio*, de Dodô, Osmar e Moraes Moreira.

CLÁUDIO CRUZ
Fundador da Raça Rubro-Negra

"Eu que tomei conta dessa festa na Lapa. Foi uma multidão! Quando acabou o jogo, nós fizemos uma pequena festividade na Lapa e saímos com o trio elétrico até a Gávea. De madrugada! Você imagina um trio elétrico pelo Flamengo, Copacabana... fomos onde tinha povo! Chegamos lá oito e meia da manhã na Gávea. Um Carnaval! Começou à meia-noite. Você imagina fazer um Carnaval fora de época, em dezembro? E de madrugada? Todo mundo esperando a gente lá, rapaz. E nós passamos pela sede náutica do Vasco durante o nosso percurso. Paramos lá e: "ÉÉÉÉÉÉ!!!!!!!!".

Isso seis da manhã. Só tinha o vigia. Por onde nós passávamos, as pessoas jogavam papel picado, outros tacavam água. Duas da manhã já estava todo mundo doidão de cerveja. Mas nós chegamos na Gávea com não sei quantas mil pessoas às oito e meia da manhã! Imagina você passar por Copacabana, pela Barata Ribeiro, com aquela multidão de madrugada! Eu fiz tudo para ir a Tóquio, mas ficar acabou sendo uma coisa ímpar, uma coisa diferente, bicho!

* * *

O repórter Ricardo Pereira, do *Fantástico*, ouviu Zico logo após o apito final. "É uma coisa fantástica, acho que não há nada no mundo que pague isso, essa alegria que nós estamos proporcionando a todos os brasileiros. Acho que isso tudo nos gratifica na profissão que escolhemos. Foi uma exibição maravilhosa do Flamengo, principalmente no primeiro tempo. O Flamengo foi uma grande equipe, procurou a vitória e jogou muito bem!"

Zico se posicionou com os companheiros esperando para receber os troféus da Copa Intercontinental e da Copa Toyota. Antes que as taças fossem entregues, foram anunciados os ganhadores dos carros presenteados aos melhores em campo. Os jogadores do Flamengo tinham sido avisados que os japoneses dariam um automóvel de prêmio, mas foram surpreendidos com o anúncio de que seriam dois ganhadores. Nunes, o artilheiro da partida, com dois gols, levou um Toyota Carina, avaliado em 7 mil dólares. A escolha do melhor em campo foi feita por 43 cronistas japoneses. Desse total, 22 votaram em Zico, 19 em

Zico, Andrade, Leandro e Júnior recebem os troféus mais importantes da história do Flamengo, a Copa Toyota e a Copa Intercontinental.

Nunes, um em Adílio e um em Raul (voto que deve ter sido dado por um setorista de sumô que substituía algum colega doente). O camisa 10 rubro-negro ganhou um Toyota Celica, que valia 8 mil dólares. Tanto Zico como Nunes respeitaram o acordo feito antes do jogo, quando os atletas combinaram que dividiriam o valor do carro por 16 (número total de jogadores inscritos) e pagariam aos companheiros a parte a que cada um teria direito.

Uma chave simbólica dos carros foi entregue a Zico e a Nunes. Na sequência, Zico ergueu os dois troféus que marcariam eternamente o dia mais importante em toda a história do Flamengo. A pista do Estádio Nacional de Tóquio foi tomada pelos jogadores rubro-negros e pela imprensa, ávida por acompanhar o momento de consagração de um time que ficaria eternizado na memória dos amantes do bom futebol.

ANTÔNIO MARIA FILHO
Repórter do *Jornal do Brasil*

Eu estava correndo atrás dos jogadores para ouvir, conversar, ver o comportamento deles com os torcedores. O Júnior sabia que eu era botafoguense.

"Quando chegar no Brasil, vou reunir aqueles chefes de torcida do Botafogo e dizer que você, Maria, que é botafoguense, comemorou o título dando a volta olímpica conosco! Vou até ver se arrumo uma foto para dar para eles!"

Era brincadeira do Júnior, que ficou me sacaneando lá.

"Pode falar! Afinal o título é do Brasil, não é do Flamengo, não" (risos).

Palavras de Kenny Dalglish no livro *My Liverpool home*, muitos anos depois da derrota indiscutível para o Flamengo:

> O golfe foi muito mais divertido do que o jogo contra o Flamengo. O gramado estava queimado e acinzentado, e nós não estávamos muito animados. O Liverpool queria ganhar por obrigação, não porque aquele título estivesse no topo da nossa lista de prioridades. Os latino-americanos, neste caso, o Flamengo e jogadores como Zico, levaram a sério, e celebraram loucamente quando venceram por 3 X 0. Se o Liverpool tivesse vencido, não teríamos nos vangloriado por sermos campeões do mundo.

O técnico Bob Paisley, 25 minutos depois de perder o Mundial, fez sua análise da partida numa entrevista coletiva:

"Meu time parecia morto, física e psicologicamente. Não tenho desculpa nenhuma pra apresentar. O que aconteceu é que o Liverpool se deixou envolver, e os brasileiros ditaram o ritmo da partida."

Terminada a volta olímpica, a festa continuou no vestiário. Um rosto contrastava com a festa dos atletas. Os cumprimentos e tapinhas nas costas não empolgavam o técnico Paulo César Carpegiani. Com a cara fechada, aquele homem sério não parecia ter sido campeão do mundo minutos antes. Raul, um de seus comandados, era mais velho que o treinador e o abordou para saber por que o técnico mais jovem a conquistar o título de campeão mundial estava aborrecido.

PAULO CÉSAR CARPEGIANI

Assim que terminou o jogo, eu fui um dos primeiros a entrar no vestiário. Atrás de mim vem o "Véio", o Raul. Ele me chamava de "Véio" também, e me perguntou:

"Pô, 'Véio', está triste?"

"Não, não. Meu time no segundo tempo não conseguiu jogar nada, 'Véio'."

Aí ele me disse uma coisa que até hoje eu guardo.

"'Véio', isso aqui pode ser uma vez na vida e outra vez na morte. Pode até ser que a gente nunca mais chegue aqui."

E eu nunca mais cheguei lá.

Júnior, Anselmo, Tita, Peu e Adílio comandavam o samba no vestiário. No papo com o repórter da Rede Globo, Júnior dizia: "A gente fica satisfeito de poder proporcionar tudo isso para a torcida rubro-negra. Acho que realmente foi um grande presente de Natal!". O presidente Antônio Augusto Dunshee de Abranches, que invadiu o campo com a bandeira rubro-negra em punho logo após o apito final de Mario Rúbio Vázquez, esculhambou os ingleses em sua entrevista. "O Liverpool realmente é um time fraco. O time do Flamengo é muito melhor. É excelente, maravilhoso, ganhou fácil!" O samba continuou até a saída do estádio, com Zico no chocalho, Júnior no pandeiro, Anselmo no atabaque, Peu no tamborim, e Telinho, amigo de Júnior, no cavaquinho. O bloco rubro--negro foi aplaudido até chegar ao ônibus.

JÚNIOR

"Normalmente, a gente cantava samba-enredo. Misturava tudo, porque tinha Beija-Flor, tinha Portela, cada um puxava o samba da sua escola. Todo mundo participava. A saída do estádio em Tóquio, a gente saindo, batucando... Aquilo dali é uma imagem que é única!

Cada jogador do Flamengo que esteve em Tóquio amanheceu 5 mil dólares mais rico, bicho individual pelo título mundial. No café da manhã, os rubro-negros tentavam descobrir quais eram as manchetes dos jornais japoneses. Com a ajuda de um intérprete, descobriram duas delas. No *Mainichi Shimbum*, "Flamengo é o número um do mundo – Zico é um rei genial"; e no *Sport Nippon*: "Samba canarinho despacha diabos rubros". No dia seguinte ao jogo, parte do elenco voltou ao Brasil, e outra parte foi curtir férias no Havaí. Andrade preferiu ir para casa, já que a esposa estava prestes a dar à luz. Leandro estava louco para chegar em casa.

LEANDRO

"Eu falei assim: "Meu Havaí é Cabo Frio, que é muito mais bonito! Eu vou para lá, meus amigos estão lá, eu vou comemorar em Cabo Frio! Tem uma passeata lá me esperando". E realmente tinha. Rodei a cidade toda. O que eu fiquei mais contente foi quando cheguei aqui e pude rever na televisão o povo no Brasil assistindo e comemorando.

* * *

Os cenários paradisíacos do Havaí esperavam um grupo de jogadores vitoriosos, exaustos e ávidos por aproveitar o merecido descanso. Na chegada a Honolulu, Paulo César Carpegiani teve de prestar esclarecimentos na alfândega. O técnico se enganou no momento de preencher os formulários de imigração.

JÚNIOR

"Estamos chegando no Havaí com o Carpegiani. Na hora de preencher o negócio, se estava levando planta, se estava levando comida, ele meteu tudo *yes*!

"Cadê o Paulo?"

"Seguraram ele lá!"

"O que houve?"

Um amigão nosso, o Adir, da Varig, foi lá.

"Ele escreveu no negócio que estava trazendo tudo que não podia, pô!"

"Tira ele de lá!"

Paulo César Carpegiani conseguiu se livrar dos oficiais da imigração. As diferenças culturais também eram evidentes na praia. O consumo de bebidas alcoólicas ao ar livre era proibido. Os jogadores buscavam no hotel Sprite e Fanta Uva para Tita e Adílio, os dois únicos da turma que não bebiam. As cervejas eram transportadas e consumidas dentro de saquinhos de papel pardo para driblar a fiscalização. Adílio levou um pouco da cultura brasileira para Waikiki.

ADÍLIO

"Quando chegamos no Havaí, tinha um pessoal jogando vôlei na praia. Pedimos para jogar e esperamos nossa vez. Aí entramos para jogar, só que nós fizemos diferente: jogamos futevôlei. Lá no Havaí! Os havaianos ficaram loucos. "Caramba! Que negócio é esse?". Aí tentaram jogar, não conseguiram. Nós apresentamos o futevôlei ao Havaí!

Para havaianos e outros turistas, o melhor time de futebol do mundo nada mais era do que um grupo de anônimos festeiros. Ninguém por lá fazia ideia da grandeza daquela turma que embalava os dias de folga no Havaí com samba, ritmo certo antes e depois das partidas. Os jogadores estavam hospedados em Waikiki e tiraram um dia para conhecer as praias mais afastadas. O cenário paradisíaco, com água cristalina, peixinhos coloridos e sol forte fez com que eles parassem em um quiosque próximo à estrada. Ali, tamborins, pandeiros e atabaques chamavam a atenção de quem passava. Carros de havaianos encostavam para entender o que era aquele ritmo latino.

ADÍLIO

"A gente estava tocando um sambinha, só entre nós mesmo. O pessoal que via aquilo ali gostava do som, da musicalidade e parava para ver. De brincadeira, nós botamos o chapéu no chão, e quem estava gostando do som botava um dinheirinho lá.

ANTÔNIO AUGUSTO DUNSHEE DE ABRANCHES
Presidente do Flamengo (1981-1983)

"Os americanos passavam e jogavam moedas sem saber quem eram aqueles caras ali, que no momento eram as pessoas mais importantes do futebol mundial: os jogadores do Flamengo. Menos que sambistas, eram uns trombadinhas ali fazendo um trocadinho. O paradoxo é esse! E eles achavam a maior graça.

A estrada ficou congestionada e algum tempo depois a polícia local chegou para tentar organizar a bagunça. Delicadamente, os policiais pediram ao grupo de estrangeiros que parasse com o som para dispersar a nuvem de curiosos, atraídos não pela fama daqueles craques, mas pela contagiante batida do samba. Os visitantes colaboraram com as autoridades e interromperam o batuque. Ao som do mar do Pacífico, os músicos anônimos que faziam parte do melhor time de futebol do mundo recolheram as moedinhas no chapéu e foram buscar mais cerveja. Em alguns minutos o tráfego voltaria ao normal na estradinha havaiana. Mas, na volta ao Brasil, a vida dos novos campeões do mundo jamais seria a mesma.

FIFA
founded 1904

Dr. João Havelange
Presidente de la FIFA
Praça Pio X No. 79-70
Rio de Janeiro
Brasil

Rio de Janeiro,
31 de dezembro de 1981

Ilmo. Sr.
Antonio Augusto Dunshee de Abranches
Presidente do C. R. do Flamengo
Pça. N. S. Auxiliadora s/nº GAVEA

22441 RIO DE JANEIRO RJ

Senhor Presidente.

Ao finalizar o ano de 1981, fui agradavelmente surpreendido com seu ofício desta mesma data, em que me outorga o título de Campeão do Mundo como homenagem da Diretoria de vosso clube e sob sua presidência, em razão do que possa ter sido minha dedicação ao Club de Regatas do Flamengo.

Se neste momento me sinto grato com o agraciamento deste título, maior foi a minha felicidade quando ao assistir no dia 15.12.81, pela Televisão, o grande desempenho técnico da equipe do Flamengo no final da Copa Intercontinental frente ao Liverpool, sagrando-se de forma inconteste e altamente honrosa para o futebol brasileiro, campeão mundial de clubes.

Até esta data muito poucos clubes puderam se ufanar e orgulhar da conquista de um título tão importante, merce de um trabalho consciente, respeitável e tendo à sua frente sua esclarecida e dinamica direção, podendo isto ter proporcionado ao Brasil a conquista de um titulo que será para sempre inolvidável.

Ao felicitá-lo por esta conquista, formulo votos para que o ano de 1982 seja, sob sua presidência, cheio de glorias e de feitos inesquecíveis.

Com todo respeito, o amigo que o admira e reitera as felicitações e cumprimentos,

JH/eb

João Havelange

★ ESTATÍSTICAS DOS 90 MINUTOS ★

	PC	PE	ASS	PEP	CRU	FC	FS	CG
FLAMENGO								
02 - LEANDRO	49	4	-	3/5	3	1	1	-
13 - MARINHO	14	1	-	0/1	-	2	1	-
04 - MOZER	21	6	-	1/2	-	1	-	-
05 - JÚNIOR	36	8	-	0/4	1	-	1	1
06 - ANDRADE	61	2	-	2/2	-	-	-	1
08 - ADÍLIO	55	9	-	1/3	-	1	-	3
10 - ZICO	55	2	2	1/4	1	-	5	1
07 - TITA	52	8	-	0/2	1	3	2	-
09 - NUNES	22	1	-	-	2	-	-	3
11 - LICO	21	3	-	-	-	1	2	-
LIVERPOOL								
02 - PHIL NEAL	39	5	-	3/7	3	1	1	-
04 - THOMPSON	36	1	-	2/3	-	-	1	-
06 - HANSEN	31	4	-	6/13	-	1	-	-
03 - LAWRENSON	23	2	-	3/5	-	1	-	-
05 - RAY KENNEDY	29	5	-	3/6	4	1	-	1
11 - SOUNESS	40	7	-	5/13	1	1	2	-
14 - LEE	33	7	-	1/3	-	-	-	-
07 - DALGLISH	19	-	1	-	-	1	-	-
10 - MCDERMOTT	11	4	-	1/2	5	1	-	2
16 - JOHNSTON	18	7	1	-	4	4	2	1
12 - D. JOHNSON	6	2	-	-	4	1	1	1

	DEF	DP	SC	SE	FR
RAUL	3	2	1	-	-
GROBBELAAR	3	3	1	1	1

PC - Passes certos/ **PE** - Passes errados/ **ASS** - Assistências/ **PEP** - Passes em profundidade (certos/total)/ **CRU** - Cruzamentos/ **FC** - Faltas cometidas/ **FS** - Faltas sofridas/ **CG** - Chutes a gol

DEF - Defesas/ **DP** - Defesas parciais/ **SC** - Saídas de gol certas/ **SE** - Saídas de gol erradas/ **FR** - Faltas rebatidas

CPF	IMP	CAR	RB	BR	CHA	DRI	DIV	REB
-	1	1	9	4	-	-	0/2	9
-	-	1	3	10	-	-	4/5	9
-	-	1	8	5	-	-	1/1	15
1	2	-	4	1	2	1	0/2	4
-	-	-	5	1	-	1	-	4
-	-	-	7	-	-	1	2/3	2
-	1	-	-	-	1	1	2/2	1
1	1	-	6	-	-	-	1/1	-
-	2	-	2	1	-	1	1/2	-
-	-	-	1	3	1	-	2/5	2
-	-	-	8	4	-	1	1/1	5
-	-	-	7	7	-	-	2/3	6
-	-	-	8	4	-	1	1/3	9
1	-	-	10	1	-	1	1/2	7
-	-	-	8	-	-	1	1/2	3
2	-	-	7	-	-	1	2/3	-
-	-	1	4	-	-	-	-	-
1	-	-	5	-	-	1	0/1	-
-	1	-	1	-	-	-	-	-
2	5	-	5	1	-	2	0/4	-
-	2	-	1	-	-	-	2/2	-

CPF - Chutes para fora/ **IMP** - Impedimentos/ **CAR** - Carrinhos/ **RB** - Roubadas de bola/ **BR** - Bolas recuadas/ **CHA** - Chapéus/ **DRI** - Dribles/ **DIV** - Dividias (ganhas/total)/ **REB** - Rebatidas

TRADUÇÃO DAS PÁGINAS DO PROGRAMA OFICIAL DO JOGO ENTRE LIVERPOOL E FLAMENGO

LIVERPOOL FOOTBALL CLUB – JOGADORES

É a base da Seleção Inglesa de 1982 e possui o maior número de jogadores convocados. Na temporada atual, mesmo com os principais jogadores, A. Kennedy, Thompson e Hansen, contundidos, os reservas os substituíram à altura, conquistando o Campeonato Europeu.
Também nesta temporada, o grande goleiro Ray Clemence se transferiu para o Tottenham e foi substituído por Bruce Grobbelaar.
Neal, Thompson, Hansen e Lawrenson (substituindo A. Kennedy na retaguarda) faziam uma defesa impecável.
No meio-campo, o veterano R. Kennedy, McDermott, Souness e Lee são os titulares. Porém, os novatos são talentosos e têm ameaçado os titulares: Sheedy tem grande possibilidade de substituir Lee, que se encontra fora de forma, e, na frente, Rush tem ameaçado os ases Dalglish e Johnson. Pode-se dizer que as posições não têm furos.

Bob Paisley
Técnico
Foi nomeado para a posição de técnico antes da temporada 1974-1975, substituindo o técnico anterior Bill Shankly (falecido). Com a herança de Shankly e com sua capacidade individual, marcou uma era dourada nos anos 1970.

Phil Thompson
Zagueiro
182 cm • 72 kg • 27 anos
Seleção Inglesa
É fino como arame e forte no cabeceio. É indispensável na defesa do Liverpool. Tem grande credibilidade dos outros jogadores devido as suas jogadas certeiras. É o capitão da equipe seguindo Emlyn Hughes.

Alan Hansen
Zagueiro
184 cm • 81 kg • 26 anos
Seleção Escocesa
É um defensor que não exagera e que mostra jogadas inteligentes. Estreou como reserva de Emlyn Hughes. Às vezes apoia o ataque e suas cabeçadas são admiráveis.

Richard Money
Zagueiro
182 cm • 71 kg • 26 anos
Quando Kevin Keegan foi escolhido pelo ex-técnico Sean Cully no inicio das triagens, aguardou a sua vez para ser admitido no Liverpool. É alto e magro e apoia bem os laterais.

Ray Kennedy
Meio-campo
180 cm • 83 kg • 30 anos
Seleção Inglesa
Atleta veterano do meio-campo. Falta precisão. Mas como foi atacante na época do Arsenal, a capacidade do ataque não lhe falta. É muito forte nos chutes longos. É um cavalheiro dentro e fora do campo.

Kevin Sheedy
Meio-campo
170 cm • 57 kg • 22 anos
Teve muitas contusões e na temporada passada participou de apenas um jogo. Nesta temporada substituiu Sammy Lee, quando ele esteve fora por problemas de saúde. É um meio de campo novato.

Kenny Dalglish
Atacante
173 cm • 75 kg • 30 anos
Seleção Escocesa
É o goleador da equipe escocesa. É um centroavante à moda antiga, do interior da área. É pequeno, porém forte na disputa, rápido na reação e a potência de seu chute é fenomenal.

Bruce Grobbelaar
Goleiro
184 cm • 81 kg • 24 anos
Seleção do Zimbábue
Substituto do famoso goleiro Clemence. Veio da Liga Norte-Americana na temporada passada transferido do Vancouver White Caps. É forte em bolas altas. Tem substituído Clemence com jogadas surpreendentes.

Steve Ogrizovic
Goleiro
190 cm • 91 kg • 24 anos
É o mais alto da equipe. Desde a época de Clemence, é um goleiro que se posiciona bem. Tem nome iugoslavo, mas nasceu na cidade de Mansfield, Inglaterra.

Phil Neal
Zagueiro
180 cm • 76 kg • 30 anos
Físico forte, de jogadas potentes. É o estilo típico dos ingleses. No Liverpool, atua na lateral direita. É especialista em chutes longos e apoia o ataque.

Mark Lawrenson
Zagueiro
184 cm • 81 kg • 24 anos
Seleção Irlandesa
Atleta elegante que veio transferido de Brighton por 900 mil libras. Com dribles estonteantes devido as suas pernas longas, usa toda a sua capacidade.

Alan Kennedy
Zagueiro
175 cm • 66 kg • 27 anos
Perdeu a posição de titular para Lawrenson. Mas no final da Copa dos Campeões, marcou o gol decisivo. Detentor de uma técnica individual apurada é um lateral esquerdo que gosta de ir ao ataque.

Avi Cohen
Zagueiro
182 cm • 75 kg • 25 anos
Seleção Israelense
Era a estrela do Maccabi, de Israel, e também capitão da seleção nacional. Na temporada passada transferiu-se para o Liverpool. Não é titular ainda.

Terry McDermott
Meio-campo
175 cm • 81 kg • 30 anos
Seleção Inglesa
É o camisa 10. Reveza frequentemente na frente com Souness. É um atleta habilidoso na combinação de passes e chutes. Especialista na cobrança de pênaltis.

Graeme Souness
Meio-campo
180 cm • 81 kg • 28 anos
Seleção Escocesa
O jeito e as jogadas são parecidas com as de McDermott. Faz muitas jogadas rápidas no meio do campo e ocupa espaços vazios. Na Copa dos Campeões conseguiu dois *hat tricks* e ajudou nas vitórias.

Sammy Lee
Meio-campo
170 cm • 67 kg • 22 anos
Cria do clube e nascido em Liverpool. É pequeno, mas é o dínamo da equipe com amplo domínio do meio de campo. Corre na lateral direita e cria oportunidades com passes para Dalglish e Johnson.

David Johnson
Atacante
178 cm • 77 kg • 30 anos
Seleção Inglesa
Um dos matadores do time, junto com Dalglish. Não tem potência, é hábil no drible e no voleio. Mesmo quando a equipe está na defesa, ele permanece sozinho na frente.

Ian Rush
Atacante
184 cm • 78 kg • 20 anos
Seleção do País de Gales
Artilheiro novato da Seleção do País de Gales. Na temporada passada participou de apenas sete jogos, porém na temporada atual disputou a posição de centroavante com Johnson e nos jogos da Liga tem disputado a artilharia.

David Fairclough
Atacante
175 cm • 69 kg • 24 anos
Tem entrado no segundo tempo dos jogos e marcado gols importantes para a vitória da equipe. Ficou famoso por sua ótima atuação como assistente. Recentemente não tem participado muito dos jogos.

CLUBE DE REGATAS DO FLAMENGO – JOGADORES

A maior qualidade do Flamengo é sua força de ataque – no mundo do futebol atual, não há quem consiga pará-lo.
Dos jogadores, destacam-se Zico – que é a figura central –, Tita, Nunes e Lico – que são individualmente muito fortes.
Adílio e Andrade, junto a Zico, atuam no meio-campo. Possuem técnica refinada, com grande capacidade de marcar gols.
Outro grande destaque são os dois laterais: Leandro (na direita), recentemente convocado para a Seleção Brasileira e que, contra a Bulgária, em novembro, marcou um gol; e Júnior (na esquerda), conhecido lateral esquerdo de classe mundial. Juntos desferem potentes chutes, dominando amplamente o meio-campo.
Com menor visibilidade, porém não menos importantes, são os zagueiros centrais Mozer e Figueiredo, que quando vão ao ataque mostram jogadas fenomenais.
O ataque é, portanto, a maior característica do time brasileiro, país do futebol.

Paulo César Carpegiani
Técnico
Meio-campo
Seleção Brasileira
Tornou-se técnico de futebol após a partida de despedida contra o Boca Juniors (ARG) em 15/9/1981. Há uma grande expectativa sobre ele ser o homem certo para conduzir o time.

Figueiredo
Defesa
178 cm • 70 kg • 20 anos
Natural de São Paulo, é zagueiro novato. Com a transferência de Rondinelli para o Corinthians, em setembro de 1981, surgiu a grande oportunidade de jogar no Flamengo.

Mozer
Defesa
186 cm • 77 kg • 22 anos
Na época do juvenil no Botafogo, como defensor foi considerado muito pequeno e, assim, transferido para o Flamengo. Começou a crescer de repente e, em 1980, tornou-se titular. É avaliado como um jogador de grande futuro.

Andrade
Meio-campo
168 cm • 73 kg • 24 anos
Meio-campista que apoia a defesa. Aparece repentinamente no ataque e o chute é amedrontador. Na época que jogou na Venezuela, atuou como artilheiro.

Adílio
Meio-Campo
170 cm • 66 kg • 25 anos
Meio-campista habilidoso em dribles. No passado foi considerado uma arma secreta da equipe. Atualmente é um trunfo por sua capacidade de confundir os adversários. Hábil nos passes longos e curtos.

Nunes
Atacante
179 cm • 79 kg • 27 anos
Seleção Brasileira
Convocado em 1978 para os amistosos na Europa, tornou-se artilheiro. No Flamengo, é o artilheiro depois de Zico. Tem grande capacidade como centroavante. Tem forte personalidade e autoconfiança. É um artilheiro beneficiado por seu porte físico.

Lico
Atacante
170 cm • 64 kg • 30 anos
É um ponta-esquerda que agrada e é completamente diferente de Tita. Mais que técnico, é um jogador cuja arma é avançar frontalmente com toda força ao ataque. Mais que marcar gols, sua característica é dar assistências.

Raul
Goleiro
186 cm • 84 kg • 37 anos
Seleção Brasileira
Um veterano que possuiu 18 anos de carreira. Jogou em vários times como no São Paulo e no Cruzeiro. Sua carreira é coroada de vitórias e é um atleta que não se contunde.

Cantarele
Goleiro
180 cm • 80 kg • 28 anos
Seleção Brasileira
É um goleiro reserva que tem disputado a posição com Raul. Possui reconhecida capacidade, mas sua combinação com os jogadores da zaga é o grande problema que tem sido questionado.

Leandro
Zagueiro
182 cm • 75 kg • 22 anos
Seleção Brasileira
Novato, começou no Flamengo em 1978. Atua na lateral direita, meio-campo e ataque. Atualmente é titular da lateral direita. Tem velocidade e forte cabeceio. Possui ótima técnica.

Júnior
Defesa
174 cm • 70 kg • 27 anos
Seleção Brasileira
Foi criado na Liga Praiana de Copacabana. Atual jogador da Seleção Brasileira. Foi convocado inicialmente como lateral esquerdo. Tem grande facilidade de dinamizar o ataque. Especialista em cobrança de falta.

Marinho
Defesa
187 cm • 78 kg • 26 anos
Transferido do clube de Londrina em 1980. Não é ofensivo e possui técnica apurada. É um jogador de defesa de grande capacidade. Atualmente é titular.

Nei Dias
Defesa
170 cm • 76 kg • 28 anos
Foi admitido no Flamengo em 1981 como lateral-direito. É bem avaliado e hábil na defesa. Tem problema quanto ao ataque e tem sido preterido. Atleta de forte temperamento.

Zico
Meio-campo
172 cm • 69 kg • 28 anos
Seleção Brasileira
Seu nome verdadeiro é Arthur Antunes Coimbra e é apelidado de Pelé Branco. Suas jogadas mágicas enaltecem esse filho do Rio de Janeiro. Atualmente vive sua melhor temporada. É o maior goleador da equipe.

Peu
Meio-campo
172 cm • 70 kg • 22 anos
Quando há as convocações de Zico e Tita para a Seleção, é o substituto deles. Muito estimado após livrar-se de quatro marcadores e fazer o gol. Tem dribles fantásticos e grande capacidade de fazer passes certeiros.

Tita
Atacante
168 cm • 66 kg • 24 anos
Seleção Brasliera
Jogador criado no Flamengo desde a infância. Na seleção Brasileira e no clube, atua na ponta direita. Diz não gostar desta posição, mas seus passes fenomenais são sua grande arma.

Baroninho
Atacante
170 cm • 68 kg • 23 anos
Jogador emprestado do Palmeiras em maio de 1981. O contrato é para o ano todo. No Flamengo, apresenta-se frequentemente como jogador substituto.

Chiquinho
Atacante
165 cm • 65 kg • 22 anos
Transferido do Olaria em 1981. Reserva de Tita e Lico. É inteligente e rápido na movimentação. Apesar de novato, é uma grande aposta para o futuro.

Anselmo
Atacante
178 cm • 73 kg • 22 anos
Reserva do grande centroavante Nunes. Participou do jogo contra o Cobreloa. Agrediu um adversário sem tocar na bola (fora do lance) e foi expulso, mostrando sua forte personalidade. Jogador com muitos fãs.

AGRADECIMENTOS

Contar a história do time mais bem-sucedido da história do Flamengo foi mais que uma viagem ao passado. Voltar a 1981 trouxe muitas amizades. Na Tijuca, conheci Eduardo Vinicius de Souza, dono da maior coleção particular de itens relacionados ao Flamengo. Visitar sua casa é como entrar num santuário rubro-negro. Os olhos se perdem entre camisas históricas, medalhas, publicações, ingressos, chaveiros e tudo mais que carregue o escudo do clube. Edu é mais do que um colecionador, é um vigilante atento do patrimônio histórico do Flamengo. O livro que você acaba de ler traz um pouquinho desse acervo graças à generosidade dele.

Outro amigo que fiz foi Lycio Vellozo Ribas. Ele é autor do livro *O mundo das Copas*, para mim o trabalho mais bacana sobre Copas do Mundo já publicado no Brasil. Levei um exemplar comigo para África do Sul e fiquei encantado com a riqueza da pesquisa e com o projeto gráfico. Procurei o Lycio para descobrir quem tinha sido o artista do livro, e caí para trás quando descobri que ele mesmo tinha produzido as ilustrações. Ele topou recriar os gols da campanha do Flamengo em 1981 e transformou a leitura deste livro numa experiência visual muito mais completa.

Até na Argentina fiz amizades com este livro. Roberto Mamrud, pesquisador da Confederação Sul-Americana, colaborou com algumas fotos do acervo da Conmebol, inéditas em publicações brasileiras. A revista em japonês com o programa do jogo Flamengo e Liverpool ganhou uma versão em português graças à minha companheira de ESPN Lyanne Kosaka. Lyanne tirou o pai dela, Gilberto Itiro Kosaka, de seu dia de folga. Ele trocou o papel habitual de economista e engenheiro por uma tarde de tradução em equipe com a filha. Aos dois, meu muito obrigado.

Alguns companheiros queridos de redação toparam ser "cobaias" dos primeiros capítulos que escrevi. Recebi dicas preciosas de Mauro Cezar Pereira, Lúcio de Castro e Paulo Vinícius Coelho. Gratidão que estendo a todos os meus companheiros de ESPN, em especial José Trajano, João Simões, Renata Netto, Cris Freitas, Luciano Silva, Ariston Maia, meu time de todas as manhãs no Pontapé Inicial da ESPN Brasil: Dani Novo, Thiago Blum, Carlos Brighi, Luiz Hygino, Manuela Queiroz, Clara Gomes, Rodrigo Bueno, Rodrigo Rodrigues, Flávio Gomes e Celso Unzelte. Além de ter elevado a qualidade da literatura esportiva brasileira, o Celso tirou todas as dúvidas deste escritor estreante com a paciência de um irmão mais velho.

Este livro também me colocou em contato com um repórter que para mim é uma importante referência no jornalismo, o Geneton Moraes Neto. Ele produziu um dos melhores livros esportivos já escritos no Brasil, *Dossiê 50*. Estou sempre esperando o próximo Dossiê pra aprender um pouco mais. Também agradeço ao pessoal da seção de periódicos da Biblioteca Nacional, no Rio de Janeiro, onde fui muito bem atendido desde 2006, no início do trabalho de pesquisa para este livro.

Petrópolis aparece aqui como o cenário de uma das maiores zebras que cruzaram o caminho do Flamengo (0 X 1 para o Serrano, gol do Anapolina). Comigo é diferente, são só boas lembranças. Lá tive paz para colocar este livro no papel. Meu amor vai para minha mãe, meu pai, vó Dalva, vó Dinda, Kuni e Tchami (que ajudaram com as transcrições), Gui (você era o leitor em quem eu pensava o tempo todo enquanto escrevia. Será que ele vai gostar?), Bel (a artista gráfica que as gravadoras querem roubar de mim, mas não vão conseguir!), Ceci (minha companheira de república nas idas ao Rio), Beto, Valéria, Nanda, Dedeia, Bimbo, Nina, Henricão, Beth, Giovanna, Filipe, Patrícia, Hélcio, vó Marleni, May Lin, Tita, Luiz, Amanda, tio Márcio e toda a turma, Aurora, Ruth, Bia, Milton, Miltinho, Lango e Cau. Minha família em Ubá: Zé Carlos, Gracinha, Dindinha, Edla, Léo. Todos os amigos de Juiz de Fora, em especial João Marcinho, Mayta, Nara, dr. João Márcio, Nonô, Aline, Alexandre, João, Henrique, Wendell Guiducci, Flávio Tadashi e Wania Rattes. Na Paraíba, Brunão, Pat e Jimi. Em Belo Horizonte, Diego Soares e Guilherme Boucinhas. A todos no Colégio Ipiranga e na Universidade Federal de Juiz de Fora. E um agradecimento especial aos milhares de fãs de esportes que estão sempre acompanhando nosso trabalho. Este livro é pra vocês.

Em memória de
Cláudio Coutinho
Cláudio Figueiredo Diz
Domingos Bosco
César Lúcio Cruz
Antônio Marcos Nazaré Campos

REFERÊNCIAS BIBLIOGRÁFICAS

40 años - Copa Libertadores de América 1960-2000. Assunção: Confederación Sudamericana de Fútbol, 2000.

ASSAF, Roberto & MARTINS, Clóvis. *Almanaque do Flamengo*. São Paulo: Editora Abril, 2001.

________. *História dos campeonatos cariocas de futebol 1906/ 2010*. Rio de Janeiro: Máquina Editora, 2010.

JÚNIOR. *Minha paixão pelo futebol*. Rio de Janeiro: Rocco, 2010.

NOGUEIRA, Renato. *Raul Plassmann - Histórias de um goleiro*. São Paulo: DBA, 2001.

SOTER, Ivan. *Enciclopédia da Seleção - As Seleções Brasileiras de futebol (1914-2002)*. Rio de Janeiro: Folha Seca, 2002.

ZICO. *Zico conta sua história*. São Paulo: FTD, 1996.

________; ASSAF, Roberto & GARCIA, Roger. *Zico - 50 anos de futebol*. Rio de Janeiro: Record, 2003.

REVISTAS

Placar, Manchete Esportiva

JORNAIS

Jornal do Brasil, O Globo, Jornal dos Sports, O Dia

SITES

www.rsssf.com

www.historiadetorcedor.com.br